CE QUE VOUS N'APPRENDREZ JAMAIS À HARVARD

À LIRE ABSOLUMENT

Jordan Belfort – Vendre : les secrets de ma méthode
Maîtriser l'art de la vente et de la persuasion avec le Loup de Wall Street

Brian Tracy – Les habitudes des millionnaires
Apprenez leurs secrets pour réussir votre vie personnelle et professionnelle

Nir Eyal – Imperturbable
Comment s'affranchir des distractions du monde numérique et rester maître de sa vie

Nik Halik – Le week-end de 5 jours
Le guide pour créer vos sources de revenus passifs

Tim Grover – Devenez accro au succès
Les secrets du coach de Michael Jordan pour devenir un compétiteur acharné

Ed Catmull - Creativity, Inc.
Les secrets de'l'inspiration par le fondateur de PIXAR

MARK H. McCORMACK

CE QUE VOUS N'APPRENDREZ JAMAIS À HARVARD

Traduit de l'anglais (États-Unis) par Yannick Brolles

Talent Éditions

Ouvrage original publié aux États-Unis
par Bantam Books,
1540 Broadway,
New York, NY 10036
sous le titre *What They Don't Teach You at Harvard Business School*

Édition française publiée par
TALENT ÉDITIONS
115 rue de l'Abbé Groult, 75015 Paris

ISBN : 978-2-37815-121-8

SOMMAIRE

*À ma mère, Grace Wolfe McCormack qui m'a appris,
toujours avec une lueur moqueuse dans le regard, que l'argent
ne poussait pas dans les arbres.*

*À mon père, Ned Hume McCormack qui, plus que
quiconque, m'a montré à quel point il est important d'être
à l'écoute des sentiments d'autrui, en toute circonstance,
y compris les plus difficiles.*

PRÉFACE

CE QUE VOUS N'APPRENDREZ JAMAIS À HARVARD

Pendant mon cursus à la Fac de Droit de Yale, mes enseignants m'ont affirmé que comme formation en commerce et en gestion, un diplôme de droit n'avait absolument rien à envier à un MBA. Beaucoup d'eau a coulé sous les ponts depuis cette époque mais les conférences que j'ai données à Harvard et dans beaucoup d'autres écoles de commerce, m'ont convaincu du bien-fondé de cette affirmation – même si l'un comme l'autre présentent d'importantes lacunes lorsqu'il s'agit de mettre en pratique, sur le terrain, la somme des connaissances acquises sur les bancs de l'université. Un MBA – ou un LLB[1] – vous offrira un bon aperçu du commerce et de la gestion. Mais comme *formation*, et par formation j'entends un processus d'apprentissage suivi, ils ne sont au mieux qu'une base et, au pire, une forme naïve d'arrogance.

La chose la plus utile que vous puissiez apprendre en école de commerce ? Admettre qu'il y a une chose que vos enseignants ne pourront jamais vous enseigner – tous les rouages de l'entreprise.

---

1. Bachelor of Laws, Diplôme permettant de s'inscrire à l'examen du barreau aux USA. Remplacé, de nos jours, par le Juris Doctor (NDT).

Parce que c'est quelque chose que l'on apprend seul, jour après jour même si bénéficier de l'expérience de quelqu'un comme moi peut accélérer et faciliter cet apprentissage et le rendre beaucoup moins douloureux.

Au début des années 1960, j'ai fondé une entreprise avec moins de 500 dollars en capitaux propres et, par là même, donné naissance à un nouveau secteur d'activité : la gestion et le marketing des événements sportifs. Aujourd'hui, IMG (International Management Group) possède des agences dans le monde entier et génère un chiffre d'affaires annuel de plusieurs centaines de millions de dollars.

Mais pour le grand public, je ne suis probablement que le « mec qui a permis à Arnold Palmer[2] de gagner tous ces millions ». Qu'il n'y ait aucun malentendu entre nous. C'est Arnold Palmer qui a permis à Arnold Palmer de gagner tous ces millions. Même si je suis persuadé qu'il admettra volontiers que je l'y ai un peu aidé.

Même si gérer les intérêts de sportifs de premier plan – Jean-Claude Killy[3], Jackie Stewart[4], Björn Borg[5], Herschel Walker[6],

---

2. Golfeur américain passé professionnel en 1954, vainqueur de 95 tournois sur le circuit professionnel dont 7 Majeurs (NDT).

3. Skieur alpin français dont la carrière s'étend de 1961 à 1968, vainqueur de 3 médailles d'or aux Jeux olympiques, 6 médailles d'or aux championnats du monde, 6 globes et 15 épreuves de la coupe du monde (NDT).

4. Pilote de Formule 1 écossais ayant disputé 99 Grands Prix entre 1965 et 1973, remporté 27 courses, réalisé 17 pole positions et remporté 3 titres de champion du monde puis patron d'écurie de F1pendant 3 saisons (1997-1999) (NDT).

5. Tennisman suédois dont la carrière s'étend de 1973 à 1981, vainqueur de 64 tournois ATP en simple dont 11 Grands Schlem (6 Internationaux de France, 5 Wimbledon) et 1 coupe Davis (NDT).

6. Joueur de Football américain dont la carrière s'étend de 1983 à 1997 (NDT).

Martina Navrátilová[7], Chris Evert[8] et de beaucoup d'autres qui figurent sur notre liste de clients, une liste forte de plus de 500 unités – constituera toujours un pan important de notre activité, il ne s'agit que d'un des aspects de la carrière de votre serviteur et de l'activité d'IMG.

Notre département télévision produit des centaines d'heures de programmes originaux diffusés dans le monde entier et en commercialise des milliers d'autres pour le compte de nos clients, au rang desquels figurent : le tournoi de Wimbledon, la NFL, les fédérations américaines de tennis et de golf, la Fédération internationale de ski, la NCAA et le Royal and Ancient Golf Club of St Andrews. Plus d'une cinquantaine de grandes entreprises basées dans le monde entier ont recours aux services de notre département de consulting en marketing. Nous gérons les placements financiers de plusieurs centaines de dirigeants d'entreprise. Nous possédons trois agences de mannequins et représentons, ou avons représenté, des institutions aux activités aussi diverses que la Fondation Nobel, le Vatican et l'Église catholique d'Angleterre. Nous avons aussi été engagés comme consultant télévision par plusieurs Comités d'organisation des Jeux olympiques désireux de bénéficier de notre savoir-faire en matière de conception de programmes télévisuels.

---

7. *Tenniswoman tchécoslovaque (qui prend la nationalité américaine en 1981) dont la carrière s'étend de 1973 à 1994, vainqueur de 168 tournois WTA en simple dont 18 Grands Schlem (2 Internationaux de France 9 Wimbledon, 4 US Open, 3 Open d'Australie), 177 tournois en double dont 31 Grands Schlem (7 Internationaux de France, 7 Wimbledon, 9 US Open, 8 Open d'Australie) et 4 Fed Cup (NDT).*

8. *Tenniswoman américaine dont la carrière s'étend de 1972 à 1989, vainqueur de 157 tournois WTA en simple dont 18 Grands Schlem (7 Internationaux de France 3 Wimbledon, 6 US Open, 2 Open d'Australie), 33 tournois en double dont 3 Grands Schlem (2 Internationaux de France, 1 Wimbledon et 8 Fed Cup (NDT).*

En plus de vingt ans de carrière, je pense avoir été confronté à toutes les situations qu'on puisse rencontrer dans une entreprise et avoir côtoyé toutes les personnalités possibles et imaginables. J'ai dû décrypter les ego ô combien complexes des superstars du sport – ainsi que ceux de leurs conjoints, de leurs parents, de leurs amants et maîtresses, de leurs voisins et de leur suite. J'ai négocié avec des chefs d'État et des chefs d'entreprise, des dirigeants de grandes banques internationales et des conseillers juridiques qui n'avaient jamais quitté la bourgade qui les avait vu naître, des instances sportives bureaucratiques et des fondateurs d'empire autocratiques. J'ai pris part à toutes les phases du développement et je connais toutes les facettes des industries du spectacle, de la communication et du loisir. Et j'ai négocié avec des individus de presque toutes les nationalités.

Et, les situations auxquelles je n'ai pas été confronté en personne, je les ai observées. De par nos liens avec de grandes entreprises basées dans le monde entier, j'ai participé à d'innombrables réunions de direction et de conseils d'administration, dans lesquels j'ai eu tout loisir d'observer bon nombre d'entreprises en action – et de comprendre pourquoi beaucoup d'entre elles étaient incapables de définir une ligne d'action. J'ai vu tous les styles, toutes les cultures, toutes les théories et les philosophies d'entreprise être mis en pratique – et cela m'a permis de voir pourquoi un grand nombre d'entre eux échouent systématiquement. Tous les conseils que vous trouverez dans ce livre sont le fruit de ces expériences et de ces observations. Des conseils pour vendre, pour négocier, pour fonder, bâtir et diriger une entreprise, pour gérer les individus et les personnalités, pour battre vos concurrents et atteindre vos objectifs.

Mais cette présentation, somme toute analytique, ne doit en aucun cas vous induire en erreur parce que le présent ouvrage fera avant tout l'éloge du « sens pratique », savoir utiliser à bon escient son instinct, sa perspicacité et son ressenti. Les utiliser pour atteindre votre objectif, de préférence par le chemin le plus rapide, même s'il vous faut pour cela enjamber plusieurs barrières ou emprunter quelques chemins de traverse.

Peut-on vraiment apprendre à utiliser son instinct dans le négoce ? Peut-être pas totalement. En revanche, on peut apprendre les résultats qu'il est possible d'obtenir grâce au sens pratique. Presque tout ce que je dis et fais pendant une négociation, et cela va du commentaire anodin à la remarque délibérément blessante, s'inscrit dans un seul et unique dessein, celui de me conférer un léger avantage psychologique sur la partie adverse ou pour obtenir le meilleur accord. Voilà ce que j'entends par sens pratique : connaître la nature humaine.

Pour conclure un accord ou demander une augmentation, pour motiver une force de vente de 5 000 individus ou négocier en tête à tête, pour acquérir une nouvelle entreprise ou redresser une entreprise en difficulté, une négociation se résume toujours à une interaction entre au moins deux personnes. Et ce sont les cadres qui ont une excellente connaissance de la nature humaine et qui savent comment jouer de cette connaissance qui ont toujours l'ascendant.

À la décharge des enseignants de la Harvard Business School, s'ils ne vous enseignent pas à cerner vos semblables et à utiliser ce que cette analyse vous a appris pour parvenir à vos fins, c'est parce qu'ils ne *peuvent* pas vous l'enseigner.

Mais c'est précisément ce que le présent ouvrage *peut* vous enseigner : comment cerner vos semblables, comment modifier l'opinion qu'ils ont de vous et comment utiliser et adapter ces deux éléments dans n'importe quelle situation de négoce.

Toute négociation est par nature unique. Mais chaque fois que ce sera possible – chaque fois qu'une certaine action consciente génère la même réponse subconsciente – je vous livrerai mon analyse de la situation. En m'appuyant sur mes expériences et mes observations, je vous recommanderai plusieurs techniques spécifiques qui vous permettront d'obtenir des résultats tangibles et immédiats.

La plupart des conseils que vous trouverez dans ce livre sont anticonformistes. Pas parce que je tiens à tout prix à me démarquer. Mais parce que je suis convaincu que faire confiance aux vieilles recettes – les idées éculées et les méthodes surannées – est la plus grosse erreur que commettent les entreprises américaines aujourd'hui. Un dirigeant d'entreprise doit toujours chercher à sortir des sentiers battus, remettre en cause les réflexes conditionnés et être prêt à aller à contre-courant. Tout le monde souhaite innover mais reste prisonnier d'un carcan, et le présent ouvrage serait incomplet si je n'évoquais pas ce problème et tous les déguisements derrière lesquels il se dissimule.

Les entreprises ont besoin d'innover. Elles doivent toujours chercher de nouvelles approches et expérimenter de nouvelles techniques mais les écoles de commerce sont par nature condamnées à enseigner le passé. Une pratique qui perpétue les modes de pensée traditionnels mais qui, surtout, bride l'innovation. J'ai entendu un jour quelqu'un déclarer que si Thomas Edison avait fait une école de commerce, nous serions tous en train de lire avec des bougies un petit peu plus longues.

Mon principal objectif en rédigeant ce livre était de combler beaucoup de ces gouffres – les gouffres qui existent entre la formation prodiguée en école de commerce et le sens pratique que l'on acquiert sur le terrain, jour après jour, en dirigeant une entreprise et en gérant des individus.

Nous avons embauché beaucoup de titulaires de MBA, frais émoulus Harvard et d'ailleurs. Et je dois avouer, qu'à une époque où j'étais plus impressionnable, c'était l'un de mes réflexes conditionnés : si vous avez un problème, engagez un MBA. Notre entreprise se développant, nous nous sommes aventurés dans des domaines dans lesquels nous avions moins d'assurance ou d'expertise. Je pensais que par leur formation en commerce et en gestion, les titulaires d'un MBA seraient les mieux armés pour nous permettre de faire notre trou sur ces nouveaux marchés.

Mais j'ai constaté qu'avoir un master de commerce et de gestion était parfois un frein pour acquérir de l'expérience. Beaucoup des premiers MBAs que nous avions embauchés étaient soit d'un naturel naïf soit victimes de leur formation. Ils présentaient une sorte d'incapacité à s'adapter aux réalités de l'entreprise – ils n'arrivaient pas à comprendre leurs interlocuteurs ou le contexte et présentaient un étrange talent pour tout interpréter de travers.

Pour rendre justice à certains de nos employés, beaucoup de nos MBAs se sont plutôt bien acclimatés au monde de l'entreprise. Mais supposer, comme j'ai pu le faire à une époque, que quiconque possédant un diplôme d'études supérieures ou un QI élevé avait obligatoirement « la bosse des affaires » s'est révélé une erreur coûteuse.

Il y a quelques années, la Harvard Business School a réalisé une étude de cas sur notre entreprise dans le cadre d'un cours intitulé : « Gestion des nouvelles entreprises ». Ils m'ont invité à intervenir dans le cadre de ce cours. C'est là, et plus tard grâce aux conférences que j'ai données à Stanford, Duke et dans d'autres écoles de commerce des États-Unis, que j'ai pu mieux cerner la nature du problème. Jusque dans la formulation de leurs questions, les étudiants essayaient de ranger toutes les situations auxquelles on peut se trouver confronté sur le terrain dans une des cases qu'on leur avait présentées en cours. Et ensuite, comme par magie, la réponse/solution allait leur apparaître. Mais bien sûr, il est impossible de ranger les individus et les problèmes dans des cases. Et le simple fait d'essayer de les y faire entrer déforme les perceptions.

Vous connaissez certainement cette vieille histoire. Deux amis qui s'étaient perdus de vue depuis 25 ans se croisent dans la rue. Le premier, sorti major de sa promotion, est sous-directeur de l'agence bancaire de la ville. Le second, qui n'avait jamais ébloui quiconque par son intelligence, est chef d'entreprise et multimillionnaire. Lorsque son ami lui demande le secret de son succès, ce dernier lui répond que c'est très simple. « J'achète un produit

2 dollars et je le revends 5. C'est fou l'argent qu'on peut se faire avec une marge de 60 %. »

Je ne nourris aucun préjugé envers le savoir, l'intelligence, ni d'ailleurs envers les diplômes du supérieur. Mais ils ne remplaceront jamais le bon sens, la connaissance de la nature humaine ni le sens pratique. Je pense que les professeurs de la Harvard Business School l'admettront bien volontiers. Je serais d'ailleurs heureux de voir mon livre rejoindre la liste des ouvrages sur lesquels ils s'appuient pour préparer leurs cours.

PREMIÈRE PARTIE

LES INDIVIDUS

1

PROFILER AUTRUI

Je vais vous raconter deux anecdotes. L'une concerne un ancien président des États-Unis, l'autre un joueur de golf professionnel qui avait la réputation d'être un fêtard invétéré. Et bien que ces deux événements se soient produits à presque dix ans d'intervalle, ils sont liés dans mon esprit.

En 1963, je me trouvais à Paris pour la Coupe du monde de golf. J'y ai croisé deux fois Richard Nixon. La première fois, au club house, lorsqu'il est venu à ma table saluer Gary Player[9] et la seconde, quelques jours plus tard, à la Tour d'Argent, lorsqu'il s'est arrêté pour échanger quelques mots avec Arnold Palmer et Jack Nicklaus[10] avec qui je dînais, ce soir-là.

Nixon s'était montré très chaleureux. Mais ce qui m'a marqué, c'est que les deux fois il avait prononcé les mêmes mots, les mêmes 5 ou 6 phrases. On aurait dit qu'il s'adressait à des marionnettes en bois, pas à des individus en chair et en os, comme s'il disposait

9. Golfeur sud-africain passé professionnel en 1953, vainqueur de 153 tournois sur le circuit professionnel dont 9 Majeurs (NDT).

10. Golfeur américain passé professionnel en 1960, vainqueur de 117 tournois sur le circuit professionnel dont 18 Majeurs (NDT).

d'un stock de phrases prêtes à l'emploi pour chaque catégorie d'individus qu'il pouvait être amené à croiser dans une journée – 5 ou six phrases pour les sportifs, un paragraphe pour les chefs d'entreprise et un autre pour les responsables religieux.

L'autre anecdote concerne Doug Sanders[11], le « paon des fairways ». Au début de notre collaboration, beaucoup de personnes se sont empressées de me dire que nous faisions une erreur. Doug était un flambeur qui traînait avec une bande de fêtards invétérés. Ses frasques faisaient les choux gras de la presse people et il pariait beaucoup. Beaucoup trouvaient qu'il avait une image trop sulfureuse pour nous et me demandaient pourquoi nous lui faisions confiance. De vous à moi, j'avais beaucoup plus confiance en Doug qu'en beaucoup de ceux qui mettaient en cause ma décision. Mais je digresse. Revenons à cette anecdote.

Doug a disputé un tournoi exhibition au Canada, un engagement qu'il avait négocié en personne avec l'organisateur. Je l'ignorais et comme il avait été payé en liquide, il est probable que je n'en aurais jamais eu vent. Mais une semaine après ce tournoi, Doug nous a fait parvenir une enveloppe à l'intérieur de laquelle nous n'avons pas trouvé le moindre message. Elle ne contenait que notre commission – en espèces.

Je vous raconte ces anecdotes parce qu'elles montrent à quel point il est important de savoir cerner les individus. Ce que quelqu'un fait ou dit dans les circonstances les plus anodines vous en apprend beaucoup sur sa véritable personnalité.

Au cours de ces deux rencontres fortuites, Nixon laissa transparaître un manque de sincérité et une certaine hypocrisie dont je me souviendrais, dix ans plus tard, lorsqu'il fut contraint de démissionner de son poste de président. Une démission qu'il doit certainement tout autant à son hypocrisie qu'au Watergate. Nous

11. Golfeur américain passé professionnel en 1955, vainqueur de 24 tournois sur le circuit professionnel (NDT).

n'aimons pas les hypocrites. Nous ne leur faisons pas confiance et nous ne voulons en aucun cas en voir un à la tête de notre pays.

Quant à l'anecdote au sujet de Doug, le cachet qu'il avait perçu pour ce tournoi exhibition était tellement insignifiant qu'il aurait très facilement pu se convaincre qu'il ne nous devait rien. Et pourtant je m'imagine très bien Doug regagner sa chambre, sortir une liasse de billets de sa poche, prélever notre commission, la glisser à l'intérieur d'une enveloppe et griffonner notre adresse dessus. C'est tellement dans la nature de Doug qu'il n'aurait pas pu agir autrement.

On aimerait croire que ce fut le président des États-Unis qui fît preuve d'une telle noblesse d'âme et que ce fut l'arnaqueur des greens qui se comportât en escroc. Mais les faits sont sans appel.

Qu'est-ce que cela à avoir avec le sujet de ce livre ? Tout. Dans la sphère professionnelle, il est très facile d'adopter une certaine personnalité, voire plusieurs, au gré des circonstances. Certains se comportent d'une certaine façon avec leurs subordonnés, d'une autre avec leurs supérieurs hiérarchiques et d'une troisième lorsqu'ils franchissent les portes de leur entreprise.

Mais il est impossible de modifier sa personnalité – sa véritable nature – pour qu'elle s'adapte à son environnement professionnel. Dans une négociation, tôt ou tard – consciemment ou inconsciemment – vous constaterez que vous êtes face à la véritable personnalité de votre interlocuteur.

Dans tous les cas, vous voulez entendre ce que les gens disent vraiment et pas ce qu'ils vous racontent. Vous voulez être capable d'interpréter les actions de vos interlocuteurs – dans le cadre professionnel – dans un contexte plus large en fonction de leur personnalité. Que je sois vendeur ou acheteur, recruteur ou recruté (en qualité de consultant), en train de négocier un contrat ou en train de répondre à une offre, je veux connaître la personne qui se trouve en face de moi. Je veux connaître sa véritable personnalité.

Une négociation se résume toujours à une interaction entre au moins deux personnes. Mieux – et le plus vite – je connais mon interlocuteur, meilleur je serai.

NE PAS SE LAISSER AVEUGLER PAR SES PRÉJUGÉS

Les gens nourrissent souvent des préjugés sur autrui avant même de les rencontrer, des préjugés qui reposent sur ce qu'ils ont pu entendre ou sur ce qu'ils savent de leur entreprise. Ils ne feront pas confiance à leurs propres impressions, ils iront même jusqu'à les ignorer pour que rien ne vienne perturber leur opinion préconçue.

À IMG, nous sommes souvent confrontés aux idées préconçues qui entourent notre entreprise. Notre entreprise jouit d'une certaine exposition dans les médias. Plusieurs articles dans la presse et plusieurs sujets dans des émissions de télévision consacrés à IMG ou à votre serviteur ont fait état de notre position dominante dans le monde du sport et nous ont dépeints comme des négociateurs âpres, voire impitoyables.

Neuf fois sur dix, cette image joue en notre faveur. Nos interlocuteurs *s'attendent* à ce que nous ayons de grosses exigences financières et cette anticipation nous permet souvent de les obtenir plus facilement. Et lorsqu'ils constatent que nous sommes, en réalité, des gens plutôt corrects en affaires, ils sont plus qu'agréablement surpris.

Mais il y a le dixième interlocuteur qui s'accroche mordicus à ses préjugés, des préjugés qui l'empêchent de se faire sa propre opinion de la proposition qui lui est soumise ou des personnes de notre entreprise qui la lui ont soumise. Il s'est tellement préparé à se montrer inflexible ou à se défendre bec et ongles contre notre âpreté qu'il prend notre « C'est un plaisir de vous rencontrer » pour une menace voilée. De toute évidence, ses préjugés l'aveuglent et l'empêchent d'analyser correctement la situation.

Pour profiler autrui, vous devez ouvrir bien grand les yeux et les oreilles pour enregistrer tout ce qui se passe et transformer ces impressions en faits tangibles que vous pourrez utiliser à votre avantage.

Dave DeBusschere, l'ancienne star du basket, a été pendant plusieurs années vice-président de notre département télévision avant de devenir general manager des New York Knicks. Dave s'est un jour retrouvé dans une impasse à cause de notre réputation. Il voulait convaincre un cadre d'une compagnie d'assurance basée dans le Connecticut de sponsoriser une de nos émissions de télé. Malheureusement, ce dossier n'a été qu'une suite de réunions frustrantes. L'assureur semblait vraiment séduit par le concept mais il était tellement perturbé de traiter avec Dave DeBusschere qu'il fut incapable de passer outre ou de surmonter sa méfiance. Pas besoin d'être télépathe pour savoir ce qu'il se disait : « Si c'est une aussi bonne affaire, pourquoi n'ont-ils pas envoyé un “quidam” pour me la proposer ? »

CONNAÎTRE LA NATURE HUMAINE

C'est à la suite d'un échange de plaisanteries entre votre serviteur et Dave Marr, le vainqueur du PGA en 1965, à propos de quelques-uns des plus grands arnaqueurs que nous avions croisés sur les parcours de golf, que Dave inventa le Premier axiome du Pari en golf : « Ne jamais parier avec quelqu'un que vous rencontrez sur le premier tee, qui a un bronzage impeccable, un fer numéro un dans son sac et qui louche. »

Vous pouvez en apprendre beaucoup sur le caractère d'un individu juste en l'observant attentivement. Dans la plupart des négociations, vous ne devez jamais vous arrêter aux apparences parce qu'en coulisse il y a toute une série d'intérêts personnels qui ne demandent qu'à entrer en scène.

Dans la plupart des négociations, il y a beaucoup d'éléments factuels qui vous permettront de voir au-delà des apparences. Parfois, ce sera quelque chose que votre interlocuteur dira ou fera inconsciemment ; par exemple, la manière dont il détourne le regard lorsque vous lui posez une certaine question. Mais également des actes qui ne sont ni anodins ni inconscients, comme les mots qu'il a choisis pour vous donner une information ou un avis. Bref, il y a énormément d'indices permettant de se forger une opinion qui ne demandent qu'à être repérés par celui dont les sens seront suffisamment aux aguets pour les capter.

Mais un nombre étonnamment important de cadres sont incapables de les repérer. Ils sont complètement hermétiques à ce qui se passe autour d'eux. Parce qu'ils sont trop occupés à s'écouter parler pour prêter vraiment l'oreille à ce que peuvent dire les autres personnes présentes ou à se faire mousser pour faire attention à ce que font leurs interlocuteurs.

Je suis intimement convaincu qu'on ne peut pas être un bon négociateur sans avoir une très bonne connaissance de la nature humaine. Négocier c'est prendre subtilement un petit avantage ici puis un autre imperceptible là. Et chaque étape de ce processus implique d'avoir une parfaite connaissance de la nature humaine – diriger des individus, les convaincre, travailler avec eux ou juste leur faire faire ce que vous voulez qu'ils fassent. Sans connaissance de la nature humaine, pas de subtilité.

Connaître la nature humaine vous permet d'avoir une vision à long terme. Imaginez que vous puissiez savoir tout ce qui se produira dans votre secteur d'activité au cours des dix prochaines années. Cette connaissance vous permettrait bien sûr de prendre toutes les bonnes décisions, mais elle vous permettrait aussi de réussir et de faire fortune. Eh bien, c'est votre connaissance de la nature humaine qui vous permettra de prédire l'avenir.

Personne ne peut modifier sa véritable personnalité au gré des circonstances. C'est quelque chose d'immuable. Mieux vous connaissez quelqu'un, plus vous serez capable de voir au-delà des apparences et plus vous pourrez prédire, avec précision, comment il réagira dans la plupart des négociations. Une connaissance qui peut s'avérer inestimable.

C'est d'ailleurs le *modus operandi* des « professionnels », les médiums et les diseuses de bonne aventure qui depuis des siècles utilisent les mêmes astuces pour prédire l'avenir.

Les mediums analysent leurs clients en les observant – leur comportement, leur apparence, leurs vêtements – et en leur posant quelques questions anodines. Forts de ces informations, ils sont en mesure de « prédire l'avenir » ou plutôt de dire à leur client, en se basant sur leurs observations, ce qu'il a envie d'entendre. Les bons médiums peuvent se révéler d'une extrême perspicacité même lorsqu'ils ne disposent que de bribes d'informations. Certains d'entre eux feraient probablement d'excellents cadres supérieurs.

Je connais aussi beaucoup de cadres supérieurs qui seraient de piètres médiums.

Pour cerner vos interlocuteurs, vous devez ouvrir les yeux et les oreilles, moins parler et davantage écouter. Je suis persuadé que vous pouvez apprendre tout ce vous avez besoin de savoir – et beaucoup de choses que vos interlocuteurs aimeraient vous cacher – juste en ouvrant bien grand les yeux et les oreilles. Et en fermant la bouche.

ÉCOUTER ATTENTIVEMENT

La capacité à écouter, à entendre vraiment ce que disent les autres, ne se limite pas, pendant une négociation, à en apprendre davantage sur vos interlocuteurs. Dans la vente par exemple, c'est sans aucun doute votre meilleur atout. Mais vous devez comprendre que dans presque toutes les négociations, celui qui écoute adoptera un comportement différent et obtiendra des résultats différents de celui qui n'écoute pas.

Avant de commencer à rédiger le présent ouvrage, j'ai demandé à plusieurs de mes amis, dont certains sont chefs d'entreprise – quels conseils ils prodigueraient s'ils devaient un jour écrire un livre. Ils m'ont tous répondu, et souvent c'était la réponse qui figurait en tête de liste : « Apprendre à bien écouter. »

Un ami, qui dirige une célèbre firme spécialisée dans la vente par correspondance l'a formulé ainsi : « Surveiller son ratio parole/écoute. » Un autre, cadre supérieur chez Pepsi Cola, m'a raconté l'histoire d'un des plus gros coups de Pepsi et comment, s'il avait su mieux écouter, il aurait gagné un temps fou et fait gagner un temps fou à son entreprise.

Il m'a expliqué que Pepsi voulait depuis très longtemps placer ses produits chez Burger King. Mais comme ils étaient convaincus que Burger King ne laisserait jamais laisser tomber Coca Cola, ils avaient choisi comme angle d'attaque de convaincre Burger King d'offrir à leurs clients le choix entre les deux sodas. Le slogan de Burger King « Obéissez à vos envies », faisait d'ailleurs l'apologie du choix. Mais, comme Pepsi se l'entendit dire et redire à maintes reprises, cela s'inscrivait dans une philosophie plus large d'un contrôle de la qualité, avec un menu limité ne *proposant qu'une seule* boisson au cola.

Un jour, Pepsi comprit enfin l'allusion et changea d'approche en soulignant que Pepsi et Burger King étaient des « entreprises âmes-sœurs » – deux numéros deux désireux de grignoter la part de marché de deux numéros un. Puisque les deux firmes avaient la même stratégie prônant « la supériorité du produit » (le Challenge Pepsi, Broiling Beats Frying[12]) ne serait-il pas logique pour Burger King de virer Coca-Cola pour le remplacer par Pepsi ?

12. [Le burger] grillé à la flamme est meilleur que [le burger] frit (NDT).

Ce à quoi, quelqu'un de chez Burger King répondit : « C'est ce que nous essayions de vous dire depuis des mois. Je suis content que quelqu'un nous ait enfin entendus. »

OBSERVER ATTENTIVEMENT

Je prends souvent des vols longue distance pour rencontrer quelqu'un face à face même lorsque je pourrais lui dire l'essentiel de ce que j'ai à lui dire au téléphone. S'il s'agit d'une affaire importante ou d'une collaboration qui pourrait se prolonger pendant plusieurs années, je préfère me forger une opinion sur ce que je vois plutôt que sur ce que j'entends. Parce que l'opinion que vous avez de quelqu'un que vous avez rencontré est souvent très différente de celle que vous vous faites en vous entretenant avec cette même personne au téléphone.

L'observation est une démarche offensive. Les individus laissent constamment échapper des informations que ceux qui ne sont pas à leur recherche ne remarquent pas.

Les informations personnelles que laissent échapper les individus, les signaux qu'ils émettent, sont conscients et inconscients. Le « body language », l'ensemble des signaux inconscients, est certainement important mais ils ne constituent même pas la moitié de l'histoire. La plupart des informations visuelles sont conscientes et intentionnelles – les vêtements de vos interlocuteurs, leur posture ainsi que toutes les petites choses que font les individus pour produire une certaine impression. Mais ces signaux ne sont utiles que si vous êtes capable de les repérer.

L'observation attentive permet de se forger une opinion globale de son interlocuteur, de rassembler tous ces signaux conscients et inconscients, de les analyser et de les convertir en informations que vous serez susceptible d'utiliser. Lorsque je rencontre quelqu'un face à face, j'essaie avant tout de définir une zone de confort – le « cadre de la photo » pour ainsi dire – ou les limites de ce que j'ai besoin d'observer en fonction de ce que je vois et entends, ce qui me servira le plus au cours d'une négociation avec mon interlocuteur.

Observation attentive ne veut pas dire observation hâtive – sauter trop vite aux conclusions, faire trop confiance aux interprétations traditionnelles ou voir un message là où il n'y en a pas. Par exemple, lorsque je rencontre quelqu'un dans son bureau, j'ai souvent remarqué que mes interlocuteurs « se penchent » sur la situation/le dossier lorsqu'ils sont intéressés, ils vont même jusqu'à avancer inconsciemment de quelques centimètres tout ce qui se trouve sur leur bureau. Mais, presque aussi souvent, j'ai vu mes interlocuteurs, à ce même moment de la discussion, se reculer au fond de leur siège et faire semblant d'être parfaitement détendus.

Se livrer à une généralisation ou tirer des conclusions hâtives à propos de l'une ou de l'autre de ces attitudes serait stupide et une erreur. Toutes les informations utiles observées doivent être replacées dans le contexte global du dossier en cours et à la lumière des autres informations que vous entendez ou voyez.

Si l'on en croit la sagesse populaire, un individu affaissé sur son siège manquerait d'« autorité ». L'inverse serait également vrai. Mais combien d'entre nous ont eu affaire à un moment ou à un autre à un « confesseur heureux » qui se tient très droit sur le bord de son siège, s'incline légèrement vers l'avant pour vous donner l'impression qu'il boit vos paroles – mais qui ne prend jamais la moindre décision. Ce sont souvent ceux de la vieille école qui vous servent à tout bout de champ du « Je suis content que vous me posiez cette question » ou les arrivistes trop pressés, les jeunes loups aux dents longues qui ont déjà décidé que ce n'est pas ce qu'ils font ou disent mais leur image qui les propulsera tout en haut de l'échelle. Tous ceux qui se tiennent un petit peu trop droits et qui se montrent un tantinet trop attentifs me tapent sur les nerfs.

L'attitude de votre interlocuteur présente également un certain intérêt mais pour une autre raison. L'importance relative que vos interlocuteurs accordent à la forme par rapport au fond est une des informations qui vous seront les plus utiles. Il ne faut surtout pas confondre attitude et *posture*.

Je n'aime pas les individus qui prennent la pose, lorsque leur désinvolture est un petit peu trop calculée et que leurs efforts pour se grandir ou rentrer le ventre deviennent un peu trop marqués. Leur bureau, ou la décoration qu'ils ont choisie, est souvent une extension de cette posture. Un bureau qui regorge un peu trop de diplômes et de souvenirs ou qui a été manifestement aménagé pour véhiculer une certaine image est un indicateur évident. Vous devez être prudent lorsque vous traitez avec ce genre d'individus. Il y a de grandes chances qu'ils accordent plus d'importance aux apparences qu'aux performances, aux opinions qu'aux faits établis.

Bien sûr, c'est en observant les yeux de vos interlocuteurs que vous repérerez les signaux les plus précieux, les plus fiables et les plus éloquents. Les yeux d'un individu vous en diront plus sur ce qu'il pense vraiment que n'importe quelle autre source d'informations, même lorsque tous les autres signent vous racontent une histoire complètement différente.

N'oubliez jamais que pendant une négociation nous communiquons par le regard lorsque nous ne pouvons pas utiliser des mots. Lors de votre prochain entretien avec plusieurs représentants d'une autre entreprise, observez leurs échanges visuels. Cela vous permettra de déterminer ce qu'ils pensent réellement, lequel est le plus influent – et aussi de savoir si vous les ennuyez à mourir.

QUESTION D'EGO

L'ego fait toute la différence – la différence entre la théorie et la pratique, entre le rêve et la réalité, entre la manière dont les choses fonctionnent et la façon dont vous aimeriez qu'elles fonctionnent, entre ce qu'une grande école de commerce peut vous apprendre et ce qu'elle ne peut pas vous apprendre. Dans une entreprise de 2 500 personnes, il y a 2 500 ego qui tournent à plein régime, chacun ayant sa propre opinion de la réalité. C'est à cause de l'ego de quelqu'un que certaines choses qui devraient se produire n'adviennent pas, que d'autres qui ne devraient pas se produire adviennent et que les deux ont pris plus de temps qu'il n'en fallait.

L'ego d'un individu, même surdimensionné, peut devenir votre meilleur allié. Beaucoup d'accords se concluent, uniquement parce que l'ego d'un individu est tellement impliqué que psychologiquement il *ne peut pas* se résoudre à les voir capoter. Si vous êtes capable de cerner l'ego, de comprendre son influence sur l'affaire en cours et ensuite de le manœuvrer, en le cajolant, en le piquant ou en minimisant les dégâts qu'il pourrait provoquer, vous serez le bénéficiaire de beaucoup de ces accords.

La taille de l'ego d'un individu est de loin l'information le concernant la plus facile à découvrir. La plupart des hommes d'affaires qui réussissent sont un ego géant avec deux bras et deux jambes qui dépassent. (Il est intéressant de noter, et on peut généraliser, que, sur ce plan, la plupart des femmes d'affaires sont plus difficiles à cerner. Aujourd'hui encore, l'estime de soi d'une femme – sa façon de se définir – dépend moins de son travail que celle de ses homologues masculins.)

Mais un ego géant ne signifie pas un ego fort. En réalité, cela signifie même souvent l'inverse : un individu ressent le besoin d'afficher un surplus de confiance parce qu'il a une mauvaise image de lui. Et un petit ego n'est pas obligatoirement un signe de faiblesse. La plupart des individus les plus doués dans les affaires que je connaisse sont très modestes.

Je préfère négocier avec des ego forts et je suis certain que tous ceux qui travaillent dans le monde des affaires sont du même avis. Ce sont en général des dirigeants qui sont prêts à prendre des risques raisonnables, qui ne se rétractent pas et qui prennent le plus vite une décision.

Les ego plus faibles sont plus difficiles à cerner. Il est dès lors plus difficile de dresser votre plan de bataille. Ils ont aussi des aspirations personnelles moins élevées – traduction : les négociations prendront plus longtemps pour un résultat moindre.

Une fois que vous aurez déterminé la force de l'ego d'un individu, vous pourrez répondre à toute une série de questions concrètes : Ses réponses sont-elles franches et directes ? A quelle vitesse prendra-t-il une décision et, une fois sa décision prise, s'y tiendra-t-il ou reviendra-t-il dessus ? Jouera-t-il franco ou érigera-t-il un mur entre vous et lui ? Voit-il les faits tels qu'ils sont ou tels qu'il aimerait qu'ils soient ?

Sans oublier la question la plus importante : Est-ce quelqu'un de fiable ?

Le comportement d'un individu pendant une négociation dépend de son « quotient de fiabilité ». Va-t-il s'entêter ou se montrer raisonnable ? La forme primera-t-elle sur le fond ? À quels excès et à quelles vanités doit-on s'attendre de sa part ? Est-il du genre à dire une chose et à en faire une autre ? Préfère-t-il parler en face… ou dans le dos ?

Au lieu de constamment chercher à défier l'ego de votre interlocuteur, il est beaucoup plus facile et beaucoup plus efficace de vous en accommoder et de comprendre quelle influence cet ego peut avoir sur la négociation en cours et d'utiliser cette information à votre avantage.

Avant de conclure sur le sujet, il nous reste un dernier élément à prendre en compte : votre propre ego. Parce que c'est le principal obstacle que vous devrez surmonter pour comprendre vos semblables. Vous devez connaître vos atouts et de vos faiblesses et savoir comment ces éléments risquent d'influencer vos réactions par rapport à autrui. Difficile d'être efficace lorsque vos conclusions sur les motivations de vos interlocuteurs reposent sur votre ego plutôt que sur le leur.

LES BONNES IMPRESSIONS

En de nombreuses occasions, il est arrivé que les choses ne tournent pas comme je l'escomptais, et, pourtant, l'impression que la partie adverse avait produite sur votre serviteur – la façon dont elle avait mené les négociations – m'avait donné envie de retravailler avec elle. Ces nouvelles occasions ont souvent abouti – et ont plus que compensé les précédentes déceptions.

Lorsqu'en 1975 nous avons pour la première fois essayé de convaincre Chris Evert de nous engager pour la représenter, elle nous a répondu qu'elle préférait conserver son indépendance. Mais au cours de tous nos entretiens, je fus tellement impressionné par sa personnalité, sa franchise et son attitude que j'étais convaincu que ce n'était que partie remise et déterminé à ce qu'un jour nous représentions ses intérêts. Elle est devenue notre cliente cinq ans plus tard.

Il m'est également arrivé de sortir de négociations en me disant : « Ouf ! Pas mécontent que ce soit terminé. » Et même s'il ne m'est jamais arrivé de décider, de façon unilatérale, de ne plus jamais traiter avec quiconque quelles que soient les circonstances, pour certains, il aurait fallu des circonstances très exceptionnelles. Lorsque j'étais jeune, j'étais plus sensible aux signes extérieurs – l'argent, le pouvoir et le glamour. Mais en prenant de l'âge et, en devenant, théoriquement, plus sage, je me surprends à davantage apprécier la conscience professionnelle et d'autres qualités morales et à faire moins de cas du clinquant, de la célébrité, de la position sociale ou de l'apparence.

Chaque fois que je croise quelqu'un qui se laisse impressionner par le superficiel, je ne peux m'empêcher de penser que ce serait un jeu d'enfant, pendant une négociation, de lui faire prendre des vessies pour des lanternes.

Soyez toujours très vigilant lorsque que vous entendez une de vos relations d'affaires faire allusion à son « excellent ami » (en général un nom qu'il a délibérément choisi pour vous impressionner) ou laisser entendre qu'il entretient une relation très forte avec un de vos partenaires commerciaux. Si vous connaissez la personne dont cette relation d'affaires se prétend l'ami, je ne saurais que trop vous conseiller de mener votre enquête auprès de ce dernier, histoire de vérifier la force de cette amitié. S'il s'avère qu'ils ne se sont rencontrés qu'une ou deux fois, vous êtes en droit de vous interroger sur la véracité des autres déclarations de cette relation d'affaires. (J'ai un jour coincé un employé là-dessus – sachant pertinemment qu'il n'avait *jamais* rencontré celui qu'il appelait un de ses « meilleurs amis ». Il s'en est sorti grâce à une très jolie pirouette. « Je voulais dire qu'il aurait *pu* être un de mes meilleurs amis. »)

Les collaborateurs d'un individu peuvent vous fournir des informations intéressantes sur ledit individu. Une secrétaire qui fait bonne impression peut, par exemple, vous aider à cerner la personnalité de son patron.

Le conseil vaut pour tous les autres subordonnés. J'ai eu une série d'entretiens avec un cadre très haut placé d'une entreprise très connue qui commercialise des articles de sport. Ce cadre avait la réputation d'être compétent mais il était toujours sur la défensive et refusait de prendre le moindre engagement même sur des points des plus triviaux. Lorsque j'ai rencontré son patron, le président de l'entreprise, je savais à quoi m'attendre – un homme dont l'ego exigeait qu'il prenne toutes les décisions.

Dans une entreprise, les gens ont tendance à adopter de nombreux traits de caractère de leurs supérieurs. Si vous connaissez leur patron, vous pouvez apprendre pas mal de choses sur eux juste en observant s'ils ont adopté les qualités et les points forts de leur patron plutôt que ses points faibles et ses pratiques les plus douteuses.

Il y a quelques années, en Australie, j'ai déjeuné, avec le directeur d'une des principales chaînes de télévision du pays. Il était lui-même très connu mais rien de commun avec son patron qui était à la tête d'un conglomérat international de télécommunications et l'un des hommes les plus puissants et les plus connus d'Australie.

J'avais déjeuné plus d'une vingtaine de fois avec le patron de ce directeur et je savais qu'il ne payait jamais l'addition. À la fin du repas, il se levait et sortait du restaurant. Probablement une petite facétie qu'il s'arrogeait… enfin peut-être pas si petite que cela. Est-ce qu'il avait un compte ouvert dans tous les restaurants d'Australie ou est-ce qu'au fait de cette habitude, tous les restaurants qu'il honorait de sa présence envoyaient directement l'addition à son bureau, je serais bien en peine de le dire.

Quoi qu'il en soit, ce jour-là, le directeur de la chaîne adopta l'attitude cavalière de son patron. Lorsque je fis mine de réclamer l'addition, il m'expliqua que tout était déjà réglé. Et, plein d'aplomb, il se leva de table et quitta le restaurant. Malheureusement pour lui, il était loin d'être aussi connu que son patron. À sa grande honte, un maître d'hôtel vigilant, qui a cru qu'il essayait de filer à l'anglaise, le poursuivit jusque dans la rue.

Il n'existe évidemment aucune règle infaillible permettant de juger le caractère de quelqu'un ou de découvrir ce qui se cache derrière le vernis professionnel. Mais si vous avez l'occasion d'observer son comportement dans un autre contexte ou lorsqu'il est en compagnie d'une autre personne, étudiez-le attentivement. Cela pourra peut-être vous apprendre quelque chose.

SORTIR DU BUREAU

J'ai un jour disputé un double mixte contre le président d'une des 500 entreprises les plus importantes des États-Unis, selon le classement établi par le magazine *Fortune,* qui faisait équipe ce jour-là avec son épouse. Pendant tout le match, il n'a eu de cesse de lui faire des remarques et de lui imputer tous les points qu'ils perdirent. Elle n'était certes pas Martina Navrátilová, mais il n'était pas non plus Björn Borg et il avait perdu au moins autant de points qu'elle. Mais, il était incapable de reconnaître la moindre erreur et elle lui servait de bouc émissaire. Chaque fois qu'il ratait un coup et perdait le point, il lui reprochait de l'avoir distrait ou lui demandait pourquoi elle n'avait pas conclu le point lors de l'échange précédent. Cela m'a permis de savoir à quoi m'attendre lorsque je devrais négocier avec lui.

Les gens révèlent souvent leur vraie nature dans les situations les plus anodines. Leur façon de traiter un serveur ou une hôtesse de l'air peut vous offrir un fascinant aperçu de leur véritable personnalité. Savoir à quel point ils peuvent se montrer impatients dans telle situation ou à quel point une petite erreur peut les faire sortir de leurs gonds, peut se révéler par la suite une information inestimable.

J'ai récemment négocié avec le président de l'instance dirigeante d'un des sports les plus pratiqués dans le monde. J'avais eu maintes fois l'occasion d'observer son naturel impatient et son comportement lorsqu'il perdait son calme – à savoir tout rejeter en bloc pour ne plus avoir à y penser. Je savais que si nous campions patiemment et poliment sur nos positions, il serait suffisamment énervé pour considérer le point crucial de la négociation comme un élément mineur, et c'est exactement ce qu'il fit.

Pendant une négociation, vous ne devez jamais baisser votre garde – en fait, c'est la seule façon de négocier – tout en incitant les autres à baisser la leur. En général, plus l'atmosphère ou le lieu sera décontracté, plus les gens seront susceptibles de baisser leur garde. Vous serez surpris de la quantité d'informations que l'on peut glaner dans un cadre informel où l'on mélange affaires et mondanités.

Raison pour laquelle je suis un grand adepte des petits déjeuners, des déjeuners ou des dîners d'affaires. Lorsque je rencontre un nouveau partenaire commercial, je déploie souvent autant d'efforts pour observer la partie adverse que pour écouter les détails de l'affaire dont nous sommes supposés discuter.

Un jour, je déjeunais à New York avec quelqu'un que je ne connaissais pas mais avec lequel je savais, grâce à quelques coups de fils, devoir bientôt négocier. Lorsqu'on nous apporta le menu, il m'expliqua qu'il suivait un régime très strict et ne prendrait qu'une tasse de café. C'était un restaurant assez huppé et je trouvais très intéressant qu'il ne se soit pas senti obligé de commander quelque chose qu'il ne consommerait pas.

Mais lorsque le serveur arriva et que je demandai, par politesse, à mon invité s'il ne voulait pas manger ne serait-ce qu'une salade, il m'a répondu : « Oui, peut-être... » avant d'ajouter : « Je vais prendre la même chose que vous. »

J'ai trouvé cette réaction encore plus intéressante. S'il était capable de changer d'avis aussi facilement, j'allais devoir m'interroger sur la fermeté de sa « dernière » offre dans une négociation, s'il était suffisamment influençable pour laisser son interlocuteur mener la négociation – et même s'il était capable de faire des concessions autrement que par conviction.

Je ne devais pas, bien sûr, prendre tout cela pour argent comptant. Mais je me suis dit que j'avais appris certaines choses sur lui qui pourraient se révéler utiles dans une prochaine négociation avec ce gentleman.

Les endroits où les gens se trouvent en dehors de leur élément – ou les petites assemblées où les invités sont obligés de socialiser les uns avec les autres et d'évoluer en dehors de leur zone de confort – peuvent aussi vous permettre d'apprendre beaucoup de choses. Raison pour laquelle j'organise souvent de petites collations auxquelles je convie plusieurs groupes d'amis, de clients et de collaborateurs. J'ai par exemple constaté qu'il est toujours très instructif de voir comment les sportifs dont nous gérons les intérêts se comportent en présence de personnes appartenant au monde des affaires.

Cela m'aide en partie à déterminer jusqu'à quel point je dois exposer les sportifs dont je gère les intérêts à des clients avant de signer un contrat. Il y a ceux que vous pouvez « emmener n'importe où » – Arnold Palmer, Gary Player, Jackie Stewart, John Newcombe[13] et Jean-Claude Killy sont les noms qui me viennent immédiatement à l'esprit – et leur personnalité est un élément déterminant dans la négociation. Et il y a ceux qui n'ont rien à dire lorsqu'ils ne parlent pas d'eux-mêmes ou de leur sport.

OBSERVER PENDANT LES TEMPS MORTS

C'est pendant les rencontres formelles, les réunions très structurées, les séances de négociation et toutes les réunions d'affaires que vous glanerez le moins d'informations parce que les participants font très attention à ne pas laisser tomber « le masque ».

Vous devez donc être particulièrement aux aguets pendant les temps morts, au début et à la fin des entretiens et pendant les périodes de transition parce que c'est là que vos interlocuteurs seront le plus susceptibles de baisser leur garde. Pendant les toutes premières minutes d'une réunion de deux heures – avant de passer aux choses sérieuses – et les dernières – lorsque tout le monde se dit au revoir – vous pouvez en apprendre beaucoup plus sur les personnes avec lesquelles vous traitez que pendant tout ce qui a pu se passer entre ces deux instants. C'est malheureusement à ce moment-là que vous risquez d'être le moins aux aguets. Apprenez à attendre que vos interlocuteurs aient quitté la pièce pour mettre vos sens au repos.

Vous devez également observer vos interlocuteurs pendant les interruptions, les échanges inhabituels et tout ce qui peut venir perturber le déroulement traditionnel d'un entretien professionnel. Pendant la plupart des réunions d'affaires, il y a pas mal de

---

13. Tennisman australien, dont la carrière s'étend de 1960 à 1981, ayant gagné 34 tournois dont 7 Grands Chelems en simple (3 Wimbledon, 2 US Open, 2 Open d'Australie)(NDT).

jeu de rôle et lorsqu'une « voix discordante se fait entendre », le vernis se craquelle. Vous apprendrez beaucoup de choses juste en notant qui a révélé qu'il y avait des dissensions dans les rangs et en observant les réactions orales des autre mais aussi leurs regards.

Il y a une scène dans *Le Parrain* qui illustre parfaitement cela :

Le Parrain vient de rejeter catégoriquement l'offre du chef de la Mafia de prendre part au trafic de drogue lorsque Sonny, sa tête brûlée de fils aîné, lâche que les conditions proposées sont une insulte à la famille.

Un éclat de voix qui sera, bien sûr, à l'origine de la guerre pour éliminer le Parrain. Les autres dons ont parfaitement compris qu'il y avait des dissensions dans les rangs parce que Sonny avait montré un plus grand intérêt que son père pour cette collaboration.

Le Parrain est une œuvre de fiction mais les ressorts psychologiques de son intrigue sont quant à eux bien réels.

LE GOLF RÉVÈLE LE CARACTÈRE

Je nourris une véritable passion pour le golf. J'y ai joué presque toute ma vie et j'ai passé beaucoup trop de temps à essayer de comprendre ce que je trouve d'aussi fascinant dans un sport qui consiste à faire entrer une petite balle blanche dans un petit trou sombre.

Je suis convaincu que c'est en partie à cause de la palette d'émotions que l'on peut ressentir sur un parcours de golf et parce que c'est un formidable révélateur de caractère.

Je dis souvent que je peux en apprendre plus sur la façon dont réagira un individu pendant une négociation sur un parcours de golf que pendant cent heures de réunion. Peut-être parce que le golf pénètre plus profondément dans le psychisme que n'importe quel autre sport ou événement. À moins que ce soit le cadre

– l'herbe verte et les collines. Cela me sidère toujours de constater à quel point un jeu aussi simple peut révéler autant de choses.

Le Gimme

Un « gimme » est un putt de quelques centimètres accordé à un golfeur par son partenaire de jeu ou son adversaire. Le large spectre de comportements vis-à-vis de ce petit aspect de l'étiquette du golf est particulièrement intéressant.

Il y a ceux qui refusent tous les gimmes. Ils mettent un point d'honneur à mettre la balle dans le trou et à noter scrupuleusement le nombre de coups effectués.

Traduction : ce sont des individus qui ne demandent jamais le moindre traitement de faveur.

Et il y a ceux qui, en revanche, n'attendent même pas le signal de leur partenaire ou de leur adversaire et décrètent que c'est un gimme – même lorsque le drapeau est à deux mètres. Ce sont en général les gros ego qui, s'ils prenaient trente secondes pour y réfléchir (ce qu'ils ne font jamais) comprendraient qu'ils pourraient quand même « ordonner » à la balle d'entrer dans le trou.

Traduction : Ces individus ne vous demanderont pas de faveur non plus. Ils s'*attendront* à en recevoir une.

Plus intrigants pour votre serviteur, ceux qui « essaient à moitié » de rentrer le putt en le jouant d'une seule main. S'il rentre, parfait ; sinon, ils « n'ont pas vraiment essayé » et le comptent comme un gimme.

Dans une négociation, ce sont des individus difficiles à cerner. Ils sont capables de se mentir à eux-mêmes, ils ont tendance à l'exagération et ils sont capables de vous donner une version romancée de ce qu'ils vous avaient dit au début.

« Vous avez rendu une carte de combien ? »

J'ai très souvent joué avec le PDG d'une très grande entreprise. Lorsqu'il fait un mauvais parcours, il répond toujours la même chose : « J'ai rendu une carte de 79. » Ce 79 inclus quelques putts donnés au drapeau (lorsque la balle s'arrête juste au bord du trou) et deux ou trois trous de mémoire au moment de compter les coups. Mais le point intéressant, c'est qu'il est vraiment persuadé d'avoir fait 79.

Voilà le genre d'individu qui me rend nerveux dans une négociation. Ils possèdent une faculté à interpréter les faits de façon créative, une interprétation dont ils ne démordront pas jusqu'à ce qu'elle devienne parole d'évangile.

« Quel est votre handicap ? »

La plupart des gens seront honnêtes à propos de leur handicap.

Mais certains auront tendance à l'augmenter, peut-être même à le doubler. Bref, tous ceux qui veulent vous arnaquer et qui n'apprécieront le parcours que s'ils empochent votre argent à la fin du 18e trou. Ils seront certainement animés du même état d'esprit pendant une négociation.

D'autres vous donneront un chiffre inférieur. Tous ceux qui essaient de dissimuler leur véritable niveau. Ils ont tendance à minimiser leurs mauvaises performances : « Je ne suis pas dans un bon jour aujourd'hui. » Combien de fois avez-vous entendu cette phrase pendant une négociation ?

Position améliorée

La possibilité d'améliorer sa position – déplacer sa balle sur le fairway – lorsque les fairways sont en mauvais état. C'est très amusant de voir à quel point le fairway peut s'élargir pour certains, surtout lorsqu'il y a un arbre sur le « fairway » entre leur balle et le green. Pas besoin d'un diplôme en psychologie pour comprendre que ce sont des tricheurs !

Les règles du parcours

Les règles du parcours – ou la façon dont les règles du golf sont appliquées sur ce parcours – sont inscrites noir sur blanc au dos de la carte de score. Ce qui me surprend ce n'est pas tant l'interprétation donnée par certains golfeurs aux règles du parcours mais les contorsions mentales auxquelles ils se livrent pour aboutir à cette interprétation. Je préfère de loin négocier avec quelqu'un qui dit : « Vous voyez ce fanion blanc qui marque la limite du parcours là-bas ? Eh bien, nous allons faire comme si nous ne l'avions pas vu », qu'avec quelqu'un qui est encore en train de me justifier son interprétation trois trous plus tard.

OBSERVER AUTRUI/CONNAÎTRE AUTRUI : MON PLAN EN SEPT ÉTAPES

Bien sûr, il n'y a pas 7 étapes ni 70 ni 700 pour apprendre à cerner autrui en ouvrant les yeux et les oreilles. Si c'était aussi facile, on pourrait l'enseigner en cours. En revanche, je *peux* affirmer catégoriquement que pour apprendre à cerner ses semblables, vous devez respecter plusieurs règles élémentaires :

1. Écouter attentivement

Écouter ce que dit autrui mais aussi comment il le dit. Les gens ont tendance à en dire beaucoup plus qu'ils n'en avaient l'intention. Gardez le silence – un silence un tantinet inconfortable les incitera à en dire encore plus.

2. Observer attentivement

Vous êtes-vous déjà dit en regardant un Talk Show ou une interview au journal télévisé : « Oh, il a vraiment l'air nerveux » ou « Ah, ah ! On dirait bien que cette question le met mal à l'aise » ?

Vous n'avez pas besoin de lire un livre sur le body language pour interpréter certains mouvements ou certains gestes ou pour « entendre » ce que dit quelqu'un juste en observant sa façon de s'habiller.

3. Parler le moins possible

Vous entendrez mieux, vous observerez mieux, vous en apprendrez davantage – et vous commettrez moins d'erreurs. Tout le monde peut parler moins et presque tout le monde *devrait* parler moins.

Posez des questions mais ne commencez pas à y répondre vous-même.

4. Réexaminer sa première impression

En général, je fais confiance à mes premières impressions mais seulement après avoir pris le temps de bien les analyser. Vous devez prendre le temps de les étudier sous tous les angles, voire de vous livrer à une sorte d'examen contemplatif avant d'en faire le socle d'une relation.

Mohamed Ali m'a dit, un jour : « Je suis plus célèbre que Jésus Christ » (une réplique qu'il avait peut-être empruntée aux Beatles). Cela m'a effaré. J'ai pris cela pour de la prétention et je n'y ai plus pensé. Mais, quelques mois plus tard, cette phrase m'est revenue en mémoire. J'y ai réfléchi et j'ai commencé à dresser l'inventaire des pays musulmans, hindous et de tous ceux dans lesquels le christianisme n'est pas la religion dominante mais dans lesquels Ali était très connu. Sa réplique était certainement une forfanterie mais j'ai réalisé qu'elle était également peut-être exacte.

5. Prendre le temps de mettre en pratique ce que l'on a appris

Avant de faire une présentation ou de passer un appel téléphonique, prenez un instant pour réfléchir à ce que vous savez et à la réaction que vous désirez produire. À partir de ce que vous savez de votre interlocuteur ou de votre public, que pouvez-vous dire ou faire afin d'avoir le plus de chances de réussir ?

6. Faire preuve de discrétion

La discrétion est l'élément le plus important de tout le processus. Pour pouvoir utiliser ce que vous avez appris sur autrui vous *ne devez pas* leur dire que vous trouvez qu'ils manquent de confiance ni leur faire remarquer toutes leurs erreurs que vous avez perçues intuitivement. Si vous leur dites ce que vous avez appris sur eux, vous perdez toutes vos chances d'utiliser réellement votre perspicacité.

Ce n'est pas parce que vous avez appris quelque chose sur quelqu'un que vous devez la réciproque. N'oubliez jamais que vous ne pourrez vous servir de ce que vous avez appris qu'à condition que l'autre en ait appris moins sur vous.

Le meilleur moyen de trahir votre quotient de fiabilité est de parler aux autres de vos succès. Ils doivent apprendre quelles sont vos qualités et vos succès de la bouche d'un tiers.

7. Prendre du recul

Si vous arrivez à prendre du recul dans n'importe quelle situation professionnelle, surtout lorsqu'elle s'échauffe, vos capacités d'observation s'en trouveront automatiquement améliorées. C'est lorsque votre interlocuteur commence à avoir le capot qui chauffe qu'il vous en révélera le plus sur lui-même. Si vous le suivez sur ce terrain, votre capacité d'observation s'en retrouvera réduite et, surtout, vous lui offrirez des informations sur vous.

Je n'ai de cesse de répéter que pendant une négociation, vous devez être dans l'action et jamais dans la réaction.

Être dans l'action vous permettra de vraiment utiliser ce que vous aurez appris. Vous pourrez transformer vos informations en moyens de pression. Si vous êtes dans la réaction, si vous êtes incapable de prendre du recul, vous perdrez probablement ce précieux avantage.

Si vous n'êtes jamais dans la réaction, vous vous prévenez du risque d'une *sur-réaction*. Vous contrôlerez les événements au lieu de les subir.

2

PRODUIRE UNE IMPRESSION

En 1964, je marchais dans une rue de Seattle avec Arnold Palmer et Bob Hope[14] lorsqu'une femme s'approcha de ce dernier et lui dit : « Vous vous souvenez de moi ? Nous nous sommes rencontrés à Cincinnati. » Bob se montra très poli avec elle mais, de toute évidence, il n'avait pas le moindre souvenir de cette précédente rencontre. Après qu'elle eut pris congé, Bob s'est tourné vers Arnold et votre serviteur en s'exclamant. « Vous y croyez ? Je dois rencontrer 10 000 personnes chaque année et, deux ans plus tard, quelqu'un m'aborde dans la rue et s'attend à ce que je me souvienne de son nom. »

J'ai une très mauvaise mémoire des noms et je pense toujours que tout le monde souffre de la même infirmité. Même après avoir maintes fois rencontré une personne, tant que je ne suis pas à 100 % certain que cette personne connaît mon nom – gravé à l'encre indélébile dans son cerveau – mes premiers mots sont toujours : « Bonjour, je suis Mark McCormack. »

---

14. Acteur né en 1903 et décédé en 2003 qui anima à 19 reprises la cérémonie de remise des Oscars (NDT).

C'est un détail. Pourtant c'est exactement le genre de petite attention qui permet de faire bonne impression dans une négociation. Dans notre secteur d'activité, l'occasion nous est rarement offerte de faire un Acte Mémorable ou de montrer notre Grandeur d'Âme. Tout comme vous pouvez en apprendre beaucoup sur les autres grâce aux petites choses qu'ils font et disent, ce sont les petites choses que vous dites et faites qui produiront l'image de vous la plus durable.

Dans une négociation, vos interlocuteurs vous jugeront à l'aune des informations que vous leur aurez livrées à votre propos, consciemment et inconsciemment. Votre tenue vestimentaire, votre comportement au téléphone, votre efficacité, le style de vos courriers, votre façon d'accueillir les gens, tout cela influe sur l'impression que vous produisez sur les autres – leur façon de vous « cerner » – et doit les obliger à vous percevoir tel que vous souhaitez l'être.

C'est une forme subtile de manipulation. Une de nos plus grosses frustrations dans la vie c'est de constater que les autres ne font pas ce que nous voulons qu'ils fassent. Mais si vous parvenez à contrôler ce qu'ils pensent de vous, vous pouvez leur donner *envie* de faire ce que vous voulez qu'ils fassent.

Au début d'une nouvelle négociation, il y a une sorte de round d'observation pendant lequel les joueurs évaluent les forces en présence. Chacun tente, de façon subtile, d'intimider l'autre. Celui qui saura le mieux contrôler l'impression qu'il produit sur l'autre marquera des points à court terme, bien sûr, mais très probablement à long terme aussi.

Un de mes amis appelle ce point d'embrasement des relations humaines la « pyrotechnie des affaires ». Ce terme traduit bien l'importance de se créer une image, et son impact, mais je trouve qu'il ne rend pas compte de la subtilité de la manœuvre.

Il ne s'agit pas d'une forme de manipulation. Les meilleurs négociateurs produisent une impression de façon très discrète. Parfois par le biais d'une action ou d'un geste anodin qui, s'il n'avait pas été fait, n'aurait manqué à personne ; et c'est justement pour cela qu'il sera remarqué lorsqu'il sera fait.

Souvent, surtout pendant les négociations, la façon de formuler une idée modifie complètement la dynamique des relations. Parfois, rien qu'en ajoutant ou en supprimant un ou deux mots, comme l'utilisation par exemple de l'expression « Je suis d'accord », même lorsque vous ne l'êtes pas, avant de l'annuler grâce à un « mais… ».

Je déjeunais un jour avec Ray Cave, le rédacteur en chef du magazine *Time*. Nous sommes arrivés ensemble au restaurant. En entrant, Ray a dit au maître d'hôtel : « Je suis content de vous *revoir*. »

Ce dernier eut l'air ravi et nous conduisit immédiatement à notre table. Après qu'il fut reparti vaquer à ses occupations, j'ai demandé à Ray : « Ne m'aviez-vous pas dit que vous n'étiez jamais venu dans ce restaurant ? »

« C'est la première fois que je viens ».

Une consœur de Ray Cave, Patricia Ryan, rédactrice en chef de *People*, m'a un jour confié que lorsqu'elle avait un déjeuner d'affaires pendant lequel elle craignait d'être intimidée ou de ne pas être prise suffisamment au sérieux, elle commandait un scotch avec de l'eau. Elle boit rarement mais en commandant un scotch au lieu d'un Perrier, elle avait trouvé une manière originale, et somme toute plutôt subtile, de signifier aux autres convives qu'ils devaient la prendre au sérieux.

Produire subrepticement une impression exige une bonne connaissance de soi – être conscient de l'impression que l'on produit ainsi que de l'impression qu'on souhaite produire. Souvent, les personnes qui pensent faire bonne impression ou qui en font des tonnes produisent en effet de très fortes impressions, presque toutes négatives.

Mais il y a encore pire qu'une mauvaise connaissance de soi, et c'est de ne pas être conscient de l'effet que l'on produit. Avez-vous déjà vu un cadre supérieur à qui on apprend qu'il y a un problème avec sa réservation sur tel vol se mettre à hurler et à injurier l'employé qui se trouve derrière le guichet ? Il est face à la seule personne qui peut lui trouver une place dans cet avion et il fait tout pour se l'aliéner.

C'est le syndrome « Je suis mon pire ennemi ». Même si vous avez quelque chose d'intéressant à dire, l'exprimer sur un ton ou d'une façon qui rebute votre auditoire est encore le meilleur moyen que personne ne vous écoute.

Soyez attentif à toutes les occasions subtiles qui vous sont offertes, chaque jour, de faire bonne impression sur autrui et à toutes celles, beaucoup moins subtiles, de faire mauvaise impression. Pour faire bonne impression, il suffit de traiter les autres comme ils souhaitent l'être. Ou, ce qui est plus difficile, de les traiter ainsi même lorsqu'ils vous implorent de faire le contraire.

L'impression que vous avez produite vous permettra d'être imparfait. Si vous savez profiter des moindres occasions pour donner une impression globale et durable de compétence, d'efficacité, de maturité et de sévérité impartiale – le genre d'individu avec lequel on a envie de faire affaire – on fermera les yeux sur une sortie de route occasionnelle. On vous pardonnera toutes sortes de comportements « qui ne vous ressemblent pas » si l'impression globale et durable qu'on a de vous est favorable.

PRENDRE LE CONTRE-PIED

Essayez de faire le contraire de ce qu'on attend de vous. C'est une stratégie qui se révèle souvent d'une remarquable efficacité.

Si quelqu'un s'attend à de la sévérité, vous serez surpris de l'effet d'une simple petite remarque discrète. Si quelqu'un anticipe une certaine inflexibilité, il est de bon ton de commencer par faire une concession insignifiante. Plus quelqu'un est persuadé que je veux lui demander quelque chose, plus je redouble d'efforts pour lui donner l'impression qu'il n'en est rien.

Dernièrement, nous avions très envie de signer une cliente qui prétendait ne pas être intéressée, une sommité bien connue du petit écran qui savait à quel point nous voulions la signer et qui s'attendait à nous voir remuer ciel et terre pour la convaincre. Pendant les deux premières réunions pour faire connaissance, je lui ai un peu parlé de moi et de notre entreprise et beaucoup de sa carrière, de ses perspectives d'avenir et de la façon dont, si j'étais à sa place, je les exploiterais.

Je n'ai même jamais prononcé le mot représentation. Naturellement, elle a commencé à se demander pourquoi nous ne montrions pas davantage d'empressement – et c'est elle qui a fait le premier pas.

Si mon interlocuteur croit que je suis très au fait d'une situation, vous m'entendrez souvent dire, au tout début de la réunion, quelque chose qui pourrait laisser supposer le contraire. C'est, au minimum, très désarmant, et, en général, moins vous semblez savoir de choses, plus la partie adverse se montrera franche et vous révélera de choses.

À l'inverse, si l'on pense que je ne connais rien à la situation, vous m'entendrez lâcher une ou deux remarques anodines pour montrer à mon interlocuteur que j'en sais plus qu'il ne le croit.

Dans des négociations internationales, j'ai vu certains négociateurs parfaitement exploiter ainsi efficacement la barrière de la langue – ou une barrière de la langue perçue. *No comprende*, et sa centaine de variantes linguistiques, est un outil très utile en vente.

Les Américains, qui sont probablement moins à l'aise pour s'exprimer dans une deuxième ou une troisième langue (un travers qui les rend agressifs et inquiets), sont particulièrement vulnérables à la barrière de la langue et les cadres étrangers ne se privent pas pour en profiter. Le businessman américain qui glisse, au bon moment, une ou deux phrases parfaitement construites dans la langue maternelle de son interlocuteur, constatera qu'il a pris un sérieux ascendant.

Mais il faut aussi tenir compte de la culture et des différentes coutumes régionales qui peuvent exister à l'intérieur d'un pays. Un New-Yorkais pure souche qui fait des affaires dans le Sud a l'impression de manquer de chaleur dans ses rapports humains et j'ai vu beaucoup d'hommes d'affaires du Sud exploiter à merveille ce travers de « Yankee ». Chaque fois que vous percevez une différence culturelle – grande ville contre petite ville, industrie du spectacle contre Wall Street – il y a probablement un avantage à exploiter.

J'ai aussi vu certains individus parfaitement utiliser leur culture et leurs coutumes. Au Japon, nous traitons avec Atsushi Fujita, un promoteur d'événements sportifs très prospère dont les méthodes sont parfois peu orthodoxes. Il y a plusieurs années, monsieur Fujita détenait les droits du Rose Bowl[15] pour la télévision japonaise. Une chaîne japonaise soumit une offre directement au comité du Rose Bowl. Lorsque monsieur Fujita l'apprit, il appela sa fille et ils grimpèrent tous les deux dans sa voiture. Il conduisit toute la nuit pour se rendre chez le président de la chaîne. Sur le seuil de la porte de la demeure de ce dernier, tenant sa fille par la main, monsieur Fujita lui demanda de retirer son offre sinon lui, monsieur Fujita, perdrait la face aux États-Unis. Deux jours plus tard, il recouvrait l'intégralité des droits.

VOTRE COURRIER PARLE POUR VOUS

Votre courrier – interne et externe – est un des moyens qui vous est offert de faire régulièrement bonne impression sur tous ceux avec lesquels vous êtes en relation.

15. Stade situé à Pasadena, dans la banlieue de Los Angeles qui accueille des compétitions sportives et des concerts (NDT).

Je suis très à cheval sur la qualité de tous les documents qui portent mon nom ou celui de mon entreprise. J'insiste pour que tous nos courriers aient une excellente présentation (« agréables à lire ») et soient exempts de fautes d'orthographe ou de frappe. Il y a, en affaires, peu d'éléments que vous pouvez maîtriser, et celui-ci en est un.

Cela me hérisse le poil chaque fois que j'entends ma secrétaire dire : « Il n'y a que deux ou trois petites erreurs. » Votre courrier crée dans l'esprit des destinataires de vos courriers une forte impression subliminale sur votre façon de travailler et je ne veux pas que quelqu'un puisse penser que je ne fais que « deux ou trois petites erreurs » alors que j'ai, précisément, une occasion de montrer que je n'en fais aucune.

Je m'efforce de prendre le temps de personnaliser toute ma correspondance professionnelle – en ajoutant une ou deux phrases, le plus souvent, mais parfois au moins deux paragraphes – en abordant un sujet qui intéresse personnellement le destinataire et qui n'a rien, ou presque rien, à voir avec le sujet du courrier.

Je peux par exemple faire allusion à un accord récent qui a été très profitable pour lui, montrer que je connais l'intérêt qu'il porte à telle ou telle équipe (« Où en sont les Browns ? » ou « Êtes-vous allé au match dimanche ? ») ou lui poser une question sur sa famille. Je peux aussi lui exprimer ma sympathie – j'espère que vous êtes un peu moins débordé ou que vous pourrez prendre les vacances auxquelles vous aspirez.

Lorsque vous cherchez un emploi, vous devez toujours montrer dans votre lettre de candidature que vous connaissez bien l'entreprise auprès de laquelle vous postulez. Cela ne passera pas inaperçu parce que celui ou celle qui la lira se demandera « Comment est-il, ou elle, au courant de cela ? » Et cela montrera que vous avez pris le temps de faire des recherches.

J'envoie aussi chaque année un grand nombre de cartes de vœux et de cadeaux de Noël. L'automne et la saison des fêtes sont nos périodes les plus chargées, comme pour beaucoup d'entreprises, et chaque année je n'aurais aucun mal à me convaincre d'y renoncer en me disant que tout le monde s'en moque et que personne ne s'en rendra compte. C'est ce que se disent tout un tas de gens. Raison pour laquelle je ne succombe pas à cette tentation.

Les lettres types sont barbantes justement à cause de leur caractère terriblement impersonnel. Je n'ai jamais entendu quiconque dire : « J'ai reçu une magnifique lettre type ce matin. » S'il y a bien quelque chose qui soit pire qu'une lettre commençant par « Madame, Monsieur », c'est une lettre dans laquelle votre nom a été soigneusement saisi (la plupart du temps mal orthographié) dans l'espace prévu à cet effet avec une signature qui semble avoir été écrite à l'encre délavée ! Avez-vous déjà vu une signature imprimée qui ressemble à une vraie signature ?

J'espérais que l'arrivée du traitement de texte sonnerait le glas des lettres types. Malheureusement, mes espoirs ont été déçus. Elles montrent jour après jour comment un mauvais contenant peut gâter un bon contenu.

Inscrire sans raison sur une enveloppe « personnel et confidentiel » se retournera invariablement contre vous. Un mensonge ne fait jamais très bonne impression. Si vous êtes obligé de recourir à ce genre de subterfuge pour que quelqu'un lise votre courrier, cela signifie qu'il y a beaucoup d'autres choses que vous devez faire de travers.

Dans certaines circonstances, la rapidité fait mouche. On accorde plus d'attention aux SMS (anciennement les télex et télégrammes) qu'au courrier papier. Ils sont entourés d'une aura d'importance qui fait qu'ils sont généralement distribués immédiatement à la bonne adresse sans être détournés par une secrétaire ni égarés entre le serveur mail de l'entreprise et la boîte de votre interlocuteur.

ON A LES SUBALTERNES QU'ON MÉRITE

Comme nous venons de le voir, votre secrétaire fait office d'interface entre votre personne et le reste du monde ; son comportement est un miroir dans lequel ce dernier vous observe. Si elle est acariâtre, on vous trouvera bourru. Si elle laisse échapper des informations confidentielles, les gens penseront que vous laissez échapper des informations confidentielles, si elle lâche des noms dans votre intérêt, on pensera que vous faites de même. Si elle se montre arrogante et trop zélée, on vous jugera arrogant et trop zélé.

La secrétaire d'un des directeurs d'une chaîne de télévision britannique s'obstine à faire obstacle à toutes mes demandes d'entretiens avec son patron. J'ai tenté un nombre incalculable de fois de trouver un créneau pour une rencontre de courtoisie « le jour qui vous conviendra pendant les des deux prochaines semaines », pour entendre à chaque fois sa secrétaire répondre à la mienne qu'il n'a « pas un instant de libre ». Et, pourtant, chaque fois que je peux joindre ce gentleman sans passer par la case secrétaire, il ne lui faut que quelques minutes pour trouver un créneau de libre dans son emploi du temps.

Les secrétaires doivent faire office de rempart. C'est leur fonction. En se positionnant entre vous et le reste du monde, elles vous permettent d'être en toute circonstance dans l'action plutôt que dans la réaction. Mais il existe un large éventail de manières, tant négatives que positives, d'ériger cette « muraille ». C'est aussi simple que la différence qui existe entre « Qui dois-je annoncer ? » et « Z'êtes qui déjà ? ».

Les secrétaires se comportent souvent comme des sergents instructeurs. J'ai vu des cadres s'amuser de leurs manières revêches et les y encourager. Je les soupçonne de croire que cette rudesse augmente leur importance aux yeux d'autrui.

Ces remarques valent bien entendu pour l'ensemble de vos subordonnés. S'ils travaillent directement sous vos ordres, il est probable que vous serez jaugé, du moins en partie, à l'aune de leur façon de se comporter avec autrui. Si vous constatez qu'ils se montrent un peu trop acerbes, il est dans votre intérêt de le leur faire remarquer.

L'HABIT FAIT L'« HOMME D'AFFAIRES »

MCA/Universal est entrée dans la légende à cause de la sévérité de son code vestimentaire : costumes foncés et chemises blanches (ses cadres étaient souvent accueillis par un « Tiens, voilà les pingouins »). Pourtant, Lew Wasserman, son président-directeur général – et c'est le point le plus intéressant – n'*était* pas un chantre du conformisme – loin s'en fallait. Mais il était à la tête d'une entreprise en plein essor dans un secteur à la réputation sulfureuse. Il savait que dans l'imaginaire populaire, « les mecs d'Hollywood » étaient des escrocs qui fumaient des barreaux de chaises et qui avaient une certaine propension à embellir les faits et à arrondir les angles pour signer un accord. Le code vestimentaire de la MCA remplissait deux fonctions : créer une image positive de stabilité – tout en dissipant un préjugé négatif.

Les gens se font immédiatement une opinion sur vous selon votre tenue vestimentaire. Le style classique est en général le meilleur choix. Si vous admettez pouvoir en apprendre beaucoup sur autrui par sa tenue vestimentaire, vous pouvez supposer que tous ceux que vous rencontrez vous jugeront à la même enseigne. Et bien sûr, plus vous serez vêtu de façon neutre, plus vous serez difficile à cerner. Lorsque quelqu'un arrive à une réunion d'affaires les pieds nus dans des mocassins, la chemise à moitié déboutonnée, une chaîne en or au cou ou au poignet, cela peut évoquer dans l'esprit des autres des considérations plutôt inquiétantes sur sa personnalité.

Il y a plusieurs années, pour son premier jour un de nos cadres arriva vêtu d'un élégant pantalon gris, d'une chemise en soie au col ouvert et d'un blazer bleu des plus classiques. J'ai demandé à son directeur de département de lui expliquer que sa tenue n'était pas une tenue de travail appropriée.

La plupart de nos clients ont moins de trente ans et beaucoup d'entre eux, surtout les joueurs de tennis, viennent aux rendez-vous dans une tenue très décontractée. Mais beaucoup de ces jeunes gens sont aussi millionnaires et c'est nous qui gérons leur argent : nous le percevons, nous le gérons et nous l'investissons. Ils veulent que nos cadres ressemblent davantage à des banquiers qu'à des joueurs de tennis même élégamment vêtus.

Coco Chanel a dit un jour que lorsqu'une femme est mal habillée, on remarque sa robe mais que lorsque sa tenue est impeccable, c'est elle que l'on remarque.

Je pense qu'elle aurait donné le même conseil à tous ceux qui exercent la profession de cadre – homme ou femme. En règle générale, il est souhaitable que votre tenue vestimentaire ne révèle rien à votre sujet – sauf peut-être que vos vêtements vous vont bien.

UNE PONCTUALITÉ D'HORLOGER SUISSE

Lorsque je traite avec quelqu'un pour la première fois, je m'arrange pour créer des situations qui montreront que je suis ponctuel à la seconde près. Je fixe un rendez-vous téléphonique à dix heures et j'appelle à dix heures tapantes. Je promets à mon interlocuteur qu'une lettre sera déposée sur son bureau lundi prochain, la lettre y sera au jour dit. J'arriverai à un rendez-vous exactement à l'heure prévue.

Si vous agissez ainsi lors de vos premiers contacts avec de nouveaux associés, ils penseront que c'est ainsi que vous menez toute votre vie professionnelle. Et ils s'efforceront de faire de même.

Vous verrez que vous obtiendrez d'eux la ponctualité qu'ils auront pris l'habitude d'attendre de vous.

MONTREZ-VOUS ÉCONOME DU TEMPS DES AUTRES

La complainte qui revient le plus fréquemment dans la bouche des cadres, c'est de manquer de temps – qu'il n'y a pas assez d'heures dans une journée pour faire tout ce qu'ils ont à faire. Mais ces mêmes cadres deviennent beaucoup moins conscients du temps qui passe lorsqu'il s'agit de celui des autres.

Vous voulez produire rapidement une mauvaise impression durable sur un tiers, faites-lui perdre son temps : utilisez-le de façon cavalière ou prenez-en plus que vous n'en avez besoin.

Si vous n'avez rien d'important à dire, n'organisez pas une entrevue pour le seul plaisir de voir quelqu'un. Si cette personne vaut vraiment la peine d'être contactée, elle réagira à votre « Je voulais juste vous rencontrer » en prenant la résolution de ne plus jamais vous accorder le moindre rendez-vous.

Ne faites pas perdre leur temps aux gens qui se trouvent dans votre bureau. Il n'y a rien de plus exaspérant que d'être obligé de rester là à attendre, dans le bureau de quelqu'un, pendant qu'il est pendu au téléphone. Ce qui est plus exaspérant encore, c'est de devoir endurer une conversation qui aurait pu être évitée grâce à une phrase du genre « Je suis en réunion avec quelqu'un. Puis-je vous rappeler dans quelques minutes ? » Si vous *êtes obligé* de répondre au téléphone lorsque quelqu'un se trouve dans votre bureau, excusez-vous et soyez bref.

Il y a trois exceptions à cette règle : lorsque vous formez un subordonné et que vous souhaitez qu'il entende votre technique au téléphone ou qu'il apprenne, de première main, certains faits sur une affaire en particulier ; lorsque vous pensez que l'appel peut avoir un lien avec l'entretien en cours ; et lorsque l'identité de votre correspondant peut impressionner favorablement la personne qui se trouve avec vous.

Au début des années 70, Spiro Agnew, le vice-président, que j'avais rencontré une fois ou deux, essayait de me contacter pour que je m'occupe des droits littéraires d'une nouvelle qu'il venait d'écrire sur le golf, « I Can Play Better Than This But I Never Have[16]. ».

Je l'avais appelé de ma chambre d'hôtel, à Chicago, mais il n'était pas libre et on m'avait demandé où il serait possible de me joindre. J'avais répondu que je serai à l'hôtel ou dans le bureau d'A.C. Spectorski, qui était à l'époque rédacteur en chef de *Playboy*.

Pendant mon entretien avec ce dernier, sa secrétaire l'appela en disant : « Le vice-président des États-Unis est en ligne. Il aimerait parler à monsieur Mark McCormack. » Bien que cet appel n'ait aucun lien avec l'affaire en cours, il donna à notre rencontre une tout autre importance.

VOTRE TERRAIN

Parfois, une des techniques de vente les plus efficaces est juste de « débarquer » – sauter dans un avion et aller là où vous devez vous rendre pour rencontrer quelqu'un à l'endroit qui lui sied le mieux, dans son bureau. Parfois, c'est le protocole qui l'exige, parfois c'est votre analyse de la situation.

Mais en règle générale il vaut mieux, de très loin, organiser la réunion dans votre bureau plutôt que dans celui de votre interlocuteur. C'est une question de domination territoriale. Même

16. *Je peux mieux jouer que ça mais je n'en ai jamais besoin (NDT).*

si votre bureau est minuscule, il vaut mieux que la réunion se déroule sur votre terrain.

Tout d'abord parce que c'est votre théâtre d'opération. Vous pouvez y exercer un certain contrôle, ce que vous ne pourrez pas faire ailleurs.

Ensuite, à cause de cette domination territoriale, une rencontre sur votre terrain donne à votre interlocuteur l'impression d'« envahir » votre territoire. Cela fait naître chez lui une tension, même si elle n'est que subliminale. En vous montrant poli et en mettant votre interlocuteur à l'aise, vous pourrez dissiper cette tension et gagner sa confiance avant même que l'entretien ne commence.

Je ne m'autorise qu'un seul artifice, des lumières tamisées. Sinon, selon moi, un bureau qui incarne le pouvoir est soit une grande pièce, soit un endroit bien rangé, ordonné, fonctionnel, où l'on sent que se traitent des affaires.

TENEZ VOS PROMESSES

Dow Finsterwald, l'ancien vainqueur du Championnat de la PGA, aujourd'hui directeur du golf de l'hôtel The Broadmoor, à Colorado Springs, m'a demandé un jour de lui rendre un service. Il avait vu une reproduction imprimée d'un tableau de Leroy Neiman le représentant en train de jouer avec Arnold Palmer et il voulait savoir si nous pourrions lui en obtenir une copie signée pour son club house. J'ai appelé un de nos cadres qui côtoyait régulièrement Neiman. Il m'a promis de s'en charger et j'ai rappelé Dow pour lui transmettre l'information.

Un mois plus tard, j'ai appelé ce cadre – je me trouvais au Japon à cette époque – et je lui ai raconté jusque dans les moindres détails comment, au début de ma carrière, j'avais promis de faire quelque chose pour quelqu'un et, n'ayant pas tenu parole, comment c'était revenu me hanter. De toute évidence, il ne voyait pas à quoi je faisais référence. Ce n'est que lorsque j'arrivais à la fin de mon histoire qu'il s'écria : « Merde, le tableau de Neiman ! » Il fut expédié la semaine suivante.

On fait très souvent des promesses qu'on ne tient pas – laissant ainsi inutilement une très mauvaise impression. Si vous dites que vous ferez quelque chose, *faites*-le. Si vous ne pouvez pas, si vous pensez que cela n'en vaut pas la peine ou si vous ne voulez pas le faire, *ne dites pas* que vous le ferez. Trouvez n'importe quel prétexte mais ne dites jamais « je vais essayer ». Dans le pire des cas, votre interlocuteur pensera que vous avez essayé – et *échoué*.

Si vous avez promis de répondre le lendemain à un appel téléphonique et que vous ne le faites pas, cela suffit pour influencer une relation. Il n'existe aucune loi stipulant que vous devez toujours répondre à un appel téléphonique ; mais ne dites pas que vous le ferez.

Ne commettez pas non plus l'imprudence de vous engager au nom de votre entreprise si vous savez qu'il existe une possibilité, aussi infime soit-elle, qu'elle ne vous soutienne pas.

Il y a plusieurs années, plusieurs employés de Wilson Sporting Goods ont affirmé à Arnold Palmer que si jamais il désirait mettre fin au contrat qui le liait à leur entreprise, il lui suffisait d'en faire la demande. Quelques années plus tard, lorsque les relations entre Arnold et Wilson commencèrent à se détériorer, j'ai décidé de voir ce que valait cette promesse. Arnold et votre serviteur déjeunaient avec Bill Holmes, le président de Wilson, et j'ai profité de l'occasion pour lui demander : « Si Arnold souhaitait mettre fin à son contrat avec votre entreprise, le pourrait-il ? » Holmes m'a répondu, avec une certaine nervosité : « Non ».

Cet incident nous en apprit beaucoup, à Arnold et à votre serviteur. Nous avions supposé qu'un individu parlait au nom de son entreprise parce qu'il travaillait pour elle. La désillusion d'Arnold l'amena au final à rompre son contrat. Promettre à quelqu'un que vous lui enverrez quelque chose dans une semaine et ne pas le lui faire parvenir est pire que de ne rien avoir promis.

FAIRE UN GESTE REMARQUABLE

En affaires, un beau geste est un acte que l'on fait en faveur d'un tiers ou à sa demande, *pour que ce tiers devienne votre obligé.* Il peut arriver que les deux parties ne soient conscientes de ce dessein. Vous pouvez éprouver de la sympathie pour un associé et souhaiter, sincèrement, lui faire une faveur mais c'est l'aspect contraignant du geste qui le distingue d'un service personnel.

Là encore, la subtilité est essentielle. Plus quelqu'un est conscient que le service que vous lui avez rendu fait de lui votre obligé, moins le geste sera efficace.

J'ai eu affaire à des cadres qui semblaient tenir une comptabilité des services dus et rendus. En fait, cela ne me dérange pas de négocier avec ce genre d'individus. Vous devez leur faire des faveurs et ne jamais leur en demander. Le « score » penche tellement en leur faveur, qu'à la longue, ils feront tout pour créer des occasions afin de « vous rendre la monnaie ».

En affaires, les services rendus entrent dans trois catégories distinctes : ceux qu'il est facile d'ignorer, de négliger ou de mal interpréter ; ceux qui sont temporairement appréciés ; et ceux qui le sont à long terme.

On trouve dans la première catégorie tous les gestes qui passent inaperçus ou se retournent contre leur auteur. Par exemple, certains gestes, comme passer un appel téléphonique en faveur de quelqu'un ou venir en aide à un associé dont l'autre partie n'a jamais connaissance. On ne peut pas demander à autrui d'apprécier quelque chose dont il ignore l'existence. Vous avez donc tout intérêt, lorsque vous avez fait un beau geste en faveur d'un tiers, de le lui faire savoir, en passant. (« Nous avons accordé un peu de notre temps à votre adjoint, la semaine dernière » ou « J'ai fait savoir à untel combien nous avions apprécié votre aide. »)

Autre cas intéressant qui entre dans cette catégorie, la faveur trop flagrante. Elle peut être facilement mal interprétée (ou correctement interprétée) et engendrera une impression consciente d'obligation. Les faveurs flagrantes risquent de se retourner contre vous. On nous a demandé, un nombre incalculable de fois, des polos de tennis, des clubs de golf ou des billets pour quelqu'un. La couleur, ou la taille, n'allait pas, le club était mal équilibré ou les places n'étaient pas très bonnes, si bien que le résultat était plus mauvais que si nous n'avions rien fait. Un peu comme si, après avoir sauvé quelqu'un de la noyade, il vous intentait un procès parce que vous lui auriez cassé le bras en le sauvant.

Les services rendus « par gentillesse » (par exemple, celui que l'on fait pour un tiers sans qu'il le sache) entrent aussi dans cette catégorie. Vos bonnes intentions ne correspondent pas toujours aux intérêts d'autrui et cela les agacera. Ou alors, votre service ne sera pas apprécié et c'est vous que cela agacera.

Dans la seconde catégorie, on trouve souvent les services qui se mesurent en temps – prendre le temps de voir quelqu'un, inviter quelqu'un à déjeuner alors qu'une conversation téléphonique de cinq minutes aurait suffi, prendre le temps, au téléphone ou par courrier, de montrer un intérêt personnel ou une inquiétude.

Le meilleur service « à long terme » que vous puissiez rendre à quelqu'un, c'est de servir d'intermédiaire entre lui et un tiers – mettre deux parties en contact pour une transaction qui ne vous rapportera rien sur le moment. Les *deux* s'en souviendront.

Mais qu'il s'agisse d'un petit service ou d'un grand, qu'il soit à court terme ou à long terme, l'essentiel c'est, lorsque vous avez promis de faire quelque chose, de vous y tenir ou de faire savoir à l'autre partie pourquoi vous avez été incapable de tenir parole.

C'est dans les domaines semi-professionnels que les gens semblent avoir la mémoire la plus longue et la promesse oubliée ou non honorée restera gravée à jamais. Il s'écoulera plusieurs années mais un jour, sans crier gare, la personne que vous avez déçue vous le ressortira comme si cela s'était produit la veille.

Voici quelques exemples de gestes qui seront appréciés, reconnus et qu'à long terme, on finira par vous rendre :

Faites quelque chose pour leurs enfants

Les meilleurs services sont parfois indirects. Mon fils Todd, lorsqu'il était à l'école primaire, adorait le football américain. Un de mes associés lui a permis de rencontrer Fran Tarkenton, le quaterback des Minnesota Vikings. Todd était fou de joie – et c'est quelque chose que *je* n'ai jamais oublié.

Si vous voulez impressionner favorablement un client, faites quelque chose pour ses enfants. Cela comptera plus à ses yeux que tout ce que vous pourriez faire pour lui.

Que savez-vous des familles de vos partenaires commerciaux les plus importants ? Avez-vous jamais témoigné de l'intérêt pour leur famille ou pris le temps de vous renseigner à propos de leur conjoint, de leurs enfants, de leurs parents ou d'autres membres de leur famille avec lesquels ils entretiendraient une relation forte ? Voilà des informations qui peuvent valoir leur pesant d'or.

Il y a cinq ou six ans, M. Fujita, dont je vous ai déjà parlé, a appris qu'un de ses partenaires commerciaux, cadre de la Japan Air Line de son état, avait une fille qui adorait le tennis et était une grande inconditionnelle de Martina Navrátilová.

Lorsque monsieur Fujita fut chargé de la promotion du tournoi de tennis du circuit féminin de Tokyo, se souvenant de cette information, il appela le cadre qui depuis avait pris la direction de JAL Europe. Monsieur Fujita lui expliqua que Martina Navrátilová participerait à ce tournoi et lui a demandé si sa fille aimerait venir au Japon pour lui servir de guide ? La jeune fille accepta aussitôt – et son père n'aurait pas pu lui en être plus reconnaissant.

Cette manœuvre n'avait rien d'irrégulier et je ne vois pas de meilleur moyen de se rapprocher de Japan Air Line.

Laisser ses interlocuteurs se dédire

Les gens acceptent souvent de faire quelque chose et, ensuite, pour toutes sortes de raisons qui ne sont pas toujours de leur fait, ne peuvent plus le faire ou n'en ont peut-être même plus envie. Les circonstances peuvent avoir changé ; de nouvelles informations ont pu modifier leur désir de signer cet accord ; ou un de leurs supérieurs hiérarchiques a mis son veto.

En tant qu'avocat, il me serait facile de considérer un engagement comme un engagement et un accord comme un accord. Mais j'ai souvent découvert qu'en reconnaissant des circonstances atténuantes et en laissant quelqu'un se libérer de ses obligations, j'ai, à la longue, fait bien plus pour moi et pour mon entreprise.

Pendant de nombreuses années, notre entreprise de consulting a été liée par contrat avec Wilkinson Sword. Au milieu des années 1970, cette entreprise a traversé une période difficile. Chris Lewinton, son directeur général, est venu me voir pour me dire : « Mark, nous traversons une mauvaise passe et je vais devoir vous demander, s'il vous plaît, de bien vouloir accepter une grosse diminution des honoraires que nous vous versons. »

J'ai répondu sans hésitation que cela ne poserait aucun problème. Dans les années qui suivirent, Wilkinson a redressé la barre et ils ont augmenté nos honoraires pour s'acquitter de la différence. Et, par la suite, leur rachat par Allegheny International nous a ouvert beaucoup de portes dans d'autres secteurs d'activité.

Il y a un corollaire à ce « Laisser ses interlocuteurs se dédire ». Il s'appelle « Laisser à ses interlocuteurs le droit de changer d'avis ». On a toujours la tentation de répliquer : « Mais vous aviez dit que… » ou « Mais vous aviez promis que… » Si vous savez prendre le temps d'écouter la *raison* pour laquelle votre interlocuteur a changé d'avis et replacer cette information dans la perspective d'une relation à long terme, vous constaterez qu'il est dans votre intérêt de le laisser faire.

Savoir lâcher du lest

Il est plus facile de développer des relations d'affaires existantes que d'en instaurer de nouvelles. Si vous produisez une bonne impression sur vos interlocuteurs, ils voudront traiter avec vous à maintes et maintes reprises. Pour cela, vous devez savoir quand lâcher du lest.

Kerry Packer, un excellent ami et aussi une relation d'affaires, possède, entre autres, Channel 9, la plus grande chaîne de télévision privée d'Australie. Il y a plusieurs années, David Frost, un autre de ses amis, l'a appelé pour essayer de lui vendre les droits, pour l'Australie, sur les bandes d'enregistrement de l'interview de Nixon qu'il se préparait à réaliser. Frost avait investi beaucoup d'argent dans ce projet et il avait un besoin urgent de récupérer sa mise de fonds.

Il a proposé à Kerry de lui céder les bandes pour 175 000 dollars. Packer lui a répondu que pour les droits sur le marché australien, il ne pouvait pas monter plus haut que 160 000. Ils ont échangé leurs arguments un moment sans avancer d'un iota. Le genre d'impasse qui, surtout entre amis, peut se solder par un désastre.

Au final, David avoua dans un élan de franchise : « Kerry, j'ai vraiment *besoin* de ces 175 000 dollars. Et je suis sûr que les enregistrements les valent. »

Packer garda le silence pendant un bon moment avant de répondre : « J'ai une idée, David. J'ai une pièce de monnaie devant moi. Jouons la différence à pile ou face. Je te laisse choisir le côté. »

À l'autre bout du fil, Frost toussa nerveusement. Il hésitait. Il finit par répondre : « D'accord. Face.

– Tu as gagné », dit Packer.

Que préférez-vous ? Un gain à court terme ou une relation à long terme Parfois, c'est en lâchant du lest qu'on fait la meilleure affaire.

Les louanges sincères

Les fausses louanges ne trompent personne et peuvent facilement se retourner contre vous.

En revanche, des louanges sincères – remercier et reconnaître le sens des affaires de quelqu'un dont vous avez bénéficié – peuvent être assez séduisante. Si vous pensez que quelqu'un a fait quelque chose d'« intelligent » et que vous en avez profité, n'hésitez pas à lui dire que vous le trouvez intelligent. (Mais ne dites pas à quelqu'un qu'il est intelligent juste parce qu'il vient de signer un contrat avec vous. C'est une fausse louange qui suscitera davantage la méfiance que la confiance).

Une des façons les plus efficaces d'adresser des louanges sincères à quelqu'un, c'est de le valoriser aux yeux des autres membres de son entreprise. Il y a plusieurs années, lorsque Noël Morris était le président-directeur général de Slazenger en Australie, j'ai essayé de lier la durée des contrats de Gary Player et de Jack Nicklaus à celle de son mandat à la tête de l'entreprise. Il était flatté que les intérêts et les destins de Player et de Nicklaus soient aussi directement liés à sa personne et cela ne pouvait pas nous faire de mal d'avoir le PDG de l'entreprise qui veille personnellement aux intérêts de nos clients. Le comité d'administration de Slazenger mit son veto mais nous avions, malgré tout, atteint nos deux objectifs.

Se faire des amis

Toutes choses étant égales, les gens feront confiance à un ami. Toutes choses n'étant pas égales, ils feront tout de même confiance à un ami.

Faites-vous des amis.

Vous n'êtes pas obligé d'être l'ami intime de tous ceux avec lesquels vous négociez. Mais appelez-les de temps en temps, demandez-leur ce qu'ils font, taillez le bout de gras – montrez que vous vous intéressez à eux.

C'est essentiel dans notre métier d'appeler un client et de lui demander comment il a joué ce week-end, et s'il a réglé ce problème avec son second service. C'est tellement facile à faire ; et pourtant, les gens qui travaillent à IMG ont tendance à oublier que ces appels téléphoniques, en apparence insignifiants, permettent de nouer des relations personnelles. Et je faisais la même erreur jusqu'à ce que je l'apprenne à mes dépens :

Notre entreprise existait depuis plusieurs années, nous étions les agents d'Arnold, de Gary et de Jack et j'étais convaincu de notre compétence et qu'aucun golfeur professionnel ne pouvait trouver mieux ailleurs. Il était évident, à mes yeux, que s'il voulait la meilleure représentation possible, c'est à *nous* qu'il devait s'adresser.

Mais il y avait un élément qui m'avait échappé. Beaucoup de ces nouveaux joueurs qui avaient percé sur le circuit ne connaissaient pas la gamme des services que nous proposions ou l'étendu de nos talents. Et même s'ils l'avaient été, notre politique d'attendre qu'ils viennent à nous et notre incapacité à flatter leur ego passaient pour de la froideur et de l'arrogance.

Nous n'avions pas pris le temps d'aller sur le circuit et de nous faire des amis. Plusieurs autres l'ont fait et pendant les années 1970, beaucoup des meilleurs jeunes talents ont signé un contrat avec d'autres agents.

Si vous ne vous faites pas d'amis, vous devrez vous résigner à négocier avec des indifférents et des ennemis.

Si vous ne savez pas conserver vos amis, vous avez intérêt à avoir des années-lumière d'avance sur vos concurrents.

Avoir des mentors et des confidents

Les mentors et les confidents peuvent devenir d'excellents partenaires commerciaux. Les deux vous feront confiance, voudront vous venir en aide et vous rendront service s'ils le peuvent.

Un mentor est quelqu'un que vous respectez et auquel vous faites confiance, auprès duquel vous cherchez des conseils et des orientations. La frontière entre un conseil donné et un service rendu s'estompe très rapidement.

Avoir un confident *ne* signifie *pas* trahir des confidences ou révéler des secrets industriels mais, de temps en temps, partager vos impressions personnelles, donner des informations qui peuvent lui être utiles sans que cela ne vous affecte, ou *l*'encourager à se confier à vous.

Je savais que David Foster, l'ex-président de Colgate, aimait damner le pion à son agence de publicité, notamment sur tout ce qui était en rapport avec les lourds investissements de Colgate dans le golf. Je lui transmettais toutes les informations que je pouvais glaner sur le circuit, il était ainsi souvent au courant des opportunités avant son agence. C'était plutôt innocent mais cela servait un véritable dessein, permettre à Foster de mettre légèrement la pression sur son agence de publicité.

Nous avons fait beaucoup d'affaires avec Colgate.

Éviter les indiscrétions

Je ne soulignerai jamais assez l'importance de la confidentialité dans les affaires. Ceux qui reçoivent vos confidences aiment peut-être ce que vous leur dites mais au plus profond d'eux, au niveau subliminal – celui de la confiance – ils n'aiment pas que vous leur disiez.

Si l'un de nos cadres révélait à Chris Evert Lloyd tout ce que fait Martina Navrátilová, Chrissie ne pourrait s'empêcher de se demander : « Que raconte-t-il sur moi à Martina ? »

C'est aussi simple que cela : si vous trahissez une confidence, au final cela reviendra vous hanter. C'est une de ces leçons que tout le monde semble devoir apprendre à ses dépens. Mais vous ne vous y laisserez sûrement prendre qu'une seule fois. Le résultat est en général tellement embarrassant, tellement humiliant et tellement inutile, que la leçon marque.

Un des cadres de notre département financier discutait un jour avec Virginia Wade[17] de certaines des activités d'un autre client. Virginia, qui est un peu espiègle, essaya de lui soutirer davantage d'informations et elle y parvint. Mais, un peu plus tard, prise de remords, elle m'a parlé de l'incident et me pria de demander à quelqu'un de toucher deux mots au cadre en question. C'est ce que nous fîmes et il se montre dorénavant plus circonspect.

Nous avons une règle : lorsque vous mentionnez le nom d'un client dans un courrier, vous devez présumer que ce client le lira. Si dans un courrier vous dites : « Si vous ne pouvez pas avoir John Madden[18], que pensez-vous de John Havlicek[19] ? » je vous garantis que d'une façon ou d'une autre, Havlicek et Madden l'apprendront.

Même si vous êtes certain de la loyauté de quelqu'un et que ce dernier sait qu'il est dans son intérêt de l'être, ne croyez pas en son « Cela restera entre nous » et, surtout, ne confiez jamais une information confidentielle par écrit. Point final.

Même si vous n'avez rien à cacher, la discrétion reste votre plus grand atout professionnel. Nous avons eu un client important qui entretenait une relation très compliquée avec un conseiller/mentor externe. Chaque fois que leur relation connaissait un bas, il nous disait qu'il allait se débarrasser de son conseiller et il nous demandait ce que nous en pensions. Une fois, nous avons commis l'erreur de le lui dire.

Nous avions sous-estimé l'influence de ce tiers et, ce faisant, il nous en a tellement voulu que cela a sérieusement compromis la

17. Tenniswoman britannique dont la carrière s'étend de 1962 à 1986, vainqueur de 157 tournois WTA en simple dont 18 Grands Chelems. (NDT).

18. Entraîneur et commentateur pour la télévision de matches de football américain (NDT).

19. Basketteur professionnel ayant effectué toute sa carrière avec les Boston Celtics (1962-1978), octuple champion NBA, MVP des finales (1974) qui a fait son entrée au Naismith Hall of Fame en 1984 (NDT).

relations que nous avions avec notre client. Nous aurions mieux fait de ne rien dire et de rester neutres.

Les indiscrétions et les confidences engendrent toujours des problèmes et, après coup, vous avez du mal à comprendre comment vous avez pu être aussi bête.

LA QUALITÉ INDIVIDUELLE LA PLUS IMPORTANTE EN AFFAIRES

La vraie réponse est bien sûr le bon sens. Mais si vous en êtes dépourvu cela signifie que vous n'en aurez probablement jamais et il n'y a rien que je puisse dire qui changera cet état de fait.

Hormis le bon sens, la qualité la plus importante en affaires est le sens de l'humour, la capacité de se moquer de soi-même ou de la situation.

Le rire est la force la plus puissante, la plus positive pour dissiper la tension en affaires et vous devez savoir en user. Si vous êtes capable de souligner l'aspect loufoque ou l'absurdité d'un événement ou d'une confrontation, si vous êtes capable de dissiper la tension en ralliant la partie adverse à votre sentiment, vous serez sûr de faire valoir votre position. Il y a très peu de vérités absolues en affaires. C'en est une et *je ne l'ai jamais vue être prise en défaut.*

John Kennedy l'avait probablement compris mieux qui quiconque. Il désarmait le Congrès et une presse toujours hostile grâce à son sens de l'humour qui était, parfois, la seule arme dont il disposait. Aucun président, depuis Kennedy jusqu'à Reagan, ne l'a vraiment compris.

Peu de choses produisent une impression plus favorable, à long terme, que l'humour. Un petit trait d'humour, sans prétention, fait immédiatement comprendre à vos interlocuteurs que vous ne vous prenez pas trop au sérieux et c'est quelque chose qui marque les gens.

C'est aussi la meilleure façon de commencer une réunion. Rien de désopilant, juste une remarque amusante qui, lancée en tout début de réunion, créera une bonne atmosphère pour la suite des débats.

Au final, l'humour permet de remettre les choses dans leur juste perspective, la perspective étant, après les bénéfices, la chose la plus facile à perdre en affaires.

Il y a plusieurs années, Ford Motor Company a traversé une crise pendant laquelle les comptables avaient, littéralement, pris le contrôle de l'entreprise et fermaient des usines à gauche et à droite pour réduire les coûts. Ils avaient déjà fermé des usines dans le Massachusetts et au Texas et semblaient goûter ce nouveau pouvoir.

Robert McNamara, le président de Ford à l'époque, organisa une réunion avec ses principaux cadres pour discuter d'un rapport qu'il venait de recevoir recommandant la fermeture d'une autre usine. Tout le monde était contre mais les prédictions des comptables étaient tellement sinistres que personne n'osait s'exprimer ouvertement.

Charlie Beacham, un vétéran de la boîte toujours très caustique, prit enfin la parole : « Pourquoi ne pas fermer toutes nos usines pour faire vraiment des économies ? »

Tout le monde éclata de rire. La décision fut prise de remettre à plus tard toute nouvelle fermeture d'usine et les « compteurs de haricots » retournèrent à leurs calculatrices et laissèrent les décisions à la direction.

ÊTRE SOI-MÊME

Chacun a, ou devrait avoir, certains principes qui le guident dans sa vie de tous les jours et dans sa vie professionnelle. Malheureusement c'est au nom des « principes » que l'on commet le plus de péchés.

« Principe » est trop souvent un mot derrière lequel se dissimule un ego meurtri. Il y a beaucoup d'individus insensibles et insolents et je pense qu'en certaines occasions, il est tout à fait normal de faire certaines choses au nom d'un ego meurtri. Mais ne dites pas qu'il s'agit d'une question de principe lorsque ce n'est pas le cas. C'est un mensonge dangereux.

En parlant de mensonge, il y a une énorme différence entre jouer un rôle et se tromper de rôle. La différence devrait être évidente mais si vous ne savez plus à quel moment vous devez jouer un rôle et à quel autre vous devez être vous-même, tenez-vous en à cette dernière alternative.

Bien sûr, on joue très souvent un rôle en affaires. Si vous vous présentez constamment sous « votre vraie visage », votre efficacité risque d'en prendre un coup. L'idéal étant de jouer un rôle qui met en lumière vos plus belles qualités professionnelles et qui dissimule vos pires défauts.

Quant à ceux qui sont leur pire ennemi, le cas le plus classique est celui qui ne sait pas faire la différence entre tact et franchise. Tout le monde connaît le cliché qui veut que « toute vérité n'est pas toujours bonne à dire ». Je le trouve trompeur parce qu'il sous-entend qu'il faut parfois mentir en affaires. Il serait plus juste et plus approprié de dire « Toute vérité peut être atténuée ». Vous pouvez énoncer une vérité d'une manière qui ne soit ni insultante, ni suicidaire.

L'autre extrême étant de ne pas savoir dire non de peur de heurter autrui. J'ai connu des gens qui répondaient toujours : « Sans aucun problème. » Très vite, ils se retrouvent à prendre des engagements qu'ils sont dans l'incapacité d'honorer et à faire des promesses qu'ils sont dans l'incapacité de tenir. Si vous êtes incapable d'honorer vos promesses, vous serez perçu comme quelqu'un qui manque d'autorité et vous passerez pour un faible.

LA GESTION DES ÉMOTIONS

Faire une seule chose à la fois est un luxe qu'aucun de nous ne peut s'offrir et, très vite, les émotions provoquées par une activité déteignent sur une autre. Lorsqu'une grosse transaction vient d'échouer, il est difficile de ne pas laisser poindre votre déception devant la personne que vous rencontrez ensuite. Ou lorsque vous vous sentez particulièrement fatigué, l'impatience ou l'énervement pourront venir polluer une conversation téléphonique ou une réunion.

Il est très facile de conseiller aux autres de compartimenter, de confiner ses émotions avec l'événement qui les a suscitées mais il est très difficile de le faire. J'ai trouvé une solution à moitié satisfaisante qui consiste à compartimenter mes journées et ma semaine en allouant certaine tâches à certaines plages – répondre au courrier le matin et aux appels téléphoniques l'après-midi, n'accepter d'entretiens que pendant les jours consacrés aux réunions et j'en passe.

Vous devez également vous obliger à agir au lieu de réagir. Par exemple, il est très rare que je prenne un appel téléphonique mais je rappelle toujours. Vous aurez beaucoup moins de risque d'aboyer sur quelqu'un au téléphone si c'est vous qui appelez que si son appel vous avait interrompu au milieu d'une tâche.

Au final, compartimenter n'est rien d'autre que le processus conscient de mettre une distance émotionnelle entre soit et un événement.

PERSONNE NE VOUS DEMANDE D'ÊTRE PARFAIT

Il n'est pas très bien vu, ni très politique, de dire aujourd'hui que vous connaissez John DeLorean, et encore moins de dire que vous avez fait affaire avec lui. Je le connais et j'ai fait des affaires avec lui. On peut reprocher à DeLorean d'avoir un orgueil démesuré mais certainement pas d'être incompétent et il n'en demeure pas moins que quelqu'un qui a connu une ascension aussi fulgurante au sein d'une structure aussi rigide que la General Motors s'y connaît forcément en affaires.

J'ai fait la connaissance de John DeLorean lorsqu'il était à la tête de Pontiac. En deux entretiens seulement (il savait prendre *rapidement* une décision), je l'avais plus ou moins convaincu que Pontiac devait signer un contrat avec l'équipe de Ski américaine d'un montant à sept chiffres. Nous avons décidé de nous rencontrer quelques semaines plus tard, dans les locaux de l'agence de publicité de Pontiac, MacManus, John et Adams, à Detroit pour évoquer les détails et finaliser l'accord.

C'est précisément le genre de campagne promotionnelle que les cadres d'une agence de publicité détestent. Ils savaient que DeLorean et votre serviteur s'étaient mis d'accord sur *quelque chose* mais ils n'avaient pas la moindre idée *de ce dont il s'agissait*. Ils ne savaient pas non plus quel rôle jouerait leur agence dans ce projet ni même si elle en aurait un.

Le jour de la réunion arriva et j'étais en pleine forme. À un bout de la table, il y avait le franc-tireur de Detroit, l'un des hommes les plus puissants de l'industrie automobile, et à l'autre extrémité, votre serviteur, un jeune entrepreneur de Cleveland œuvrant dans le sport. Entre nous, les cadres de MacManus le visage inquiet et *j'avais déjà le contrat dans la poche intérieure de ma veste*. Je me sentais invincible.

Le ton de la réunion fut donné dès 9 h 1. Elle avait été fixée à 9 h et nous attendions Ernie Jones, le directeur de MacManus. DeLorean regarda sa montre et annonça : « Commençons. »

Le temps que la discussion arrive à la nature précise des relations entre l'équipe de ski américaine et Pontiac, et je nageais comme un poisson dans l'eau. Après avoir émis deux ou trois autres suggestions, je me suis lancé dans un soliloque assez long pendant lequel j'ai exposé mes idées sur la manière de relier l'équipe de ski au logo de Pontiac, la tête d'indien qui était le symbole de cette entreprise depuis de nombreuses années.

Tout en parlant, je remarquai que les regards des cadres allaient et venaient de DeLorean à votre serviteur. Ce dernier restait complètement impassible mais je sentais, aux réactions des autres, que je n'étais pas aussi impressionnant que je pensais l'être et qu'il était peut-être temps de me taire.

Après un bref silence – en réalité plusieurs brefs silences – DeLorean a souri. « Il n'y a pas à dire, Mark. Vous avez vraiment fait des putains de recherches. Pontiac vient juste de dépenser un peu plus de trois millions de dollars pour *se débarrasser* du symbole de la tête d'indien et mettre au point un nouveau logo. »

Nous avons quand même signé le contrat mais je ne crois pas avoir aussi mal préparé une réunion depuis.

J'ai entendu quelqu'un dire, un jour : « Tout le monde commet des erreurs. C'est lorsque vous faites toujours les mêmes erreurs que cela devient un défaut. Personne ne vous demande d'être parfait mais vous devez apprendre de vos erreurs. »

3

PRENDRE UN ASCENDANT

Prendre un ascendant en affaires, c'est employer tous les procédés autorisés. En d'autres termes, mettre bout à bout tout ce que vous savez sur vos interlocuteurs et toutes les informations que vous leur avez révélées sur vous et de vous servir de toutes ces informations pour piper les dés – faire pencher la balance légèrement en votre faveur. Bref utiliser le raisonnement inductif pour gagner.

Vous devez commencer par faire des recherches, en d'autres termes, connaître les joueurs et apprendre le maximum de choses sur le jeu. Et, ensuite, vous devez maîtriser les arcanes du jeu – comprendre ce que veut la partie adverse ou les convaincre qu'elle désire ceci ou cela et trouver un moyen de la satisfaire. L'idée étant, bien sûr, de donner un petit peu moins que vous recevrez en retour.

Je suis intimement persuadé que dans toute négociation il y a un ascendant qui ne demande qu'à être pris. Vous ne devez surtout pas faire preuve d'avidité, d'arrogance ou d'impatience mais vous devez être à l'affût. Il finira par pointer le bout de son nez et lorsque ce sera le cas, vous devez être prêt à faire tout ce qu'il faudra pour le prendre.

CONNAÎTRE TOUS LES DÉTAILS

Il est impossible de prendre le moindre ascendant tant que vous n'avez pas scrupuleusement examiné les faits. À eux seuls, ils ne suffiront pas à vous garantir un ascendant mais ils vous empêcheront de l'abandonner à quelqu'un d'autre. À moins d'être au courant de toutes, ou de presque toutes, les données pertinentes d'une négociation, vous jouez avec un jeu de cartes incomplet. Vous devez présumer que le seul fait que vous ignorez – peut-être parce qu'il est un petit peu plus difficile à découvrir – est celui qui fera la différence.

On peut prendre beaucoup de raccourcis en affaires mais pas celui-là. Vous devez effectuer le travail nécessaire en amont. Vous devez prendre le temps et faire l'effort d'apprendre tout ce que vous pouvez sur les entreprises et les individus avec lesquels vous êtes en négociation. Les termes de l'accord commenceront peu à peu à se dessiner.

Il y a une seconde série de faits que vous devrez souvent sentir. Ceux qui apparaissent pendant la négociation elle-même – certaines choses que les gens disent et font qui peuvent vous apporter de nouvelles informations très utiles. J'ai vu, entendu parler et participé à d'innombrables négociations où l'émergence d'un seul fait ou une intuition a complètement modifié la dynamique ou la stratégie de la suite des opérations.

Et c'est exactement ce qui s'est passé la première fois que j'ai essayé de vendre les droits de diffusion du British Open de Golf aux États-Unis. J'avais négocié avec le directeur du service des sports d'une des chaînes. Nous étions convenus d'un rendez-vous pour sceller l'accord. J'avais demandé à l'un des cadres supérieurs de notre département télévision de m'accompagner. Le directeur du service des sports avait, quant à lui, convié un membre de son département « affaires commerciales » (comprenez : leur bataillon de juristes et de comptables).

Il ne m'a fallu que quelques minutes pour comprendre que cette réunion aboutirait à une impasse. Le directeur du service des sports qui conduisait les négociations ne voulait absolument rien céder en présence de son spécialiste des affaires commerciales ni dévier d'un pouce de la stratégie dont ils étaient, tous les deux, convenus avant la réunion. La présence du cadre de notre département télévision, avec lequel ils avaient l'habitude de négocier, ne faisait qu'exacerber la tension. Devant lui, ils ne voulaient donner l'impression de céder à aucune de mes requêtes.

Ce furent les termes de l'accord qui primèrent, et de loin, sur les autres. Le produit que je vendais ou celui qu'ils achetaient n'avait plus aucune importance et nous aurions pu continuer à user notre salive pendant une semaine. Cette réunion ne déboucherait sur rien et la continuer plus longtemps ne ferait qu'aggraver les choses.

À la première occasion, j'ai suggéré de mettre fin à la réunion et de prendre encore un peu de temps pour réfléchir, chacun de notre côté. Le lendemain, j'ai appelé le directeur du service des sports et, débarrassés de l'influence des autres, nous avons conclu un accord sur les droits qui court encore.

CONNAÎTRE LES JOUEURS

Bien évidemment, vous devez profiler vos interlocuteurs, mesurer leur ego, découvrir leurs points faibles et j'en passe pour utiliser ces informations – en les exposant aux stimuli adéquats.

Pendant plusieurs années, j'ai essayé de convaincre André Heiniger, le président-directeur général de Rolex, de sponsoriser la construction d'un nouveau tableau d'affichage électronique équipé d'un nouveau système d'horloge de Wimbledon. Il trouvait que c'était du gaspillage et que sponsoriser les horloges des manifestations sportives c'était bon pour les fabricants de montres grand-public, comme Seiko et Timex.

Je savais que ma seule chance de le faire changer d'avis était de l'emmener sur place. J'y parvins enfin en 1979, pour la quinzaine de Wimbledon.

Nous assistions à une rencontre dans la Royal Box en sirotant du thé et, au fil du match, je l'ai vu s'imprégner de l'environnement : l'élégance séculaire du court central, l'excitation de la rencontre, la beauté et le charme de cet endroit si particulier étaient en train de le gagner.

À la fin de la rencontre, Heiniger s'est tourné vers votre serviteur et, avec un grand geste de la main englobant tout ce qui nous entourait, il m'a déclaré : « C'est Rolex ».

ANALYSER LA SITUATION

Une fois que vous connaissez les détails et les joueurs et que vous avez analysé toutes les ramifications, vous pouvez commencer à étudier la situation. Prenez du recul pour voir quelles opportunités existent dès le début.

Je suis convaincu qu'il est essentiel de prendre du recul, de prendre le temps de replacer toute information importante – bonne ou mauvaise – dans un contexte plus large. Je m'oblige à prendre une certaine distance vis-à-vis des événements et à considérer qu'il s'agit d'une nécessité tout aussi importante que passer des coups de téléphone ou assister à des réunions. Ce n'est peut-être pas quelque chose qui est « enseignable » mais c'est « apprenable » parce que votre serviteur a dû apprendre à le faire. Si tout le monde faisait cela régulièrement, le PIB ferait un bond en 24 heures.

Il y a plusieurs années, j'ai fait la connaissance Raphaël Tudela, un homme d'affaires vénézuélien, négociant en pétrole de son état. Après avoir appris à le connaître, à le respecter et à l'admirer, j'ai reconnu en lui la quintessence du dirigeant doué de

« sens pratique ». Il a bâti une entreprise d'un milliard de dollars en partant de rien et cela en moins de vingt ans. Il conclut peu de contrats écrits parce qu'il considère que sa parole fait loi. Il a toujours provoqué ses coups de chance. Sa principale activité, la spéculation pétrolière, repose sur sa capacité à repérer des opportunités là où personne n'en voit et à savoir les exploiter.

En d'autres mots, Raphaël Tudela n'a pas son pareil pour prendre un ascendant. Et quoi de mieux que le récit de ses débuts dans le secteur du pétrole pour illustrer ce talent – avoir les informations, savoir ce que veulent ses interlocuteurs et trouver un moyen de le leur donner.

Au milieu des années 1960, Tudela possédait une verrerie à Caracas. Mais, ingénieur en pétrochimie de formation, il voulait travailler dans le négoce du pétrole. Lorsqu'un de ses partenaires commerciaux lui apprit que l'Argentine se préparait à acheter pour vingt millions de dollars de gaz butane, il se rendit sur place pour voir s'il ne pourrait pas décrocher le contrat. Comme il me l'expliqua par la suite : « Il fallait d'abord que je décroche le contrat et ensuite il serait alors temps de se soucier où trouver le butane. »

Lorsqu'il arriva en Argentine – simple manufacturier de verre sans aucune expérience du marché du pétrole ni aucune relation dans ce secteur – il constata que la concurrence était de taille : British Petroleum et Shell Oil.

Mais, en fouinant un peu, il découvrit autre chose : l'Argentine avait sur les bras un excédent de viande de bœuf qu'elle essayait désespérément d'écouler. Grâce à cette petite information – son premier « ascendant », pour ainsi dire – il était devenu au minimum l'égal de Shell ou de BP. Il contacta le gouvernement argentin auquel il tint le discours suivant : « Si vous m'achetez pour vingt millions de dollars de butane, je vous prends pour vingt millions de dollars de viande de bœuf. » L'Argentine lui accorda le marché, en échange du bœuf.

Tudela s'envola ensuite pour l'Espagne où, faute de commandes, un grand chantier naval était sur le point de fermer ses portes. C'était un problème politique brûlant et extrêmement délicat pour le gouvernement espagnol auquel il tint le discours suivant : « Si vous m'achetez pour vingt millions de dollars de viande de bœuf, je passe commande à votre chantier naval d'un pétrolier géant d'une valeur de vingt millions de dollars. » Le gouvernement espagnol fut ravi et demanda à son ambassadeur en poste en Argentine de demander au gouvernement argentin de leur livrer les vingt millions de dollars de bœuf de Tudela. Une fois de plus, il avait vu un ascendant et l'avait exploité.

Tudela se rendit enfin à Philadelphie, à la Sun Oil Company, à laquelle il tint le discours suivant : « Si vous affrétez le pétrolier géant de vingt millions de dollars que je suis en train de faire construire en Espagne, je vous passe une commande de vingt millions de dollars de gaz butane ».

La Sun Oil accepta et c'est ainsi que Raphaël Tudela réalisa son rêve de travailler dans le pétrole et le gaz naturel.

SE DÉCIDER RAPIDEMENT

En affaires, je préfère en règle générale l'action à la réaction – et ainsi éliminer le risque de sur-réagir – et cela en toute circonstance. Je n'admets qu'une seule exception à cette règle, lorsque se présente un avantage ou une occasion qu'il faut saisir immédiatement avant que l'avantage ou l'occasion ne se fasse la malle.

Le besoin de faire preuve d'opportunisme, de se décider rapidement, souligne encore une fois l'importance d'être à l'écoute d'autrui – entendre non seulement ce que les autres disent mais aussi le sens plus large et le sens caché des mots prononcés. Ce seul élément peut vous indiquer à quel moment vous devez prendre une décision immédiate pour ne pas manquer une occasion qui ne se représentera pas.

Nous avions dernièrement une réunion à Chicago avec McDonald's pour renouveler leur engagement avec le Championnat du Monde de Triathlon que nous produisions et télévisions pour eux.

Pendant la réunion, même si personne n'en a fait état, nous sentions qu'ils étaient beaucoup moins enclins à renouveler le contrat que nous ne l'avions supposé parce qu'ils étaient mécontents de la couverture internationale, mais nous avions surtout mal choisi notre moment. McDonald's venait de s'engager à financer la construction de la piscine des Jeux Olympiques de Los Angeles en 1984 et ils cherchaient un moyen d'assurer la promotion de ce projet.

Pourtant, nous sentions qu'il régnait dans la pièce une envie d'acheter – nous sentions qu'ils étaient prêts à s'engager dans un *projet* – et qui savait combien de temps ils resteraient dans cet état d'esprit ? Probablement pas une seconde de plus que la réunion elle-même.

Le directeur de notre département télévision a eu une inspiration. Il a émis l'idée que le triathlon avait peut-être fait son temps et que nous devrions plutôt envisager de créer une nouvelle compétition mais qui reposerait sur un concept similaire : un championnat international de plongeon qui se tiendrait chaque année dans la nouvelle piscine de McDonald's.

C'est parce que ce cadre a compris que c'était le moment idéal pour proposer un nouveau projet que nous sommes repartis avec un engagement au lieu de rester sur un échec.

COMMENT AVOIR DE LA CHANCE

Si l'on en croit le vieil adage : « La chance est le résultat du travail. » Comme Gary Player me l'a dit, un jour : « Plus je m'entraîne, plus j'ai de chance ».

Au fil des ans, nous avons eu plus que notre part de chance. Mais, au fil des ans nous avons aussi su en profiter – et nous n'avons pas attendu qu'elle se présente à nous.

C'est la grosse différence qui existe entre ceux qui ont « de la chance » en affaires et ceux qui n'en ont pas. L'entreprise qui est « naturellement favorisée par le sort » est celle qui sait repérer la lézarde la plus minuscule et la transformer en crevasse. L'entreprise qui « n'a jamais de veine » serait incapable de repérer une occasion même si elle tombait nez à nez avec cette dernière dans une ruelle.

« Avoir de la chance » c'est surtout reconnaître quand vous en avez eu. Savoir ensuite en profiter, c'est encore ce qu'il y a de plus facile.

Prenez par exemple l'histoire de monsieur Goodfather :

Monsieur Goodfather (c'est son vrai nom) est un horticulteur commercial qui entretient et arrose les plantes vertes dans les bureaux de nombreuses entreprises de Cleveland dont ceux de Jones and Laughlin Steel. Il avait appris qu'Eaton Corporation, une autre grande entreprise de Cleveland – et un gros client de Jones and Laughlin – s'installait dans le même immeuble et il a téléphoné à Eaton pour leur proposer ses services.

Lorsqu'il a demandé à parler à la personne en charge des bureaux, on lui a passé par erreur la personne qui était *vraiment* « en charge », Del DeWindt, le président et PDG d'Eaton.

Je m'occupe de toutes les plantes[20] de Jones and Laughlin et j'aimerai rencontrer quelqu'un pour discuter de vos bureaux.

Le lendemain matin, monsieur Goodfather vêtu de sa tenue de travail et de son célèbre béret noir a été conduit dans la salle de conférence où l'attendaient plusieurs cadres supérieurs d'Eaton qui avaient tous devant eux leurs dossiers « Jones and Laughlin ».

Une fois l'imbroglio démêlé, tout le monde a ri un bon coup et cela aurait pu être la fin d'une gentille petite histoire somme

---

20. Le mot « plant », en anglais, désigne une plante et une usine, d'où la confusion qui a suivi (NDT).

toute sans grand intérêt… si, alors qu'il quittait la pièce, monsieur Goodfather ne s'était pas tourné vers un des cadres pour lui demander : « Et sinon, pour vos plantes vertes... »

Il a décroché le contrat.

TRANSFORMER LES CRISES EN OCCASIONS

Les gens ont tendance à ne voir dans les crises que des désastres potentiels. Et pourtant, pendant une crise les gens sont plus à cran et nerveux que d'habitude et vous pouvez profiter de cette vulnérabilité.

Récemment, un très, très gros client nous a appelés, complètement affolé. Un de ses plus gros sponsors avait choisi de ne pas lever son option, ce qui se traduirait par la perte potentielle d'une rémunération à sept chiffres sans oublier la flopée de gros titres en une des journaux et des magazines. Le cadre qui s'occupait des intérêts de ce client a lui aussi cédé à la panique et, avant que je sois informé de la situation, il avait déjà remplacé le contrat caduc par un autre contrat beaucoup plus avantageux pour notre client.

Une bonne nouvelle, me direz-vous. Mais il se trouve que ce client nous rémunère nos services très au-dessous de leur valeur. C'est pour notre société un nom prestigieux et il en a profité au moment de négocier le montant de nos honoraires.

Si notre cadre n'avait pas résolu cette crise aussi promptement, j'en aurais profité pour expliquer deux ou trois choses à ce client : Oui, c'était fâcheux que ce sponsor se désiste ; oui, nous pensions pouvoir le remplacer, mais seulement au prix de beaucoup de temps et d'efforts, et peut-être en sollicitant une faveur ou deux (ce fut le cas). J'aurais alors soulevé le sujet de nos honoraires, pour voir si le client pouvait envisager de nous rémunérer, enfin, à notre juste valeur.

Une des meilleures règles que je connaisse lorsqu'une crise éclate ou menace d'éclater, c'est de *ne pas réagir*. Répondez juste que vous aimeriez y réfléchir. Inventez n'importe quel prétexte mais ne réagissez pas à chaud. Ce n'est qu'après avoir analysé la crise et identifier les occasions potentielles qu'elle offre ainsi que les désastres potentiels qu'elle pourrait provoquer que vous pouvez réagir. Au minimum, cela vous permettra de garder la tête froide pour gérer le problème et si vous analysez correctement les événements sans les laisser vous submerger, cette crise pourra vous offrir un avantage très intéressant.

SAVOIR ATTENDRE

Tous ceux qui ont négocié avec votre serviteur s'émerveillent souvent de ma capacité à encaisser les mauvaises nouvelles. Il n'en a pas toujours été ainsi et bien que je n'aie pas appris à ai*m*er les mauvaises nouvelles, j'ai appris à les gérer. Les mauvaises nouvelles sont rarement aussi mauvaises qu'elles en ont l'air et, en affaires, la plupart des catastrophes sont rarement aussi catastrophiques qu'on peut le croire au moment où elles surviennent. Tout au long de ma carrière, j'ai appris – et j'apprends toujours – l'importance de la patience et le pouvoir destructeur de l'impatience.

Je m'étonne toujours de voir comment le temps peut complètement modifier une situation, résoudre les problèmes, en rendre d'autres insignifiants, apaiser les tensions et offrir de nouvelles perspectives. « La roue tourne » ; une maxime qu'on devrait tatouer sur le torse de tous les jeunes cadres trop dynamiques.

Quel rapport avec le fait de prendre un ascendant ? Beaucoup de choses. L'opportunisme, c'est en grande partie attendre, comme un chat guettant sa proie, qu'une occasion se présente. Apprendre à attendre, à être patient, a tellement d'applications et tellement de ramifications qu'il m'est difficile de donner un ou deux exemples sans en banaliser l'importance. Mais je peux vous dire qu'en un peu plus de vingt ans d'existence, nous devons d'une manière ou d'une autre 90 % de nos succès à notre patience et que 90 % de nos échecs sont dus à un manque de patience.

Les négociations, pour le contrat d'Herschel Walker avec les New Jersey Generals qui en dollars constants est le plus gros contrat de l'histoire des sports collectifs, viennent de se terminer. Le simple fait que nous qui ayons conduit ces négociations est un monument érigé à la gloire de la patience.

Il y a deux ans, nous étions sur le point de faire signer Herschel et, après plusieurs réunions avec Vince Dooley, son entraîneur à l'Université de Géorgie, l'issue ne faisait pour nous aucun doute.

Début 1983, j'ai reçu une lettre de Vince dans laquelle il nous remerciait d'avoir été patient (!) et suggérait qu'il était temps que nous rencontrions Herschel. J'ai reçu cette lettre le jour même où les journaux ont révélé qu'Herschel avait signé un contrat professionnel lorsqu'il était étudiant.

Notre département Sports collectifs était anéanti. Mais je leur ai dit que nous ne connaissions pas tous les faits, que la stratégie pour gérer ses intérêts que nous avions présentée à Herschel et à Vince les avait impressionnés et que la durée du contrat qu'il avait signé n'était que de deux ans. J'ai laissé entendre qu'avec un peu de patience, Herschel Walker reprendrait certainement contact avec nous et je leur ai fortement conseillé de rester en contact avec lui.

Herschel est devenu notre client douze mois plus tard.

L'AUTODISCIPLINE

Il y a un gouffre énorme entre le nombre de cadres dotés de sens pratique et le nombre de ceux qui croient l'être. C'est dans cette catégorie que vous trouverez tous ceux qui croupissent dans les postes d'encadrement subalterne et qui en général accusent la terre entière d'être responsable de leur manque d'avancement, alors qu'il leur suffirait de jeter un coup d'œil dans leur miroir pour trouver le coupable. Le plus drôle, c'est que beaucoup de ces cadres ont plutôt été gâtés question perspicacité et même intuition.

Mais ils sont trahis par leur instinct. Ils utilisent toujours à mauvais escient les informations qu'ils ont recueillies. Au fond d'eux, ils savent ce qu'il faut dire et ce qu'il ne faut pas dire, quand il faut parler et quand il faut se taire, mais c'est plus fort qu'*eux*. Ils font une gaffe ou sont incapables de réfréner leur besoin de « dire les choses telles qu'elles sont » même lorsqu'ils savent que cela leur fera du tort. C'est un manque de maturité professionnelle et c'est un mal qui frappe aussi bien les cadres dans la quarantaine, la cinquantaine ou la soixantaine que ceux qui sont dans la trentaine ou la vingtaine.

Lorsqu'une affaire exige de la discrétion, en avez-vous suffisamment ? Lorsqu'une remarque humoristique ou conciliante aurait pu détendre l'atmosphère, avez-vous su pacifier les débats ? La prochaine fois que vous serez tenté d'agir de façon impulsive, pourrez-vous résister à la tentation ?

Avez-vous bien su utiliser tout ce que vous aviez appris sur vos interlocuteurs ? Avez-vous réussi à contrôler ce qu'ils savaient sur vous ?

4

SORTIR DU LOT

Un des meilleurs spectacles de Broadway, il y a quelques années, était une comédie musicale intitulée *Comment réussir en affaires sans vraiment essayer*. Le héros était un jeune employé qui essayait constamment d'impressionner son patron. Dans une des scènes, on le voyait arriver au travail un peu avant neuf heures, desserrer sa cravate, s'ébouriffer les cheveux, remplir les cendriers de mégots et éparpiller des papiers et des dossiers sur son bureau. À son arrivée quelques minutes plus tard, le patron trouvait son employé « affalé » sur sa table, visiblement plongé dans un sommeil comateux suite à une nuit de travail.

Cette scène était amusante parce que, bien qu'exagérée, elle mettait en avant les excès ridicules auxquels certains se livrent pour sortir du lot.

Ayant quitté le cabinet juridique qui m'employait pour fonder ma propre entreprise, je n'ai jamais eu le « plaisir » de grimper les échelons au sein d'une entreprise. Mais j'ai vu des amis se hisser au sommet dans d'autres entreprises, des sportifs faire fructifier leur succès sur les terrains de sport en une petite entreprise rentable et, bien sûr, j'ai vu nos cadres dont beaucoup nous avaient rejoints après une première expérience professionnelle ou la fac de droit.

Une entreprise est pour moi un excellent terrain d'observation des comportements humains.

En supposant qu'ils aient suivi le même cursus et possèdent des capacités similaires, pourquoi certains s'élèvent-ils d'un bond jusqu'au sommet alors que d'autres semblent croupir ad vitam aeternam dans le marais où pataugent les cadres moyens ?

Pour répondre à cette question, je crois qu'il faut comprendre la différence qui existe entre *capacités* et *efficacité*. Par efficacité, j'entends : se servir de ses capacités pour atteindre certains objectifs et certains résultats.

Ceux qui se contentent d'exploiter leurs capacités ne deviennent jamais des stars.

Les stars bonifient leurs capacités en leur adjoignant d'autres éléments – l'intelligence, la connaissance de la nature humaine et la compréhension des règles du jeu. Ils ont en général des résultats mais c'est parce qu'ils savent vendre leurs idées et se vendre, au sein de leur entreprise mais également en dehors.

Un de nos clients, John Madden, qui commente les matches de NFL sur CBS, a été pendant de nombreuses années l'entraîneur de la grande équipe des Oakland Raiders. Pendant toutes ces saisons où ils ont dominé leur division, les Raiders comptaient dans leurs rangs un des meilleurs receveurs de la ligue, Fred Biletnikoff.

Madden a dit un jour de Biletnikoff : « S'il avait joué à son niveau, il n'aurait jamais joué en NFL. Il était lent, pas très costaud et même un peu maladroit. Je lui hurlais dessus depuis le bord du terrain : "Ne t'emmêles pas les crayons, Fred ! Ne t'emmêle pas les crayon !" *Il ne savait faire que deux choses, attraper les passes et marquer des touchdowns.* »

Fred Biletnikoff était efficace. Il comprenait les arcanes du jeu. Il comprenait l'importance du travail d'équipe et, surtout, il avait su trouver, à l'intérieur du système, les portes de derrière et les raccourcis, les *déplacements individuels* qui lui permettaient de se trouver là où les défenseurs n'étaient pas. Il était une star à son poste.

CONNAÎTRE LES RÈGLES

Grimper les échelons de l'entreprise est-il un jeu ? Sans le moindre doute. En réalité, il s'agit de plusieurs jeux qui se déroulent tous en même temps. Si vous voulez faire carrière, vous devez prendre ces jeux au sérieux et exceller dans chacun d'eux.

Si vous êtes employeur, vous devez constamment essayer de déceler le vrai talent et ne pas vous laisser abuser par les apparences. Si vous êtes salarié, vous devez trouver un moyen de montrer votre efficacité à ceux qui prennent réellement les décisions sans vous attirer les foudres de tous ceux qui se trouvent entre vos supérieurs et vous dans l'organigramme de votre entreprise.

C'est une tâche qui peut se révéler des plus ardues. Il vous faudra court-circuiter plusieurs niveaux hiérarchiques pour que ceux qui évoluent dans les hautes sphères de votre entreprise remarquent l'étendue de vos talents. Dans le même temps, vous devrez faire comprendre aux cadres moyens qu'en vous soutenant et en parlant de vous à leur chef, ils servent aussi leurs intérêts puisque cela leur permet de mettre en avant leurs qualités de chefs d'équipe. Vous devrez aussi empêcher ces cadres moyens (qui protègent leurs intérêts) de vous brider ou de s'approprier vos contributions. Tout cela en conservant l'amitié de vos pairs et le soutien de vos subordonnés. C'est compliqué. Et cela peut également devenir très déplaisant et c'est une des principales raisons pour lesquelles beaucoup n'aiment pas travailler dans une entreprise.

Sortir du lot est une des principales difficultés de la vie de tous les jours dans une entreprise et aucun manuel universitaire ne peut vous y préparer. Un MBA – ou un diplôme de droit ou n'importe quel autre diplôme – peut vous ouvrir la porte. Mais, une fois à l'intérieur, il vous faudra trouver le moyen de faire reconnaître votre vraie valeur. Est-il possible de se mettre en valeur sans nécessairement rabaisser quelqu'un d'autre ? Pouvez-vous jouer le jeu sans participer à quelques intrigues de couloirs ?

J'en suis persuadé. Mais vous devez commencer par apprendre les règles du jeu et connaître les dures réalités qui influencent les relations au sein d'une entreprise. Ces réalités varient considérablement d'une entreprise à l'autre, mais il existe trois règles universelles :

Règle n° 1 : La survie du plus apte

Le Darwinisme régit toutes les structures pyramidales et non seulement l'entreprise ne fait pas exception, mais elle en est même probablement le meilleur exemple. Il y a moins de présidents que de vice-présidents, moins de vice-présidents que de directeurs et ainsi de suite. Cela signifie qu'il existe par conséquent un antagonisme naturel, aussi subtil soit-il, entre les différents niveaux d'encadrement, les couches de la pyramide. Un de mes amis a utilisé une autre image pour décrire la compétition qui règne au sein de son entreprise : la « chaîne alimentaire ».

Règle n° 2 : Vos pairs sont vos alliés naturels

Je suis toujours effaré de voir des individus apparemment intelligents refuser d'admettre cette vérité élémentaire. Si vous vous aliénez vos pairs, vous n'aurez pas besoin d'autres ennemis dans votre entreprise.

Règle n° 3 : Il y a toujours un système

Ce « système » peut être contraignant voire inefficace mais toutes les entreprises en ont un. Pour sortir du lot, vous devez connaître le système de votre entreprise et comprendre comment vous pouvez vous en servir. C'est le seul moyen de s'y faufiler, de le traverser ou de le contourner.

PRODUIRE DES IMPRESSIONS À LONG TERME

Presque tous les points abordés dans le chapitre 2 s'agissant de produire une bonne impression restent valables. Il vous faut juste en ajouter un autre et il est essentiel : dans votre entreprise, vous serez jugé sur le long terme.

Les petites intrigues de couloir sont beaucoup moins importantes que votre capacité de vous constituer un réseau d'amis et d'alliés qui vous apporteront un soutien constant. Vous pouvez chercher un mentor qui n'appartient pas à votre entreprise avec lequel vous échangerez quelques coups de téléphone à des moments bien choisis et que vous rencontrerez de temps en temps aux moment opportuns. Si votre mentor appartient à votre entreprise, la relation et les discussions seront beaucoup plus régulières.

Long terme signifie aussi que vos grosses victoires et vos grosses défaites – vos succès ou vos échecs – ne sont pas aussi significatives que vous pouvez le croire. Avez-vous déjà entendu quiconque se plaindre que « La mentalité dans cette entreprise c'est : "Que m'avez-vous fait gagner dernièrement ?" » Je pense qu'il s'agit d'une mentalité parfaitement légitime parce qu'il s'agit d'un échange de bon procédés : si une de vos négociation capote, ou même plusieurs d'affilée, vous ne craignez pas d'être licencié pour autant. Inversement, si vous montez trop longtemps la même monture victorieuse, on commencera à s'interroger sur le niveau du reste de votre écurie.

Savoir que vous serez jugé sur le long terme doit vous encourager encore plus à la patience, à attendre le bon moment pour dire ou faire quelque chose, à savoir quand vous devez vous faire remarquer et quand vous devez faire profil bas.

Dans votre entreprise, vous serez aussi plus facilement « démasqué ». Votre véritable personnalité aura plus de chance de transparaître et l'on découvrira tout autant vos faiblesses que vos qualités. Raison pour laquelle vous devez comprendre que « vous ne progresserez qu'en restant en bons termes avec tout le monde ».

LE SYNDROME ACCEPTEZ-MOI TEL QUE JE SUIS

Certains individus font en fait très bien leur travail mais retirent une certaine fierté à afficher autant leurs faiblesses que leurs forces.

Nous avons un employé, un cadre supérieur, qui est un très bon manager. Il sait motiver ses troupes, qui lui sont dévouées, et il est capable de mener beaucoup de projets en même temps.

Mais il a deux grands défauts : une tendance à se mêler de ce qui ne le regarde pas et à beaucoup trop parler. Ce qui m'agace, c'est qu'il en est conscient mais semble prendre un malin plaisir à les étaler au grand jour. Comme s'il s'agissait de deux petits avantages en nature qu'il s'octroyait. Il est efficace et son emploi n'est pas menacé mais ces habitudes lui nuisent sur d'autres plans.

Les individus qui souffrent du syndrome « Acceptez-moi tel que je suis » semblent considérer cela comme un gage de sécurité alors qu'en réalité, c'est tout le contraire.

CHANGER DE DISQUE

Nous avons un employé qui se sort toujours de situations désespérées. En toutes circonstances il se comporte comme si la fin du monde approchait, comme s'il ne devait plus compter que sur un miracle pour réussir. Et lorsqu'il a « miraculeusement » rétabli la situation, il est persuadé que cela le valorise aux yeux de ses supérieurs, comme si les négociations n'avaient abouti que grâce à ses efforts héroïques de dernière minute.

Nous en avions un autre qui sombrait toujours dans la défaite au sortir de négociations imperdables – ou du moins, c'était l'impression qu'il donnait. Tous les ans, son chiffre d'affaires prévisionnel semblait incroyablement prometteur. Une année, il était presque 100 % supérieur à son chiffre d'affaires réel. Cette année-là, bien sûr, il a donné l'impression de manquer d'efficacité, de se fourvoyer une fois sur deux. Mais à long terme, vu son passif, l'effet était encore plus désastreux. Nous avions pris l'habitude de diviser par deux tout ce qu'il disait ou faisait.

Autre mauvaise habitude à laquelle nous avons été confrontés, des cadres qui littéralement « collectionnaient » les clients. Leur manie de surprotéger leurs relations m'indiquait, à moi leur employeur, qu'ils ne savaient pas déléguer, qu'ils ne comprenaient pas la structure de notre entreprise – ni celle de la plupart des autre entreprises – ni les interactions qui lui permettaient de fonctionner. Je ne mets pas en doute les talents de vendeurs de ces cadres. En revanche, je nourris de gros doutes sur leur aptitude au management.

Je pourrais trouver une centaine d'autres exemples de ce type – du cadre qui trouve toujours une excuse si énorme qu'il s'imagine qu'on va la gober, à celui qui me sort que, si je veux qu'il soit efficace à l'extérieur, il vaut mieux que je ne lui demande pas de faire les tâches qu'il est supposé effectuer en interne. Les individus qui travaillent dans une entreprise ont tendance à adopter certaines « manies » ou pratiques qui, pensent-ils, devraient leur permettre d'être bien vus par leurs supérieurs ou les rendre indispensables à l'entreprise. Pourtant, beaucoup de ces tours de passe-passe sont tellement transparents, et, à long terme, tellement prévisibles, qu'ils tendent à produire l'effet inverse.

Puisque chaque entreprise possède sa propre philosophie et sa propre identité, je pense que la meilleure manière de trouver de nouvelles « manies » – des manies qui donnent des résultats – à adopter consiste à observer ceux qui ont rapidement gravi les échelons. Dans les entreprises qui cultivent l'esprit *cheerleader*, par exemple, vous ne trouverez pas une de ses superstars qui n'affiche cette mentalité comme s'il s'agissait d'une de ses qualités professionnelles. Dans notre entreprise, qui est en fait un groupe constitué de douze entreprises différentes réparties dans le monde entier, j'accorde une grande importance à la communication et à la coopération inter-entreprises. Les cadres qui se sont élevés le plus haut dans notre hiérarchie sont ceux qui ont compris cette « manie » – qui permettent à leur département mais aussi au groupe, d'atteindre leurs objectifs, qui savent faire briller leur département tout en faisant briller les autres départements.

Prenez un peu de recul et analysez certaines de vos « manies ». Vous constaterez peut-être que celles qui vous semblaient servir vos intérêts en sont en réalité très loin.

Évitez de devenir prévisible. Vous ne voulez pas entendre un de vos supérieurs dire : « Il va encore nous sortir sa vieille rengaine. »

LES TROIS PHRASES DIFFICILES À PRONONCER

Beaucoup de personnes diront certaines choses, croyant à tort faire bonne impression et éviteront, également, d'en dire d'autres pour la même raison.

Il y a trois phrases difficiles à dire que je me surprends à prononcer très souvent. Et la plupart des présidents et des PDG avec lesquels je travaille savent quand et comment prononcer ces trois petites phrases.

« Je ne sais pas »

Le nombre de personnes qui ont peur de ces quatre mots, qui ont peur qu'on ne les croit pas à la hauteur est effarant.

Lorsque Arnold Palmer a accepté que nous le représentions, je lui ai dit que je ne pouvais lui garantir que deux choses. Primo, que si je ne savais pas quelque chose, je le lui dirais. Secundo, que si je ne savais pas quelque chose, je chercherais quelqu'un qui, lui, le saurait.

Aujourd'hui, j'en sais probablement plus qu'il y a vingt ans. Et, pourtant, je me surprends à dire « Je ne sais pas » à tout bout de champ. Y compris lorsque je sais parfaitement de quoi il s'agit. Parfois pour obtenir davantage d'informations ou pour comparer les versions de ce qui est déjà « connu » mais, surtout, parce que je crois que la stratégie de la modestie est toujours plus efficace que celle du « je sais tout sur tout ». Même lorsque vous avez une opinion bien arrêtée, il vaut mieux l'atténuer en laissant entendre que vous n'êtes, peut-être, pas omniscient : « Je ne sais pas mais il me semble que… »

L'incapacité de certaines personnes à dire « Je ne sais pas » même dans les conversations les plus futiles de la vie courante, vous donne un aperçu de leur comportement en affaire. J'aime beaucoup les regarder se tordre parfois dans tous les sens lorsqu'ils essaient de faire croire à leurs interlocuteurs qu'ils savent quelque chose sur le sujet sur lequel porte la conversation.

Ils ne comprennent malheureusement pas qu'en refusant d'admettre leur ignorance, leurs interlocuteurs en viennent à douter de ce qu'ils savent.

« J'ai besoin d'aide »

Les gens ont souvent peur de demander de l'aide ou de l'accepter parce qu'ils pensent que c'est un aveu d'impuissance. S'ils prenaient la peine de réfléchir quelques secondes, ils comprendraient que le système repose sur l'entre-aide. Les entreprises sont nées parce que certaines tâches, et l'efficacité avec laquelle ces tâches sont remplies, sont parfois mieux réalisées par un groupe d'individus que par un seul. Nous avons un cadre qui insiste pour être « l'Organisateur solitaire ». Il ne parlera jamais d'une affaire ni ne sollicitera jamais l'aide d'un tiers avant de l'avoir conclue parce qu'il a peur qu'on ne lui en attribue pas tout le crédit. Et, pourtant, à plusieurs reprises, l'entreprise, et lui, s'en seraient trouvés beaucoup mieux s'il avait demandé de l'aide et mis à contribution certains des talents que notre entreprise met à sa disposition.

Refuser de demander de l'aide est le signe d'une vision à court-terme et d'un esprit étriqué. Demander de l'aide est un moyen d'apprendre, d'améliorer vos connaissances, votre expertise et votre valeur pour l'entreprise qui vous emploie. Cela montre également votre envie de travailler avec les autres.

Il y a, bien sûr, des limites. Solliciter très souvent le même service peut trahir une certaine incapacité à apprendre certaines choses. Néanmoins, les gens ont plutôt tendance, surtout dans les entreprises agressives, à ne pas assez demander de l'aide plutôt que l'inverse.

Il est tout aussi important de savoir, lorsqu'on vous sollicite, comment apporter votre aide à quelqu'un. Ceux qui ne souffrent pas des mêmes tendances paranoïaques que notre « Organisateur solitaire ». Ceux qui rechignent à partager leur connaissance, leurs contacts et leurs secrets professionnels avec des collègues de travail ne recevront pas beaucoup de soutien lorsqu'ils en auront besoin.

Si vos supérieurs ont un tant soit peu de bons sens, ils n'oublieront pas que vous avez accepté l'aide d'autrui et que vous avez aidé untel ou untel et cela sera porté à votre crédit. Je ne suis pas en train de dire que vous ne devez jamais penser à votre propre intérêt voire ne jamais avoir de pensées égoïstes. Les entreprises les mieux gérées semblent savoir combiner intérêts personnels et intérêts de l'entreprise. En revanche, en sacrifiant les intérêts de l'entreprise aux vôtres, vous réduirez votre efficacité et vos supérieurs ne manqueront pas de le remarquer.

« J'avais tort »

Le président d'une PME m'a récemment fait part de son exaspération vis-à-vis de la prudence dont faisaient preuve ses cadres moyens : « Le problème, c'est qu'ils ont tous peur de commettre une erreur. »

Il y a un adage en affaires auquel je souscris qui stipule que si vous ne commettez jamais d'erreurs, cela signifie que vous ne prenez pas assez de risques. Je suis intimement persuadé que pour sortir du lot, il faut constamment bousculer les choses. Cela signifie que vous aurez souvent tort. Les cadres supérieurs efficaces ont raison, la plupart du temps, mais ils savent aussi quand ils ont tort et n'ont pas peur de le reconnaître.

Ce sont ceux qui doutent le plus de leurs capacités qui ont le plus de mal à reconnaître leurs erreurs. Ils ne comprennent pas que commettre une erreur et l'admettre sont deux choses complètement différentes. Ce n'est pas l'erreur en soi mais la *façon de gérer* cette erreur qui produit une impression durable chez autrui.

Ils se sentiraient plus à leur aise et seraient mieux considérés par leurs supérieurs s'ils admettaient leurs erreurs et passaient à autre chose au lieu de perdre leur temps, et celui des autres, à tenter de se justifier, de se protéger ou de rejeter la faute sur un tiers.

J'ai vu des cadres très doués se féliciter de leurs erreurs. Ils sentaient qu'en ayant commis une erreur, ils avaient peut-être appris quelque chose d'intéressant et ils avaient hâte d'essayer de nouveau.

Pour réussir, il est essentiel de savoir dire « J'ai eu tort » parce que ces mots ont une fonction cathartique. Ils permettent à ces cadres talentueux de « passer à autre chose », de laisser leurs erreurs derrière eux et d'explorer une autre voie qui pourrait les conduire vers leur prochain gros succès.

LA CONFIANCE

Il va sans dire qu'il ne viendrait à l'idée de personne d'embaucher quelqu'un en qui il n'aurait pas confiance. Mais je suis convaincu que dans toutes les entreprises il y a des employés auxquels on se fie davantage qu'à d'autres parce qu'ils ont un jugement et un caractère très sains.

De temps en temps, je me retrouve confronté à des employés qui ont tendance à faire « concorder » les faits avec leur version de la réalité, qui omettent parfois certaines informations sur tel ou tel dossier en cours ou qui ne disent que ce qu'ils veulent que je sache.

J'aime savoir s'il s'agit d'un accident ou d'une habitude. Si je soupçonne quelqu'un de ne pas être franc du collier, je demande qu'on me transmette une ou deux de ses notes de frais.

Comme je parcours près de 400 000 kilomètres par an j'ai une assez bonne idée du coût des déplacements et j'aurais tendance à croire que tous ceux qui travaillent pour nous ont intégré cette information. Pourtant, ces employés que je soupçonne de se montrer un petit peu trop cachottiers sont invariablement ceux qui ont tendance à calculer leurs notes de frais à la louche, à arrondir au montant supérieur et à, semble-t-il, avoir besoin de faire plusieurs allers-retours en taxi avant d'arriver à bon port.

Je n'aborde pas toujours la question de ces notes de frais avec eux. Bien souvent je préfère gérer ce problème discrètement au moment de calculer les salaires.

Lire les notes de frais de quelqu'un est un autre moyen d'en apprendre beaucoup sur son compte. Il est très instructif de voir quels cadres doivent toujours descendre dans les meilleurs hôtels et manger dans les meilleurs restaurants même lorsqu'ils n'ont pas d'invité. Cela vous en dit long sur leur ego. Dans notre secteur où les lieux prestigieux sont plus souvent la règle que l'exception, il est très facile de repérer les employés qui planifient leurs « voyages d'affaires » à proximité de leurs dates de congés et ceux qui se donnent du mal pour éviter que cela se produise ne serait-ce qu'une fois.

Les gens n'aiment pas avoir l'impression de se faire escroquer et personne ne donnera un coup de pouce à la carrière d'un subordonné qui se montre un peu trop cachottier ou un peu trop malin pour son propre bien. Si vous sentez que la seule façon de sortir du lot est d'escroquer vos employeurs, vous avez intérêt à très bien effacer vos traces parce qu'à long terme, les occasions de vous prendre en flagrant délit ne devraient pas manquer.

LA LOYAUTÉ

La loyauté est une autre forme de confiance. Les employés ont souvent du mal à comprendre l'importance que presque toutes les entreprises accordent à cette qualité. Beaucoup la braderont pour un prix beaucoup trop faible ou un objectif à court terme.

Bien sûr, si vous pensez qu'une autre entreprise est sur le point de vous faire une offre impossible à refuser, vous seriez fou de ne pas donner suite. Mais si vous n'avez pas l'intention de partir, il vaut mieux n'utiliser qu'avec d'infimes précautions ce genre d'opportunités.

Si les gens n'aiment pas se faire escroquer, ils n'aiment pas non plus qu'on les menace. Votre *menace* d'aller voir ailleurs ne pourra que vous nuire. Vous avez en fait avoué à votre employeur que vous n'attachez guère d'importance à la loyauté et, pire encore, que votre menace est gratuite. Vous perdez quelque chose d'important sans rien gagner. Je n'ai jamais été impressionné par quelqu'un qui prétend être la cible de chasseurs de têtes.

Si vous avez *vraiment* une autre offre d'emploi mais que vous préférez rester dans l'entreprise qui vous emploie, *mettez en avant* votre loyauté. Au lieu de dire : « Ecoutez, voilà ce qu'on m'offre. Proposez-moi autant ou mieux sinon je prends la porte », optez pour une façon plus efficace de formuler la même idée : « Il va sans dire que ma loyauté vous est acquise. Que peut faire l'entreprise pour que je ne sois pas obligé d'accepter cette offre ? »

M.A.D.S.I.

Tout le monde a un patron, du président des États-Unis, qui peut être viré au bout de quatre ans, au président du conseil d'administration qui doit satisfaire les actionnaires ou la maison mère. Et que cela vous plaise ou non, votre patron vous juge à l'aune de ces trois critères :

Motivation

Si vous n'êtes pas motivé par votre travail, faites-tout pour éviter que cela arrive aux oreilles de votre supérieur.

Attention aux Détails

Les gros échecs éclatent au grand jour et sont ainsi psychologiquement exorcisés. Ce sont les petites erreurs, trop minimes pour qu'on en fasse état – un rapport sur lequel on n'arrive pas à remettre la main, une tâche mineure qu'on a oublié de faire – qui sont source de tensions et de ressentiment.

Suivi Immédiat

Cela a beau paraître insignifiant, il n'y a rien qui impressionne de façon plus significative.

NE JAMAIS FAIRE ÉTAT DE SES OPINIONS PERSONNELLES

Nos concitoyens étant de nos jours plus soucieux de leur carrière, c'est un travers qui tend à disparaître. Mais cela me met toujours en rage lorsqu'un de nos cadres confond nos bureaux avec un forum personnel.

Ce travers peur prendre plusieurs visages : De la tenue vestimentaire au refus d'accepter ou de s'intégrer dans un nouveau système parce que « c'est une perte de temps » en passant par la volonté de choisir ses horaires de travail, et cela uniquement pour satisfaire son propre ego.

Il est très difficile d'affirmer sa personnalité dans une entreprise. L'astuce étant de s'adapter – savoir se fondre dans le moule – tout en sortant du lot.

Tracez une frontière nette entre vos problèmes personnels et tous les autres problèmes, de l'entreprise ou de la société. Affirmez-vous uniquement au bon moment et au bon endroit.

APPRENDRE À SE SERVIR DU SYSTÈME AU LIEU D'ESSAYER DE LE CHANGER

Les entreprises ne fonctionnent jamais selon leur organigramme. Ce sont des lieux dans lesquels cohabitent des individus, des personnalités, des stratégies et des luttes de pouvoir. Bref, des éléments qu'il est impossible de relier avec des lignes pleines ou pointillées.

Il est important de connaître le système pour pouvoir s'y frayer un chemin. Beaucoup trop de salariés passent trop de temps à lutter contre le système. Les meilleurs et les plus brillants occupent ce temps à apprendre à se servir du système.

Chaque entreprise possède son organigramme secret et c'est le système qui vous le révélera. En comprenant comment le système est censé fonctionner, vous commencerez à saisir son fonctionnement *réel.* Qui prend les décisions ? Qui a le vent en poupe et qui est en cale sèche ? Quels sont les raccourcis et où sont les portes de derrière ? Comment se prennent vraiment les décisions ?

Je ne pense pas que vous soyez obligé d'« intriguer » pour sortir du lot. Vous avez certainement remarqué que ce sont toujours ceux qui se plaignent le plus des intrigues de couloir qui en sont toujours les victimes ? En revanche, je pense que vous devez vous faire des amis. C'est même essentiel. Pour être efficace, vous devez entretenir des relations durables à l'intérieur de l'entreprise comme à l'extérieur. Et plus l'entreprise est grande, plus cela devient important.

Je vous le répète, vous devez considérer vos pairs comme des alliés et non pas comme des rivaux. Si vous parvenez à amarrer votre wagon à celui d'une des plus brillantes stars de votre entreprise, vous vous hisserez ensemble en haut de l'échelle.

SE FACILITER LA VIE EN FACILITANT CELLE DES AUTRES

Nous avions un cadre, à New York, qui se plaignait constamment de notre département juridique de Cleveland. Il lui reprochait de mettre trop de temps pour rédiger et signer ses contrats et qu'au final, ces délais nuisaient à ses résultats. J'étais au courant de la situation. Il avait probablement raison mais il refusait d'admettre que notre département juridique avait ses priorités et qu'il ne figurait pas toujours en tête de leur liste. En fait, à force de râler et de les traiter de tous les noms, il faisait tout ce qu'il fallait pour ne pas y être.

Un jour, le directeur de notre département juridique a pris ce cadre à part et lui a dit : « Laissez-moi vous montrer comment travailler avec votre avocat. La prochaine fois qu'un contrat arrive, examinez-le et, avant de le renvoyer, joignez-y une note explicative avec une liste de tous les problèmes que vous avez notés et les moyens que vous recommandez pour les résoudre. Voyons si cela permet d'accélérer les choses. Et si ce n'est pas le cas, nous essaierons une autre méthode. »

Je présume qu'il est inutile de vous dire qu'il n'eut pas besoin d'en essayer une autre.

Lorsque vous avez besoin de demander quelque chose à un autre département, posez-vous la question suivante : « Que puis-je faire pour leur faciliter la vie ? » Si vous avez besoin d'informations sur les ventes, n'insistez pas pour ne parler qu'au directeur des ventes, demandez à votre interlocuteur à qui vous pouvez vous adresser. Si vous avez un problème avec un autre département, assurez-vous qu'ils sont au courant de ce problème avant d'exiger une réponse ; montrez au personnel des autres départements que vous souhaitez travailler avec eux, au lieu de leur donner l'impression qu'ils sont à votre service. Vous constaterez que lorsque vous aurez besoin du soutien de ce groupe de pairs, ils répondront présent.

BIEN CHOISIR SES BATAILLES

La manière la plus rapide de perdre toute crédibilité est de prendre la mouche pour des offenses mineures à cause de l'accumulation de problèmes plus sérieux. La version entreprise du mari qui demande le divorce parce que son épouse appuie au milieu du tube de dentifrice. Cela nous arrive à tous mais cela montre un manque de maturité et de jugement. Sans compter que la plupart des entreprises n'ont pas le temps de vous psychanalyser pour trouver où se trouve le véritable problème.

Lorsque vous rejoignez une entreprise, quel que soit le poste, vous recevez, en guise de bienvenue, un certain nombre de jetons. Votre capacité à savoir quand – et pour quoi – les utiliser vous permettra d'augmenter vos gains ou vous obligera à changer de table.

BIEN CHOISIR SES CHAMPS DE BATAILLE

Dans l'entreprise, votre efficacité est directement proportionnelle à votre capacité à vous rendre indispensable. « Comment et où pourrais-je avoir le maximum d'impact en un minimum de temps ? » Pourtant, en affaires, beaucoup semblent obsédés par la peur d'être exclus. Si un comité est constitué, ils veulent en être ; si une réunion est décidée, ils veulent y assister. Un jour, j'avais organisé un déjeuner à New York avec plusieurs cadres que je n'avais pas vus depuis longtemps. J'ai appris par la suite que cette petite rencontre amicale avait été rebaptisée le « déjeuner du comité » et que plusieurs cadres étaient très remontés de ne pas y avoir été « nommés » !

Vous avez besoin d'avoir une certaine visibilité au sein de votre entreprise. Et même si les comités et les réunions y contribuent, vous devez choisir avec soin vos champs de bataille. En d'autres termes, savoir assister aux bonnes réunions et rejoindre les bons comités. Privilégiez ceux qui vous seront les plus utiles et fuyez ceux où vous n'apporterez pas grand-chose. Lorsque je vois le même visage à toutes les réunions, je commence à me demander comment ce cadre trouve le temps de faire autre chose.

LE DÉPASSEMENT DE FONCTION

Ce sont les projets qui n'entrent pas dans la description de vos attributions quotidiennes, qui ne vous ont pas été confiés, mais que vous menez à bien qui vous vaudront le plus de reconnaissance et de crédit.

Les fonctions exercées par la plupart des individus existaient déjà avant leur arrivée et continueront d'exister après leur départ. Ce sont des constantes. C'est ce que vous faites en plus que l'on remarquera. Dans la plupart des postes dans une entreprise, vous passez les trois quarts de votre temps à remplir vos fonctions, en d'autres termes les responsabilités qui vous ont été attribuées et les devoirs qui leur sont inhérents et le quart restant à prendre des initiatives personnelles. C'est votre capacité à étendre ces 25 % qui fera votre valeur pour votre entreprise.

QUEL EST VOTRE FONCTION, SELON VOUS ET SELON LES AUTRES ?

Il y a plusieurs années, nous avons nommé un de nos cadres au tout nouveau poste de directeur financier de l'ensemble des entreprises du groupe. Environ un mois après sa nomination, je l'ai appelé au sujet d'une question très urgente. On m'a répondu qu'il était à Pittsburgh pour la journée pour rencontrer un certain M. Rogers.

Pittsburgh ? Je ne me rappelais pas que nous ayons des actifs bancaires ou financiers à Pittsburgh. Rogers ? Le nom ne me disait rien. Mais comme nous traitons avec des centaines de personnes dans la finance, il était probable que je ne le connaisse pas.

Plus tard dans la journée, je me suis entretenu avec ce cadre et il m'a dit que son entretien avec monsieur Rogers s'était très bien déroulé. Je lui ai demandé qui était ce monsieur Rogers et il m'a répondu : « Vous savez, le mec avec un pull qui anime une émission de télé pour enfants. »

Je ne comprenais pas pourquoi mon directeur financier s'était rendu à Pittsburgh pour signer ce monsieur Rogers. À sa décharge, une partie de ses précédentes attributions consistait à trouver des contrats de sponsors pour nos clients avec les fabricants de vêtements et de produits pour enfants. Si j'avais cru qu'il était évident que son nouveau poste était un emploi à plein temps, ce n'était apparemment pas aussi évident pour lui.

C'est un exemple extrême, je vous l'accorde, mais il montre parfaitement que la grande majorité des individus qui travaillent dans votre entreprise n'ont pas la moindre idée de la tâche que vous êtes supposé remplir et que les autres en ont une idée erronée. Si vous couchiez sur le papier la liste de tout ce que vous faites pour votre entreprise et si vous demandiez à votre supérieur direct de dresser la liste des tâches qu'il pense que vous effectuez, vous seriez probablement stupéfait de l'écart entre les deux listes.

Pourquoi est-ce important ? Quelle différence est-ce que cela fait ? Primo, cela explique le classique « problème de communication » au sein des entreprises. J'ai un jour entendu quelqu'un parfaitement décrire les sentiments que beaucoup éprouvent vis-à-vis de leur entreprise : « Leur folie devient notre réalité. » Si votre supérieur et vous avez deux interprétations différentes de vos objectifs et de vos priorités, est-il, dès lors, aussi surprenant que certaines de ses décisions vous laissent aussi souvent perplexe et que les autres ne voient pas des choses qui vous paraissent couler de source ?

Secundo, pour en revenir au problème de votre avancement, vous êtes probablement jugé à l'aune de certains critères que vous ignorez. Et ils ne sont probablement pas au courant de certaines de vos contributions à la bonne marche de l'entreprise, une des principales raisons pour lesquelles les employés ont autant de mal à recevoir une certaine reconnaissance.

Comparez-vos notes avec celles de votre supérieur. Quelles sont vos tâches, selon lui et selon les autres ? Une fois que vous vous serez mis d'accord sur les faits, les hypothèses vous choqueront moins.

NE JAMAIS SE PRENDRE DE BEC AVEC SON SUPÉRIEUR DIRECT

Même si vous gagnez la bataille, vous perdrez probablement la guerre. Et plus vous aurez raison, plus cela vous nuira, à long terme.

Il y a plusieurs années, un de nos employés a eu un échange particulièrement vif avec son supérieur direct. Une chose en entraînant une autre, ce dernier exigea sa démission.

C'était une histoire regrettable. L'employé demanda à me voir parce qu'il pensait que lorsque je connaîtrais les circonstances exactes de la dispute, je pourrais peut-être faire pression sur son supérieur pour qu'il revienne sur sa décision.

Je lui ai dit que je serai heureux de l'écouter mais que j'avais les mains liées parce ma première priorité consistait à ne pas mettre en péril la structure hiérarchique de l'entreprise. Son supérieur avait peut-être tort et fait preuve d'un peu trop de sévérité mais, malheureusement, la messe avait été dite.

Cette histoire a eu des répercussions sur la carrière du supérieur de cet employé – mais ce cadre n'a pas perdu son emploi.

RIEN À GAGNER HORMIS DES COUPS DE BÂTON

Ce sont rarement ceux qui acquièrent de nouvelles entreprises qui doivent y travailler ou les diriger. Mais si on vous demande votre aide, assurez-vous que vous ne vous engagez pas dans une aventure où vous n'avez absolument rien à gagner.

« Nous venons d'acheter cette entreprise et nous aimerions que vous en preniez la direction. »

Vous ne pouvez pas empêcher votre entreprise de procéder à une acquisition stupide ou de se tourner vers des secteurs dans lesquels elle n'a manifestement rien à y faire. Mais vous pouvez essayer d'éviter de rejoindre l'équipe qui va « poursuivre sur la route du succès » ou la redresser. Parce que, le plus souvent, vous vous retrouverez dans une aventure où vous n'avez absolument rien à gagner.

On procède en général à l'acquisition d'une entreprise pour deux raisons : parce qu'elle tourne bien, ce qui signifie qu'au mieux vous pourrez la faire un peu mieux tourner, ou parce qu'elle va mal et que l'acquéreur est persuadé de pouvoir renverser la vapeur.

Il y a toujours des raisons cachées et des raisons évidentes à l'échec d'une entreprise. Parfois, vous connaissez tous les problèmes et vous savez tout ce que l'on peut faire pour les résoudre mais c'est plutôt rare. En général, vous ne découvrez les véritables problèmes et vous ne savez si on peut les résoudre qu'après vous être déjà engagé. Sans compter que si vous avez accepté un poste de direction dans une entreprise sur laquelle vous ne savez rien, vous partez avec un handicap. Vos efforts seront mal vus par le personnel qui connaît l'entreprise même s'il est incapable de la diriger.

« Cela ressemble à une mutation plus qu'à une promotion mais... »

La forme peut varier mais ces situations se rencontrent à tous les échelons. Une mutation vers un poste équivalent, surtout si vous soupçonnez que les compétences requises ne sont pas vos points forts, présente un double problème. Première option, votre nouveau département est déjà bien géré et vous n'en retirerez, par conséquent, aucun crédit. Deuxième option, il est mal géré et, dans ce cas, votre efficacité sera limitée par celle de vos supérieurs.

« Nous avons créé ce nouveau poste spécialement pour vous. »
Vous ne connaissez pas spécialement le poste et vous n'êtes pas vraiment certain que cela fonctionnera aussi bien dans la pratique qu'en théorie mais le salaire est plus intéressant et vous aurez plus de responsabilités… Soyez sur vos gardes.

« Ce poste exige les talents particuliers dont vous disposez. »
Attention aux postes qui traînent derrière eux une longue liste de cadavres. Il est plus prudent de discuter avec certains d'entre eux avant de sauter dans la tombe déjà creusée.

REJOINDRE LE DÉPARTEMENT INTERNATIONAL

Si l'on m'offrait le poste de mon choix dans une entreprise que je ne connais pas bien, je choisirais la direction du département international. Toutes choses égales, c'est là où j'aurais vraisemblablement le plus gros impact dans les plus courts délais.

Vous pouvez compter sur vos doigts les entreprises américaines qui exploitent au maximum leurs possibilités sur le marché international.

Les entreprises dirigées par des Américains sont, de loin, les plus arrogantes et les plus chauvines du monde. La plupart de leurs départements international n'ont jamais pris le temps de s'affranchir des barrières linguistiques et culturelles, préférant les déclarer incompatibles avec leur style de management.

Il y a huit milliards d'individus sur cette planète et moins de 3 % d'entre eux vivent aux États-Unis. Rejoignez le département international de votre entreprise. Vous obtiendrez d'excellents résultats rien qu'en écumant la surface.

BURNOUT ET ENNUI

Les psychologues me diraient probablement que je suis l'archétype du cadre en danger de burn-out. Je travaille trop dur et trop longtemps dans des conditions extrêmement stressantes. Et pourtant, je n'ai jamais rien ressenti se rapprochant de ce qui doit être une terrible sensation de détresse psychologique.

Mais je prends des précautions. Je dégage des créneaux pour faire du sport et me détendre, y compris quelques siestes au bureau et j'honore tous ces rendez-vous comme n'importe quel rendez-vous inscrit sur mon planning. J'ai appris à compartimenter mes émotions au travail comme j'ai appris à compartimenter mes journées. Je couche tout par écrit et comme j'organise mes notes de façon à les retrouver au bon endroit et au bon moment, dès que j'ai écrit quelque chose, je l'oublie totalement. Résultat des courses, lorsque je quitte le bureau, j'y laisse également le stress inhérent au travail.

Je crois que l'ennui est un problème beaucoup plus répandu que le burn-out. Mais je n'ai jamais connu non plus de longues périodes d'ennui, même si, comme tout le monde, j'ai de temps à autre un petit moment de déprime.

L'ennui survient lorsque la courbe d'apprentissage s'aplatit. Il n'épargne personne, quel que soit sa position au sein de la hiérarchie. En réalité, l'ennui s'abat plus souvent sur ceux qui ont la sensation d'avoir atteint leur objectif et qui ont, plus que les autres, besoin d'être stimulés et de relever des défis.

Un des meilleurs indicateurs que l'ennui vous guette ? Lorsque vous avez l'impression de connaître parfaitement votre travail ou de connaître toutes les ficelles du métier. Je m'arrange juste pour que cela ne m'arrive pas.

Je redéfinis constamment mon travail, je m'assigne de nouvelles tâches ou de nouveaux défis. Lorsque j'atteins un objectif, personnel ou professionnel, je le transforme aussitôt en un tremplin qui me permettra d'en atteindre un autre, plus ambitieux.

C'est ainsi, selon moi, que l'on s'améliore dans son travail et que l'on gagne en importance au sein de son entreprise.

Si vous vous ennuyez, c'est votre faute. Vous ne faites pas assez d'efforts pour rendre votre travail intéressant. C'est aussi probablement pour cela que l'on ne vous a rien offert de mieux.

Découvrez ce que vous aimez faire et vous y excellerez.

Comme je continue de me lever entre quatre et cinq heures du matin et de travailler entre 80 et 90 heures par semaine, même si plus rien ne m'y oblige, une des premières questions que me posent les journalistes c'est « Pourquoi continuez-vous à ce rythme ? »

J'aimerais leur donner une meilleure réponse mais je ne peux leur dire que la stricte vérité : « Parce que j'adore ce que je fais. »

TOUT CE QU'ON PEUT APPRENDRE EN TRAVAILLANT AU SERVICE COURRIER

Vous n'apprendrez pas l'humilité. Vous n'apprendrez pas le respect. Vous ne connaîtrez pas l'entreprise de la base au sommet. Mais vous y apprendrez quelque chose de très important et peut-être d'un peu effrayant sur vous.

Tous ceux qui sortent du lot ressentent le besoin, la motivation, de bien exécuter la tâche qui leur a été confiée, quelle qu'elle soit et quelle que soit son importance. Ils ont une attitude qui, en fait, rend la tâche plus importante. Les charpentiers qui deviennent entrepreneurs ont eu envie, un jour, de planter un clou plus droit que quiconque. Les serveurs qui finissent propriétaires de restaurants ont été, à un moment, de très bons serveurs.

Certains cadres, s'ils avaient commencé au service courrier, y seraient encore à trier le courrier – et à l'envoyer au mauvais destinataire.

DEUXIÈME PARTIE

VENDRE ET NÉGOCIER

5

LES PROBLÈMES INHÉRENTS À LA VENTE

Nous sommes presque tous, j'en suis convaincu, des vendeurs nés. À l'école, par exemple, nous nous vendons auprès de nos camarades de classe pour qu'ils nous acceptent et auprès de nos enseignants pour qu'ils nous donnent de bonnes notes. Même chose à la maison où nous essayons de convaincre nos parents de nous laisser sortir le soir, de nous prêter la voiture ou de nous acheter un ordinateur.

Inconsciemment, nous utilisons déjà beaucoup de techniques de vente : pouvoir de persuasion, art de la négociation sans oublier la botte secrète de tout adolescent qui se respecte : « Revenir inlassablement à la charge. »

Avant d'entrer dans la vie active, nous avons choisi ce que nous voulons faire, nous avons appris à mettre en avant nos capacités et à nous vendre pendant les entretiens d'embauche.

Et puis, soudain, quelque chose se produit. Nous oublions comment vendre. Nous nous mettons à douter de nos qualités de vendeur. Du jour au lendemain, toutes les techniques que nous avons utilisées tout au long de notre vie nous paraissent étrangères et mystérieuses. Comme si nous devions les apprendre pour la première fois.

Et pourtant, l'art de la vente n'est rien d'autre que l'utilisation *consciente* de tout un tas de choses que nous savons déjà *inconsciemment* – et que nous avons probablement utilisées pendant la plus grande partie de notre vie.

Quel est le problème alors ? Eh bien lorsque nous entrons dans la vie active, un nouvel élément entre en jeu. Pour la première fois, notre pouvoir de persuasion et nos talents de vendeur sont évalués. Une perspective qui peut être intimidante et nous réagissons en nous persuadant que nous ne savons pas vendre ou que nous ne voulons pas devenir vendeur. Nous utilisons alors ces blocages psychologiques pour justifier notre manque d'aptitude à la vente.

Sauf que les vrais problèmes inhérents à la vente n'ont pas grand-chose à voir avec l'aptitude mais presque tout avec la façon dont nous percevons le processus de vente. Certains le trouvent indigne d'eux ; d'autres l'assimilent à une intrusion. Et nous avons, presque tous, peur qu'on nous dise non.

Le vendeur a perdu de son aura

Un des plus gros problèmes vient que la vente a perdu l'aura dont elle bénéficiait encore au début des années 1960. Historiquement, la vente était le chemin le plus rapide vers la richesse/le sommet. De nos jours, le vendeur est considéré comme le sous-fifre de l'entreprise. Le mot vendeur n'évoque plus dans les esprits que le destin tragique de Willie Loman[21] ou les bassesses des vendeurs d'aspirateurs ambulants. Aujourd'hui, tout le monde pense que le chemin le plus rapide vers le sommet passe par des études de gestion. Ce n'est pas totalement faux. Mais celui qui croit que ses qualités de gestionnaire le dispensent de devoir acquérir des talents de vendeur se raconte des bobards qui ne sont pas de bon augure

---

21. Le héros de la pièce d'Arthur Miller, Mort d'un commis voyageur (NDT).

pour sa carrière. Je n'ai encore jamais rencontré un président ou un PDG qui ne soit fier de son pouvoir de persuasion – en d'autres termes, de ses talents de vendeur.

Vous n'apprendrez pas à vendre à Harvard. Les écoles de commerce admettent que leur but est de former des gestionnaires et, par conséquent, oublient complètement que s'il n'y a pas de vente, il n'y a rien à gérer. Cette vérité échappe à beaucoup de MBAs fraîchement diplômés qui, dans leur désir de diriger une entreprise, peuvent trouver la vente, les techniques de vente, l'*art* de la vente, indignes d'eux.

Nous avons embauché beaucoup de MBAs et j'ai constaté que leur manque d'aptitude à la vente était la plus grosse lacune de leur formation en gestion. Heureusement, la plupart d'entre eux ont appris à vendre « sur le tas ». Mais j'ai vu beaucoup de MBAs d'autres entreprises ne pas se donner cette peine et persister à croire qu'il n'est pas essentiel pour le personnel d'encadrement de comprendre les techniques de vente. Vous entendrez parfois dire d'un individu souffrant de ce travers que le « sens du contact » lui fait défaut. Je dirais plutôt qu'il manque de bon sens.

Un article du *New York Times* sur Morgan Stanley & Compagny, la très aristocratique banque d'investissement qui n'engage que les meilleurs MBAs, m'a beaucoup amusé. Morgan Stanley venait d'être choisie par la Teamsters Union[22] pour gérer les 4,7 milliards de dollars de leur caisse de retraite, coiffant douze autres établissements financiers au poteau. On pouvait lire dans le *Times* que :

> Pendant une de leurs réunions avec le comité d'administrateurs de la Teamsters – composé de syndicalistes et de cadres d'entreprises de transport routier – une partie de la séance fut consacrée aux origines des cadres de la délégation dépêchée par

---

22. Syndicat des chauffeurs routiers aux États-Unis et au Canada (NDT).

> Morgan qui insistèrent sur leurs origines plutôt humbles.
>
> Un cadre expliqua qu'il avait pu aller à l'université grâce à une bourse, un autre qu'il s'était engagé dans les Marines à sa sortie du lycée et un troisième confia aux mandataires assis autour de la table qu'il était issu d'un milieu modeste et que son père était cheminot. Il en fut ainsi pour au moins une douzaine des représentants de Morgan qui prirent la parole à tour de rôle.
>
> « On avait l'impression qu'ils voulaient nous dire : Je sais que nous avons le portrait de J.-P. Morgan accroché au mur mais nous sommes des mecs ordinaires », raconta l'un des participants qui a souhaité conserver l'anonymat.

Quiconque parvient à convaincre les Teamsters que J.-P. Morgan était, en son for intérieur, un syndicaliste, comprend l'importance de la vente.

La vente est une intrusion

Les gens détestent s'imposer, faire des vagues. Ne vous êtes-vous jamais surpris en train d'acquiescer de la tête en entendant quelqu'un énoncer une opinion avec lesquelles vous êtes en parfait désaccord ? Avez-vous eu envie de renvoyer aux cuisines un steak trop cuit avant de vous raviser ?

Avoir le sentiment que la vente est une intrusion n'est pas un problème. C'est un atout. Les meilleurs vendeurs semblent tous avoir un sixième sens pour cela. Ils sont capables de deviner, au ton de la voix de quelqu'un ou à l'atmosphère qui règne dans une pièce, que l'humeur du jour n'est pas propice ou que le timing n'est pas bon. Et parce qu'ils ne veulent pas s'imposer ou parce qu'ils savent qu'il n'est pas dans leur intérêt de le faire, ils ne se mettront pas à dos leur client en essayant de conclure une vente.

Les techniques de la vieille école, le pied glissé dans la porte et le ton péremptoire ont disparu comme les dinosaures. Elles n'ont jamais été très efficaces, il faut l'avouer. Mais elles étaient peut-être nécessaires il y a cinquante ans, lorsqu'un vendeur ne voyait son client ou ne lui parlait que tous les six mois. Aujourd'hui, à l'ère des communications et des transports modernes, vous n'aurez aucune excuse pour comprendre que vous tombez mal et revenir à un autre moment. À condition, bien sûr, que vous ayez envie de revenir.

L'efficacité en vente est une question de timing, de patience et de persévérance – et d'être réceptif au contexte et à son interlocuteur. Comprendre lorsque l'on dérange est peut-être la qualité la plus importante qu'un vendeur puisse posséder.

Croire en son produit ne fait pas de mal non plus. Lorsque j'ai le sentiment que le produit convient à quelqu'un, que c'est exactement ce dont il a besoin, je n'ai jamais l'impression de déranger. J'ai l'impression de lui rendre service.

La peur

C'est le plus gros problème que pose la vente : la peur du non, la peur de l'échec.

Lorsque vous vendez un produit, un service ou je ne sais quoi, c'est vous que vous vendez, vous mettez votre ego en jeu. Et quelles sont vos chances de réussir ? Si vous êtes très bon vendeur, vous recevrez probablement une fin de non-recevoir une fois sur deux. Le non fait partie du métier.

Dans une vente, un non est rarement personnel mais le savoir ne rend pas la pilule plus facile à avaler. J'ai toujours constaté que ne pas se montrer « trop adulte » dans ces moments-là est un avantage. Apprendre à accepter les non ne signifie pas que vous devez aimer cela. Laissez parler vos sentiments et, si vous ressentez de l'agacement, de la frustration ou de la colère, n'ayez pas peur de l'admettre au lieu de prétendre que vous ne ressentez rien.

On m'a répondu non des centaines de fois. Et pourtant, demain, si je me donne à 100 % et si je crois dans ce que je vends, si mon interlocuteur me répond non, je serai de nouveau frustré et en colère. Comprendre que le non ne vous est pas destiné ne signifie pas que vous ne devez pas le prendre pour vous. Si vous ne le prenez par pour vous, si cela ne vous vexe pas, cela signifie peut-être que vous ne vous êtes pas assez impliqué dans la vente.

La peur de l'échec est un autre problème auquel doit faire face le vendeur. Les résultats d'une vente sont tellement tangibles, tellement mesurables noir sur blanc, qu'il est impossible de se voiler la face.

Mais ce qui échappe à beaucoup, c'est que la peur de l'échec est une des motivations les plus positives dans le commerce. Si vous n'avez pas peur d'échouer, vous n'attachez probablement pas assez d'importance au succès.

Björn Borg avait la réputation d'être imperturbable sur le court. Mais il m'a avoué un jour que sur les points importants il avait l'estomac noué, que, parfois, il avait besoin de tout son courage juste pour renvoyer la balle de l'autre côté du filet.

C'était la même chose pour Arnold Palmer et je crois que c'est à cette qualité, somme toute des plus humaines, plus qu'à tous les tournois qu'il a remportés, qu'il devait son énorme popularité. Sa peur de l'échec était aussi forte que son désir de gagner. Et chaque fois qu'il échouait, chaque fois qu'il ratait un coup, on voyait une expression de douleur se dessiner sur son visage et on comprenait l'importance que cela revêtait à ses yeux.

6

LE TIMING

Beaucoup d'idées sont des échecs, pas parce que ce sont de mauvaises idées, pas à cause d'une mauvaise exécution mais à cause d'un mauvais timing.

Il y a quelques années, nous avons pris part à un projet visant à créer un circuit professionnel de golf en Amérique du Sud. Nous avons rencontré toutes sortes de problèmes imprévisibles, allant d'une soudaine dévaluation monétaire qui amputa nos liquidités jusqu'à une spirale inflationniste qui fit exploser les coûts et tua le projet dans l'œuf.

Nous n'aurions pas pu choisir un plus mauvais moment. Cette aventure nous a coûté beaucoup d'argent mais nous savons que les Sud-Américains aiment le golf. Et nous sommes, par conséquent, convaincus qu'un jour, lorsque les circonstances seront favorables, ce concept verra le jour et, lorsque ce sera le cas, je suis persuadé qu'IMG en sera l'architecte.

Beaucoup de vendeurs tirent un trait beaucoup trop vite sur une bonne idée uniquement à cause d'un mauvais timing. Si quelqu'un répond non à une idée ou à un projet, ce n'est pas toujours parce qu'il ne l'aime pas. C'est peut-être uniquement pour des raisons économiques ou pour d'autres raisons internes que vous ignorez que cette idée, ou ce projet, n'a pas reçu l'aval de cette personne à cet instant précis.

Pourtant, plusieurs semaines, plusieurs mois et même plusieurs années plus tard, vous entendrez dire « Untel n'aime pas ce projet » ou « Telle entreprise a déjà dit non » ou « Ils n'ont pas les fonds nécessaires ».

REVENEZ DANS CINQ ANS

Si vous croyez en une idée et si vous croyez qu'elle peut intéresser ce client, revenez à la charge. Je serais bien en peine de vous dire combien de fois j'ai vu une idée présentée une nouvelle fois, à un moment plus propice, être acceptée.

Le temps qui s'est écoulé peut complètement modifier la dynamique d'une vente et la réceptivité de l'acheteur.

Peu de temps après que Bob Anderson est devenu président de Rockwell International, je lui ai suggéré d'engager notre entreprise pour produire un film à usage promotionnel interne dans lequel il visiterait plusieurs sites de Rockwell et expliquerait le rôle de chacun pour le bon fonctionnement de l'ensemble du groupe. Nous avions déjà réalisé ce genre de films et nous savions que c'était un excellent moyen pour renforcer le sentiment d'appartenance dans des entreprises multinationales dont les différentes entités sont séparées par de grandes distances.

Anderson m'a répondu : « Mark, je viens juste de prendre la succession de l'homme dont le nom se trouve encore sur la façade de l'entreprise. La dernière chose que *je* dois faire aujourd'hui, c'est commander un film promotionnel – mais revenez me le proposer dans cinq ans. »

Et, cinq ans plus tard, presque jour pour jour, c'est ce que j'ai fait. Et Rockwell est en train de finaliser le montage financier qui permettra de réunir les fonds nécessaires.

LA VIE SECRÈTE D'UN ACCORD

Le timing a de nombreuses applications directes en vente. Il décide de tout, de la durée de la vente au choix de l'instant auquel il convient de prononcer certains mots dans telle conversation en passant par le moment auquel il convient de faire telle chose dans telle ou telle circonstance.

Le timing, en soi, n'est pas quelque chose de concret. Ce n'est ni un précepte ni une série de règles que l'on peut suivre à la lettre mais davantage une perception – des signaux sensoriels que votre cerveau va capter et ensuite appliquer pendant la vente.

Parce qu'il combine la nature sensorielle du temps avec tous les intangibles du timing d'une vente – la durée de gestation d'une idée, le moment où passer un certain coup de fil et j'en passe – le bon timing, ou le timing opportun, est presque toujours une décision instinctive.

Cela signifie que tous ceux qui semblent avoir hérité d'un sens inné du timing sont, en fait, ceux dont les sens sont le plus en éveil – vis-à-vis d'eux-mêmes, de leurs clients et de la vente. Presque tous les accords, de la transaction simple à la suite de manœuvres complexes pouvant s'étendre sur plusieurs années émettent leurs propres signaux sensoriels que tout le monde peut capter.

Se fier à son bon sens

Les éléments objectifs d'une vente – sa nature, sa complexité, les acheteurs et certaines informations que vous recueillez en cours de route – peuvent vous apprendre presque tout ce que vous avez besoin de savoir niveau timing. Utilisez ces informations en faisant preuve de bon sens. Faites ce qui vous paraît évident lorsque vous devez le faire et ne faites rien lorsque vous ne devez, de toute évidence, rien faire.

Si votre client ne vous connaît pas, vous ou votre entreprise, il est évident que la vente prendra plus de temps que s'il vous connaissait. Si l'acheteur semble déçu par votre première présentation, il est évident que vous feriez mieux de prendre le temps de discuter avec lui avant de la lui représenter. Si vous savez que les procédures d'achat d'un distributeur s'étalent sur plusieurs mois, n'essayez pas de lui soutirer une promesse d'achat au bout de quelques semaines.

Une entreprise qui voulait acheter un concept sportif conçu pour répondre à plusieurs besoins promotionnels bien précis m'a appelé, il y a peu. Il se trouvait qu'une semaine auparavant, notre département tennis avait mis au point un concept qui, après une ou deux modifications mineures, correspondait exactement à ce que cette entreprise recherchait. (Il ne s'agit pas d'un exemple de bon ou de mauvais timing mais de celui d'un timing *fortuit*, un timing sur lequel le vendeur n'a aucun contrôle mais dont nous bénéficions tous de temps à autre).

J'ai répondu à mon interlocuteur que j'allais y réfléchir, en discuter avec quelques-uns de mes collaborateurs et que je le rappellerais exactement dans deux semaines.

Même si je savais que nous avions ce qu'il recherchait, il était évident pour moi que si je voulais qu'il ait l'impression que nous avions sérieusement réfléchi à son problème, je devais laisser s'écouler un peu de temps entre le moment où il m'avait soumis son problème et celui où je lui proposerai notre solution. Si je l'avais rappelé dès le lendemain, il se serait demandé combien de temps nous avions passé à chercher le brillant concept qui résoudrait son problème. Mais en lui disant que je lui donnerai une réponse à telle date, je l'obligeais, bien sûr, à attendre mon coup de fil mais surtout je m'assurais qu'il soit impatient de le recevoir.

Question timing, le bon sens suggère la règle suivante : ne répondez pas trop vite. Prenez le temps d'analyser si la situation requiert une certaine stratégie question timing ou si vous pouvez exploiter le timing. Si elle n'en requiert pas ou si vous ne pouvez pas l'exploiter, vous pouvez toujours rappeler tout de suite.

Écouter l'acheteur

Le vendeur contrôle le timing de la vente mais c'est l'acheteur qui lui donne les signaux. Il est dès lors évident qu'il est plus important d'écouter que de parler, d'entendre vraiment ce que le client vous dit plutôt que faire semblant de l'écouter.

Vous pouvez capter beaucoup des signaux de timing juste en posant les bonnes questions. Par exemple, beaucoup d'entreprises, à cause de contraintes budgétaires et d'autres considérations, préfèrent acheter à certaines périodes de l'année plutôt qu'à d'autres. Des informations très faciles à obtenir, il suffit de les demander.

Et si vous connaissez bien l'acheteur, si vous avez pris le temps de fraterniser avec lui, il vous donnera les bons signaux de timing – quand commencer la vente, quand la conclure, à qui téléphoner et quand – tout au long du processus de vente.

Suivre le scénario

Pour obtenir une promesse d'achat, le timing peut se révéler tout aussi important que ce que vous dites et faites. S'il fallait mesurer et analyser une par une toutes les variables d'une vente qui déterminent le timing, il faudrait utiliser plusieurs ordinateurs pour obtenir les bonnes « réponses » sur le timing même dans les transactions les plus simples.

Heureusement, votre cerveau s'en charge. Il calcule, en s'appuyant sur des sensations, ce qu'il serait impossible de déterminer par un raisonnement analytique. Pour choisir le bon moment, vous devez convertir ces perceptions sensorielles en actions conscientes ou en inactions conscientes (quand *ne pas* dire ou ne pas faire ceci ou cela).

Un processus plus facile si vous envisagez le cadre temporel comme la « durée de vie » d'une vente ou comme un élément distinct de cette dernière, un tiers dans la transaction. La plupart des ventes semblent avoir une vie secrète qui suit un scénario préétabli. Tous ceux qui en ont « flingué une » en concluant trop vite ou trop tard ou en réduisant ou en prolongeant une vente au-delà de sa « durée de vie naturelle » pourront probablement le confirmer.

Une vente peut prendre entre quelques secondes et plusieurs années. Évidemment, plus la transaction est complexe et plus elle contient de phases, plus il est important de visualiser ce scénario dans votre esprit, d'être très attentif à la vie distincte ou secrète de la vente. Le timing de chaque phase – le moment et la durée – est déjà écrit comme les directives d'un metteur en scène. Pour avoir le bon timing – convertir les perceptions sensorielles en actions conscientes appropriées – vous devez visualiser et suivre le scénario.

Beaucoup de vendeurs, après avoir visualisé le scénario dans leur tête, ressentent un besoin irrésistible de s'en écarter. Dans leur empressement de conclure la vente, ils veulent comprimer le cadre temporel ou passer directement à l'acte III. Ils veulent réécrire les dialogues ou supprimer les répliques de l'acheteur. Ils voient les signaux qui leur indiquent le bon timing mais ils les ignorent et sont incapables de gérer correctement la situation. En réécrivant le scénario, ils lui donnent une fin malheureuse.

LA SATISFACTION IMMÉDIATE

Nous voulons tous obtenir une satisfaction immédiate et tout dans notre environnement professionnel ne fait que renforcer cette envie. Une bonne chose de faite. À la suivante. Une balle de moins en l'air égale une chose de moins à se préoccuper.

Mais même si nous parvenons à faire faire à nos interlocuteurs ce que nous voulons qu'ils fassent, ce sera rarement quand nous le voulons. Les individus et les événements ont chacun leur propre allure qui ne correspond que très très rarement à notre emploi du temps. Dans le monde des affaires, un des signes les plus infaillibles de maturité est la capacité de surseoir à sa satisfaction personnelle pour adapter son emploi du temps à celui de ses interlocuteurs.

En ma qualité de vendeur et de dirigeant d'entreprise, je ne vois aucun autre aspect du timing qui soit plus important que la patience. Le manque de patience suffit, à lui seul, à faire capoter une vente alors que cette vertu – qui consiste à laisser son interlocuteur se lancer dans un débat philosophique en attendant le bon alignement des planètes – peut, à elle seule, renverser la situation.

Je soupçonne que le manque de patience a torpillé plus de ventes que n'importe quelle autre variable. Il ne se passe pas une semaine sans que je sois témoin ou entende parler de plusieurs exemples :

- Un vendeur au téléphone qui bien que sentant que son interlocuteur est fatigué ou de mauvaise humeur, lui assène tout de même son pitch de vente.

- Un vendeur à qui un acheteur a demandé de revenir un autre jour qui répond : « Mais je n'en ai que pour une minute. »

- Un vendeur en train de serrer la main de son acheteur pour conclure une vente qui lui dit : « Maintenant que nous en avons terminé avec cela, j'ai quelque chose d'intéressant à vous dire. »

Si un mauvais timing congénital est une maladie, la patience est probablement le remède.

LA PERSÉVÉRANCE

La persévérance, dans son acception traditionnelle, impliquerait que la vente n'est qu'une question de nombres, en d'autres termes c'est le nombre de portes auxquelles vous frappez et le nombre de portes auxquelles vous retournez frapper.

Je doute que la vente puisse se résumer à cela. Dans notre entreprise, et je suis certain que c'est la même chose pour la plupart des prestataires de service, une vente dépend autant de la qualité des portes et de quand et comment on frappe que de leur nombre.

Mais cela ne doit pas diminuer l'importance de la persévérance. Sans la patience d'attendre et la persévérance de revenir à la charge, tous les autres éléments du timing ne servent pas à grand-chose. La persévérance est certainement l'un des trois commandements fondamentaux de la vente, avec « Connais ton produit » et « Crois en ton produit. »

SAISIR LES OCCASIONS QUE VOUS OFFRE LE TIMING

Beaucoup d'occasions différentes se présenteront. Vous n'avez pas besoin d'être un devin pour les repérer mais vous devez avoir tous vos sens aux aguets pour percevoir leur signification afin d'exploiter certains événements.

Comment prolonger ou renouveler un contrat

Prolongez, renouvelez ou renégociez un contrat lorsque la partie adverse nage *en plein bonheur*, pas lorsque le contrat est sur le point d'expirer. Chaque fois que nous décrochons un contrat exceptionnel pour un client, j'encourage le cadre qui gère ses intérêts de discuter du prolongement de son contrat de représentation même si ce dernier court encore pendant un an.

Si l'un de vos clients vient de recevoir d'excellentes nouvelles, *même si cela n'a rien à voir avec votre produit* – une augmentation ou un bonus, par exemple – c'est probablement le meilleur moment pour lui proposer quelque chose.

Prenez le réflexe de tester l'humeur de vos interlocuteurs. L'humeur peut, à elle seule, transformer un « oui » en « non » et vice versa.

Profitez du mauvais timing des autres

Le mauvais timing ou un timing malencontreux d'une tierce partie peut vous offrir toutes sortes d'opportunités. C'est un phénomène qu'on observe souvent les années d'élection, lorsque tous les candidats guettent avec beaucoup d'attention le meilleur moment pour entrer dans l'arène. Ils attendent que leurs adversaires commettent une bourde politique qui leur permettra d'endosser l'armure du chevalier blanc.

Comme je vous ai conseillé de renouveler un contrat lorsque votre client nage en plein bonheur, vous devez en proposer un à un client potentiel lorsqu'il est le plus mécontent d'un de vos concurrents.

Notre département télévision cherchait, il y a peu, à acquérir les droits internationaux d'une grande compétition sportive qui, à l'époque, étaient détenus par une chaîne de télévision américaine. Nous avons appris, peu après les organisateurs, que cette chaîne venait de vendre un package de droits des sports de moindre importance à un pays avec en « prime » la grande compétition sportive.

Les organisateurs étaient particulièrement mécontents d'avoir été utilisés de la sorte et comme ils avaient déjà eu des démêlés avec cette chaîne, j'ai senti que c'était peut-être le bon moment. Nous détenons à présent les droits de cette prestigieuse compétition.

Sachez évaluer les perspectives d'avenir

Lorsque Tony Jacklin a remporté le British Open, en 1969, il croula sous les demandes. Toutes les marques voulaient lui faire signer un contrat de sponsoring, surtout les marques anglaises, l'Angleterre attendait depuis tellement longtemps d'avoir son champion de golf. Mais, nous sentions que la victoire de Jacklin n'était pas un accident et nous n'avons signé que des contrats à court terme, d'un an maximum. L'année suivante, Jacklin remporta l'U.S. Open et la valeur de ses contrats de sponsoring tripla.

À l'inverse, lorsque Ben Crenshaw est passé professionnel, je préssentais qu'il avait une des images les plus rentables que j'aie jamais vue en sport professionnel. Tout le monde voyait en lui le « prochain Nicklaus » et bien que ce soit une réputation des plus flatteuses, il était presque impossible pour lui d'être à la hauteur de ce genre d'attentes. Je sentais qu'il était essentiel de promouvoir l'image de Crenshaw avant que son nom soit associé à un succès qu'il remporterait ou ne remporterait pas, dans un tournoi de golf. Malheureusement, Ben tergiversa trop longtemps et lorsque nous sommes devenus son agent, le fait qu'il ne confirme pas sur les fairways tous les espoirs placés en lui a nui à sa marketabilité.

Lorsque Mohamed Ali était au sommet de sa gloire, les tensions qui régnaient aux États-Unis l'empêchèrent de valoriser son image. Le contexte est plus apaisé aujourd'hui mais, même à cette époque, on pouvait prévoir que les choses allaient évoluer. Si Ali avait essayé de véhiculer une image globale positive et de prendre ses distances avec son image de boxeur, il aurait pu gagner autant en dehors que sur le ring. Mais il ne s'est pas suffisamment projeté à long terme et les revenus qu'il a tirés de ses contrats de sponsoring n'ont jamais été très élevés.

Savoir exploiter un coucher de soleil

Pat Ryan, le directeur de la rédaction de *People*, m'a parlé d'un tuyau de vendeur que son père, Jim Ryan, le regretté cavalier irlandais, avait glissé aux habitués des champs de courses. Lorsqu'on veut vendre un cheval, il faut toujours inviter l'acheteur potentiel à prendre le thé ou un verre, en fin d'après-midi. Pas pour sociabiliser. Mais parce qu'il n'y a pas de meilleur moment pour exhiber un cheval qu'au soleil couchant. Il a la robe brillante, il a l'air plein de vie, imbattable. (C'est pour cette même raison que les photos en maillots de bain de *Sports Illustrated* sont toujours prises au coucher ou au lever du soleil).

Vous aurez très rarement besoin d'un coucher de soleil comme toile de fond pendant une négociation mais vous pourrez sans nul doute exploiter le timing de certains événements à venir qui sont aussi inévitables qu'un coucher de soleil.

Une de nos émissions télévisées qui a rencontré le plus de succès, « The Superstars » diffusée sur ABC depuis dix ans, a été achetée parce qu'elle répondait à un inévitable du calendrier – la chaîne avait besoin d'une émission pour combler un créneau horaire vide pendant la saison d'hiver – entre la fin de la saison de la NFL et le début de celle de baseball. Le nouveau championnat de football[23] changera peut-être la donne mais, pour l'instant, (et pour les dix dernières années) ce besoin était parfaitement prévisible.

Le calendrier est connu

Ce sont les dates qui transforment le timing en information concrète. Dans les mains d'un bon vendeur, un calendrier peut devenir une arme potentielle. Dans notre branche, par exemple, nous savons que, sauf crise politique majeure, des Jeux olympiques seront organisés tous les quatre ans. Nous pouvons commencer à planifier le calendrier de certaines ventes en perspective de ces grandes compétitions à venir.

Beaucoup de nos transactions sont planifiées de façon à exploiter les grandes manifestations sportives annuelles soit en tant que fin comme partenaires commerciaux soit en tant que moyen pour y inviter nos clients.

---

23. United States Football League (USFL) : championnat professionnel de football américain disputé de mars à juillet qui dura 3 saisons (1983-85) (NDT).

Il y a plusieurs années, lorsque la loi sur la réforme fiscale en Californie, la Proposition 13, faisait la une des journaux, on m'a raconté comment un conférencier, spécialiste des problèmes financiers, avait su exploiter le calendrier. Plusieurs semaines avant le vote de la proposition, il s'était offert une pleine page de publicité dans l'édition du *Los Angeles Times* qui serait publiée le lendemain du vote. La publicité annonçant sa prochaine série de conférences avait pour titre « Comment exploiter la Proposition 13. »

Les entrants et les sortants

Dans une entreprise, les deux meilleurs acheteurs potentiels sont le petit nouveau et celui qui s'apprête à quitter son poste. Lorsque John DeLorean a quitté Pontiac, il m'a appelé pour me dire : « Mark, dès que je serai parti, ils essaieront d'effacer tout ce que j'ai fait. Si vous voulez renouveler le contrat de Nicklaus, c'est le moment. »

Le cadre qui vient d'être embauché a hâte de faire ses preuves, de marquer son territoire et, en général, il bénéficie d'une certaine latitude d'action. Quant au cadre qui s'en va – et qui sait qu'il ne sera pas là pour se débattre avec les problèmes – il est en roule libre.

Nous avons conclu des accords parce que quelqu'un voulait que tout soit réglé jusque dans les moindres détails avant son départ et nous en avons conclu d'autres parce que quelqu'un souhaitait travailler avec nous dans sa nouvelle boîte.

Si vous avez choisi ce timing par égard pour la partie adverse, n'oubliez pas de l'en informer

Par exemple : « Je l'ai appris la semaine dernière, mais je ne voulais pas vous déranger pendant votre conférence de ventes », (avant les vacances, pendant que vous établissiez votre budget et j'en passe). En règle générale, évitez de téléphoner (surtout pour annoncer de mauvaises nouvelles ou discuter d'un problème) le lundi matin ou le vendredi après-midi.

Appelez (avec d'infinies précautions) en dehors des heures de bureau

Un coup de téléphone en dehors des heures de bureau, tard le soir ou pendant le week-end, a plus d'impact. Utilisés intelligemment, ils peuvent vous rapporter gros mais vous avez intérêt à savoir ce que vous faites parce que cela peut facilement se retourner contre vous. Commencez toujours en disant : « C'est tellement intéressant (ou important) que j'aimerais en discuter avec vous pendant le week-end. »

Ne donnez pas de date limite

On est parfois obligé de donner une date limite à un acheteur. Mais une date limite est une menace et ceux qui se sentent menacés feront tout pour tester votre résolution. On ne doit invoquer une date limite qu'en dernier recours.

Fixer une date limite ferme à quelqu'un pour ensuite la prolonger, la modifier ou l'ignorer reste le moyen le plus rapide de perdre toute crédibilité. C'est la version entreprise du garçon qui criait au loup. Il suffira que vous ne respectiez pas une date limite que vous avez-vous-même fixée pour que l'on ne croie plus un mot de ce que vous direz.

Prenez le temps d'atténuer une menace

Vous pouvez utiliser le timing pour atténuer une demande de prise de décision. Si vous doutez de la sincérité d'un « peut-être », invoquez un plausible conflit d'emplois du temps à résoudre.

Récemment, j'ai senti qu'une entreprise, qui avait pourtant montré au départ une véritable envie de conclure un accord, était en train de nous mener en bateau. Cet accord impliquait un nombre important de jours de disponibilité d'une des meilleures joueuses de tennis du monde.

Leur fixer une date limite aurait pu paraître trop menaçant. Nous avons préféré leur dire que si nous n'avions pas de réponse d'ici une semaine, il serait beaucoup plus difficile, et peut-être impossible, d'annuler sa participation à certains des tournois dans lesquels elle était inscrite.

La réponse fut négative mais il valait mieux le savoir que de laisser traîner les choses indéfiniment. En suggérant un conflit d'emplois du temps, nous les avons contraints à y mettre fin sans leur laisser penser que c'était à prendre ou à laisser.

La capacité d'attention

Les individus très occupés ont une faible capacité d'attention, vous devez donc aller droit au but. Répétez-vous que vous êtes là pour écouter et vous parlerez moins. Ne racontez pas votre vie, ne faites pas traîner votre présentation et, à moins d'être un dramaturge né, évitez de faire du battage. Vous ne réussirez qu'à énerver vos interlocuteurs, ou pire encore, à les inciter à penser à autre chose. Vous devez connaître la capacité d'attention des individus avec lesquels vous négociez. Je sais, par exemple, qu'avec Bob Anderson, de Rockwell, si je reste plus de 45 secondes sur un point, il va se mettre à penser à quelque chose d'autre.

Les listes de courses

Si vous avez plusieurs points à aborder ou plusieurs idées ou articles à vendre, veillez à garder suffisamment de temps pour le plus important. Ne vous mettez jamais en situation d'avoir à demander : « Pouvez-vous m'accorder encore quelques minutes ? Je n'ai pas encore abordé le point important. »

Faites-leur gagner du temps

Vous voulez connaître une des meilleures astuces pour faire bonne impression sur un acheteur ? Ne prendre qu'une demi-heure de son temps quand il s'attendait à un entretien d'une heure. Une des pires impressions ? Le retenir une heure et demie.

7

LE SILENCE

La réunion s'était extrêmement bien déroulée. Nous étions à Londres et l'un de nos cadres venait de faire une excellente présentation devant plusieurs hommes d'affaires britanniques. Ces gentlemen étaient impressionnés. Je n'avais aucun doute là-dessus. Un silence pesant s'installa. Ils se regardaient les uns les autres pour voir qui répondrait le premier.

Mais juste au moment où l'un d'eux s'apprêtait à prendre la parole, l'auteur de la présentation se mit à résumer les aspects positifs des concepts qu'il venait de présenter. Une scène qui se répéta à plusieurs reprises.

Tant est si bien qu'au final j'ai dû me fendre d'un grand éclat de rire et dire à notre cadre : « Ah, les joies du silence… Laissez donc la parole à quelqu'un d'autre. »

On a beaucoup écrit sur l'utilisation du silence en vente. Et à juste titre. Dans tous les pitchs de vente, il y a un moment où l'acheteur potentiel doit parler. Et dans tous les pitchs de vente il y a également un moment où *personne* ne devrait parler. Deux instants somme toute plutôt difficiles à atteindre si vous ne comprenez pas qu'il y a un moment où vous devez vous taire.

Le silence a tellement d'applications différentes en vente. Si vous cessez de parler pour commencer à écouter, vous pourriez réellement apprendre quelque chose et même si ce n'est pas le cas, cela vous offrira une chance de reprendre votre souffle. Le silence vous empêche d'en dire plus que nécessaire – et incite la partie adverse à en dire plus qu'elle n'en avait l'intention. Savoir à quel moment garder le silence peut avoir une grande influence sur l'impression que vous produisez sur vos interlocuteurs. Sans compter que je ne vois pas par quel miracle vous pourriez obtenir la moindre promesse d'achat ou le moindre accord si votre interlocuteur ne peut pas en placer une.

Pendant une négociation, le recours tactique au silence sert un des deux buts suivants : Il permet à la partie adverse de s'exprimer ou il oblige la partie adverse à s'exprimer.

FAIRE PARLER LA PARTIE ADVERSE

Je fais souvent semblant de ne pas être au courant des détails d'une négociation uniquement pour faire parler la partie adverse.

On m'a récemment demandé de venir à la rescousse dans la dernière phase d'un différend sur une renégociation. Les choses commençaient à s'envenimer. Les deux parties étaient venues avec leurs avocats.

En ma qualité de « petit nouveau », j'ai demandé à la partie adverse de reprendre depuis le début et de m'expliquer, avec ses propres mots, son analyse du différend.

Il a pris la parole. Il a dû s'exprimer pendant une vingtaine de minutes sans que personne ne l'interrompe. (J'ai vu son avocat faire plusieurs fois la grimace). Lorsqu'il eut terminé, il s'était rangé à notre avis – ou s'était auto-persuadé – et il était d'accord avec nous sur l'essentiel.

OBTENIR UNE INFORMATION SANS LA DEMANDER

Si vous posez une question sur un point bien précis et que la réponse ne vous satisfait pas, la meilleure attitude est de garder le silence. Si vous souhaitez avoir d'autres informations ou un autre type d'informations, demandez-les en gardant le silence.

Le silence est un vide et les gens ressentent un besoin impérieux de le combler. Si lorsque votre interlocuteur s'arrête de parler, vous ne reprenez pas la balle au bond pour assurer votre partie du dialogue, après une très courte pause, il commencera aussitôt à élaborer. Et, au final, il vous dira peut-être ce que vous voulez entendre.

SE MORDRE LA LANGUE

La capacité, acquise – elle n'est presque jamais innée – de se mordre la langue a deux applications d'une importance incroyable pendant une vente qui sont souvent sous-estimées.

Tout d'abord, cela vous permet de reprendre votre souffle et, ainsi, de vous montrer plus prudent ou plus circonspect dans vos paroles. Et cela réduit le risque que vous en disiez beaucoup plus que vous n'en avez besoin, que vous ne le prévoyiez ou que vous ne le vouliez.

Lorsqu'ils négocient avec un interlocuteur étranger, les hommes d'affaires japonais ont l'habitude de recourir aux services d'un interprète même lorsqu'ils comprennent parfaitement bien ce que dit leur interlocuteur. C'est un procédé qui leur laisse davantage de temps pour formuler leur réponse.

Exposez les points positifs, omettez les points négatifs accessoires

J'ai assisté, il y a peu, à une réunion au cours de laquelle un de mes associés essayait de convaincre un sponsor potentiel de rejoindre le pool de sponsors d'un tournoi de golf prestigieux, la Coupe du monde de golf féminin dont le sponsor principal était Chevrolet. Après avoir exposé tous les points positifs (et obtenu une réaction favorable), il enchaîna, avec enthousiasme, sur la couverture télévisée dont bénéficierait l'événement. Et là, il a ajouté que bien que cette compétition soit diffusée à la même heure que l'open PGA masculin[24], son entreprise et la chaîne prévoyaient de très bonnes audiences.

Bien que cette compétition soit diffusée à la même heure que l'open PGA masculin ? Je n'en croyais pas mes oreilles. Oui, en tant que consultants, c'est exactement le genre d'informations que nous devons faire remarquer à nos clients. Mais, en tant que vendeur, je pense que c'est précisément le genre de fait qu'il faut omettre.

Les informations importantes étaient la diffusion de l'épreuve à la télévision et la bonne audience attendue, pas le programme diffusé par une chaîne concurrente à la même heure ce jour-là. Même si mon associé se sentait moralement tenu d'évoquer ce point, il n'aurait pas pu choisir un plus mauvais moment pour le faire. Il aurait dû le mentionner au début de son exposé, avant de présenter tous les éléments positifs pour éviter de conclure son intervention sur un point négatif.

Si vous vendez à quelqu'un un radio-réveil à piles, je ne crois pas que vous soyez obligé de lui faire remarquer qu'il devra changer les piles dans une vingtaine de mois ou que, dans un an, il sortira sur le marché un nouveau modèle, moins cher et avec davantage d'options.

Présentez les points positifs et omettez les points négatifs qui ne sont pas pertinents ou à moitié pertinents. Vous devez respecter

---

24. Un des quatre plus grands tournois de golf de la saison (NDT).

l'éthique et la morale – mais sans jamais perdre de vue les vertus du silence.

LA PAUSE LOURDE DE SENS

Savoir utiliser la pause lourde de sens, c'est un peu l'équivalent, dans une négociation, de la pêche au filet. Vous déposez plusieurs appâts dans la nasse et il ne vous reste plus qu'à attendre, sans faire le moindre bruit, que le poisson pénètre dans la nasse.

Pendant une vente, une fois que vous avez demandé à votre interlocuteur s'il souhaitait passer commande, *ne dites plus un mot* jusqu'à ce qu'il vous ait donné une réponse. Ne lui ressortez pas vos arguments. Ne faites pas de lobbying. Ne lui dites pas que vous savez que c'est une décision difficile à prendre mais que…

Votre interlocuteur est peut-être en train d'hésiter. En d'autres termes, il est en plein dialogue avec lui-même. Ne lui fournissez pas un prétexte pour y mettre fin. S'il vous pose une question, répondez-lui de façon ultra brève, en une syllabe, si possible.

Ne rompez pas le silence même lorsqu'il devient assourdissant.

UNE FOIS LA VENTE CONCLUE, FERMEZ-LA

C'est une scène que j'ai vu se produire un nombre incalculable de fois. La vente est conclue et le vendeur éveille aussitôt les soupçons de l'acheteur en louant son sens des affaires à grand renfort d'hyperboles. « Vous ne le regretterez pas. » « C'est le meilleur accord que vous ayez jamais conclu. » Même l'individu le plus confiant commencera à se demander : « Dans quoi est-ce que je me suis embarqué ? »

Une fois la vente conclue, tout ce que vous ajouterez ne pourra que se retourner contre vous. Changez plutôt de sujet. Parlez-lui de son handicap au golf, de ses enfants – de tout ce que vous voudrez sauf lui dire qu'il a eu un coup de génie en prenant la décision d'acheter votre produit.

Mais il y a pire que les flatteurs. Il y a les vendeurs qui insistent pour mettre immédiatement les points sur les « i » et les barres aux « t » : « Parfait. Et maintenant nous allons passer en revue tous ces points afin d'être sûrs que nous sommes bien d'accord. » Au mieux, votre attitude douchera l'enthousiasme de l'acheteur. Au pire, elle provoquera l'annulation de la vente.

CONFIRMEZ ENSUITE LES TERMES DE L'ACCORD PAR ÉCRIT

Lorsque la transaction est complexe ou lorsque les négociations ont été longues, il restera probablement quelques points ou quelques détails sur lesquels les deux parties sont restées évasives. Ce n'est pas le moment d'en parler. Confirmez, par la suite, votre compréhension des termes de l'accord par écrit. Cela permet de conclure l'entretien sur une bonne note dans une ambiance positive et amicale et cela vous permet de consigner par écrit votre version de ces détails parfois un peu flous. À moins qu'il s'agisse d'éléments vraiment essentiels ou que le document contienne de graves erreurs, ce document servira de base pour la rédaction du contrat.

8

LA MARKETABILITÉ

Il y a plusieurs années, je dînais avec André Heiniger, le PDG de Rolex, lorsqu'un de ses amis vint à notre table pour le saluer et lui demanda : « Les montres, ça se vend bien en ce moment ? »

« Je n'en ai pas la moindre idée », répondit Heiniger.

Son ami éclata de rire. La bonne blague. Le président d'une des plus prestigieuses marques de montres prétendait ignorer ce qui se passait dans son secteur.

Mais Heiniger ne plaisantait pas. « Rolex ne vend pas de montres. Nous vendons du *luxe.* »

Pour votre serviteur, la remarque d'Heiniger résume l'essence même de la « marketabilité ». Vous devez savoir dans quel secteur vous êtes *vraiment* et comprendre les images sous-jacentes qui relient votre produit aux personnes auxquelles vous pouvez le vendre.

Depuis la disparition de la Ford T, l'industrie automobile vend des automobiles en mettant en avant tout autre chose que leur fonction – leur puissance, leur sex-appeal, leur luxe (que ferions-nous sans les fameux sièges en cuir de Corinthe ?), leur faible consommation et j'en passe et j'en passe. La publicité automobile a été, en fait, si convaincante qu'elle ne s'est pas contentée de façonner des images, elle en a créé. Il fut un temps, par exemple, où un professeur d'université aurait préféré perdre son poste plutôt qu'être aperçu au volant d'une Cadillac. À l'inverse, on serait sérieusement en droit de se demander si un dirigeant d'entreprise qui roulerait en Volkswagen a vraiment « l'étoffe » d'un homme d'affaires.

Mais les acheteurs d'aujourd'hui sont mieux informés que jamais et parfaitement conscients d'être « maketés » et, par conséquent, peut-être moins influençables. Il est donc encore plus important de comprendre la « marketabilité » qui est, à mon avis, la facette la plus subtile et la plus furtive du marketing.

FedEx peut, par exemple, faire la promotion de ses services en mettant en avant la rapidité, la sécurité et la taille de son réseau. Mais il est parfaitement évident, pour tous ceux qui ont vu leurs spots publicitaires, que ce qu'ils vendent vraiment, c'est de la tranquillité d'esprit.

Une des formes les plus subtiles de la « marketabilité » consiste à enraciner/construire/intégrer les perceptions dans le produit lui-même afin de le rendre plus « vendeur ». Le présent produit, par exemple – ce livre – s'il était intitulé *Principes concrets de gestion*, intéresserait certainement un tout autre public et un public probablement, du moins en termes de potentiel, plus restreint.

On ne peut pas déduire la « marketabilité » des études de marché, des tests de marché ou des groupes de discussion ; elle doit plutôt être induite. Il faut regarder aux marges/limites et même au-delà, et interpréter – *percevoir* – les motivations sous-jacentes et pourquoi certains apprécient votre produit et d'autres pas. La « marketabilité » diffère aussi du marketing en ce qu'elle est faite, ou doit être faite, avant l'action, et si elle l'est correctement, elle ne coûte rien.

La « marketabilité » est aussi la forme de vente la plus active. Par nécessité, la vente est orientée vers le produit et toutes les caractéristiques qui l'affectent – ses caractéristiques, ses fonctions, ses avantages et j'en passe. Mais comprendre la « marketabilité » de votre produit, c'est introduire l'acheteur dans l'équation, dans une vente indirecte s'il s'agit d'un intermédiaire (comme lorsqu'on négocie avec une société) ou directe s'il s'agit du consommateur.

Ce chapitre fait le lien entre les deux – le produit et les consommateurs. Il commence par le produit, et toutes les vérités de la vente qui l'impactent, et se termine par le positionnement, ou comment ce que vous dites, ou ce que vous montrez, d'un produit peut, en fait, convaincre le consommateur de l'acheter sans que vous ayez besoin de faire votre pitch.

CONNAÎTRE SON PRODUIT, CROIRE EN SON PRODUIT ET VENDRE SON PRODUIT AVEC ENTHOUSIASME

Voilà les trois vérités fondamentales de la vente. Si vous ne connaissez pas votre produit, les clients potentiels réagiront mal à vos tentatives pour le vendre ; si vous ne croyez pas en votre produit, toute votre personnalité et tout votre savoir-faire ne parviendront pas à le dissimuler ; si vous ne le vendez pas avec enthousiasme, vois transmettrez votre manque d'enthousiasme à votre acheteur.

Rien ne rebute plus vite un acheteur potentiel qu'un vendeur qui connaît mal son produit. Vous est-il arrivé d'entrer dans un magasin, de demander à un employé comment fonctionne tel gadget ou tel appareil et de le regarder tripoter les boutons en se demandant, à voix haute, pourquoi on ne fabrique plus de choses simples ? Même s'il parvient à le faire fonctionner, votre enthousiasme se sera refroidi et vous ne l'achèterez probablement pas.

Connaître votre produit implique de comprendre aussi l'*idée* sur laquelle il repose – son but, comment il est perçu – la *relation* entre le produit et ceux qui désirent acheter. En quoi aidera-t-il votre client ? Quel problème va-t-il résoudre ? Quelles choses promet-il à ses acheteurs ?

Comprendre ces éléments intangibles est au moins aussi important que de connaître les composants mécaniques d'un produit. Pourtant, c'est précisément parce qu'ils sont intangibles, et peuvent varier d'un client à l'autre, qu'ils ont plus de chances d'être mal interprétés et mal compris.

Pour vraiment connaître votre produit, vous devez aussi percevoir l'image qu'il véhicule. Je suis convaincu que tous les produits véhiculent une image. Cette image peut être positive, que vous devez promouvoir, ou négative, dont il vous faudra venir à bout.

Le secteur de la micro-informatique, par exemple, a dû résoudre son problème d'image pour décoller. Voilà un appareil qui permettait de gagner du temps et simplifiait toutes sortes de tâches mais qui paraissait complexe et difficile à utiliser. Les ventes n'ont décollé que lorsqu'il a eu une image plus « conviviale », moins sévère.

LES DEUX RAISONS POUR LESQUELLES JE NE M'ACHÈTERAI RIEN

Connaître son produit, c'est aussi connaître toutes les raisons pour lesquelles un client *ne voudrait pas* l'acheter. Des raisons que vous devez anticiper. Énoncez-les clairement dans votre tête, inscrivez-les noir sur blanc si nécessaire – et tachez d'avoir un argument à opposer à chacune d'elles.

Un vendeur passe une grosse partie de son temps à réfuter des objections. N'essayez jamais de convaincre un acheteur que ses objections ne sont pas valables. Essayez plutôt de modifier son cadre de référence.

Pour anticiper et réfuter les objections, un vendeur doit pratiquer une sorte de théorie de la relativité. Il doit se demander : « Comparé à quoi ? » Pensez à un achat important que vous venez de faire – l'achat d'une maison, par exemple – et à toute la gymnastique mentale à laquelle vous vous êtes livré avant de prendre votre décision. À un moment vous avez procédé à des comparaisons. Vous l'avez comparée à une autre maison qui vous plaisait mais qui se trouvait dans un moins joli quartier, elle vous a paru chère. Par rapport au prix auquel vous auriez pu l'acheter dix ans plus tôt, son prix vous a paru exorbitant. Mais comparé à sa valeur à la revente, à ce que quelqu'un d'autre pourrait être prêt à en offrir, à ce que vous *méritez*, vous avez trouvé des justifications au prix.

Lorsque je vends à une entreprise le droit d'utiliser le nom d'un sportif, je sais que les deux objections que l'on m'oppose le plus souvent sont : le prix – l'importance des droits – et le manque de disponibilité du sportif.

Le président d'une importante entreprise de vêtements sportifs m'a dit un jour qu'il n'allait pas verser à un athlète une rémunération supérieure à la sienne. Selon ce critère, le montant de droits à sept chiffres que nous lui demandions semblait exorbitant. Mais je lui rétorquai aussitôt que ce qu'il achetait, c'était l'identification immédiate de sa marque à un nom, et comparée aux dizaines de millions de dollars que cela coûterait de développer un degré d'identification comparable, la contrepartie que nous réclamions était vraiment raisonnable.

Il m'a aussi demandé pourquoi, s'il acceptait de débourser cette somme, il ne pouvait disposer de l'athlète que pendant cinq jours. Là encore, il suffisait de modifier son cadre de référence. Je lui ai demandé qu'est-ce qui rapporterait le plus à son entreprise : davantage d'opérations promotionnelles dans une grande surface ou les victoires en tournoi de ce tennisman ? Et n'était-il pas d'accord que, pour son entreprise, la meilleure utilisation du temps de ce sportif, c'était de taper des millions de balles pour atteindre le Court Central de Wimbledon ?

En aidant votre acheteur à modifier son cadre de référence, en modifiant ses perceptions, nous avons réussi à signer un contrat qui fut le plus grand succès de sa ligne de vêtements et lui rapporta, personnellement, plusieurs millions de dollars.

LES CAUSES PERDUES

Une entreprise de nourriture pour chiens tenait sa convention commerciale annuelle pendant laquelle son président écouta patiemment le directeur du département publicité lui présenter une nouvelle campagne sensationnelle, le directeur du département marketing lui exposer une organisation des points de vente qui allait « révolutionner le marché » et le directeur du département ventes exalter les vertus de « la meilleure force de vente du secteur ». Ce fut enfin au tour du président de monter sur le podium pour clôturer les débats.

« Au cours des derniers jours, nous avons écouté tous nos directeurs de département nous exposer leurs merveilleux plans pour le prochain exercice. En guise de conclusion, je n'aurais qu'une seule question. Si nous disposons de la meilleure publicité, du meilleur marketing et de la meilleure force de vente, comment se fait-il que notre produit se vende moins que ceux de tous nos putains de concurrents ?

Un silence de plomb tomba sur la salle. Enfin, après un moment qui sembla durer une éternité, une petite voix au fond de la salle s'éleva : « Parce que les chiens le *détestent*. »

Il faut parfois se résigner et accepter le fait qu'une idée, un produit ou un concept est tout simplement mauvais. Vous aurez beau les reformuler ou les présenter autrement, cela ne marchera pas. La seule solution, c'est d'abandonner et d'arrêter les frais.

Pourtant beaucoup essaient de faire le contraire. Plus ils ont de preuves qu'une idée est invendable, qu'un concept ne fonctionne pas ou que les clients ne veulent pas d'un produit, plus ils s'entêtent et plus ils essaient de prouver le contraire.

LA RÈGLE DES 80/20

Ayant consacré le premier tiers de ce livre à montrer à quel point il est important de bien connaître ses clients, vous connaissez déjà mon opinion sur le sujet.

Les ventes de la plupart des vendeurs et des entreprises respectent la règle des 80/20 – vous réalisez 80 % de vos ventes avec 20 % de vos clients. Il semble dès lors logique de consacrer les 4/5e de votre temps et de votre énergie à bien connaître le cinquième de votre clientèle le plus important pour votre chiffre d'affaires.

Il y a plusieurs années, Wilkinson Sword nous a chargés de réaliser une enquête pour découvrir quels étaient les sports et les loisirs pratiqués par leurs principaux clients. Une fois l'étude terminée, nous leur avons proposé plusieurs manifestations sportives personnalisées en fonction des goûts de leurs clients. Les fans de boxe et leurs homologues chez Wilkinson se virent conviés à une réunion de boxe à laquelle ils furent accueillis par Henry Cooper, le champion européen poids lourd de l'époque. Les golfeurs ont eu le plaisir de jouer avec Tony Jacklin. Les amateurs de cricket ont pris le petit déjeuner, le jour d'un test match, avec Ian Chappell, le célèbre joueur de cricket australien.

Vous devez connaître les centres d'intérêt, les sports de prédilection et les goûts de vos 20 % de clients les plus importants et prendre le temps de chercher ce que vous pouvez faire pour conserver leur clientèle.

CONNAÎTRE L'ENTREPRISE DE SES CLIENTS

Pour deux raisons essentielles : d'abord pour choisir la meilleure stratégie globale et, ensuite, parce que même si votre interlocuteur jouit de toute autorité et d'une complète autonomie, il n'en reste pas moins que l'intermédiaire de l'entreprise à laquelle vous vendez vos produits ou vos services.

Vous pouvez et vous devez profiler les entreprises comme les individus. La méthodologie – se forger une intuition en s'appuyant sur des perceptions – est d'ailleurs, peu ou prou, la même. Observez sa façon de négocier/de travailler, la vitesse à laquelle elle s'est développée et le positionnement qu'elle a choisi sur son marché. Sa taille et sa longévité sont déjà des indicateurs. Il est évident qu'on ne vend pas à IBM comme à Apple ni à AT&T comme à MCI. Vous devez choisir, dans l'éventail des approches qui vont des techniques classiques qui ont fait leurs preuves aux techniques modernes plus rentre-dedans, celle qui correspond à l'image de l'entreprise avec laquelle vous souhaitez faire affaire.

Mais n'oubliez jamais que l'inertie d'une entreprise est si pesante que, même s'ils ont décidé de changer d'image et de direction, ils conserveront leurs vieilles habitudes d'achat. J'ai récemment participé à une série de réunions avec Procter & Gamble qui, craignant de ne plus être dans le coup, essaient désespérément de moderniser leur approche client. Mais j'ai très vite compris qu'en dépit de leur volonté de changement, ils restaient attachés à leur ancienne manière de voir les choses et qu'il leur faudrait pas mal de temps pour changer cela.

Lorsque nous avons approché Tiffany's pour qu'ils nous autorisent à vendre leur nom à différentes entreprise, deux éléments différents mais liés nous ont aidés à délimiter notre stratégie.

Tiffany's venait d'être rachetée par Avon, une entreprise bas de gamme cotée en Bourse. Je pensais donc qu'ils seraient plus ouverts à l'idée de commercialiser leur marque que lorsqu'ils étaient une entreprise de luxe non cotée en Bourse. Mais, surtout,

Tiffany's serait toujours Tiffany's et si Avon avait décidé de l'acquérir, c'était certainement pour l'image attachée à son nom. Si nous leur laissions penser que nous souhaitions associer leur nom aux Schtroumpfs ou aux poupées patoufs, nous aurions droit à une fin de non-recevoir. Notre meilleure stratégie d'approche était celle que nous avions adoptée avec Wimbledon, à savoir mettre en avant la notoriété et la qualité – comment, à condition de faire preuve de sélectivité, de discrimination et de goût dans le choix des entreprises associées, améliorer la valeur haut de gamme du nom Tiffany.

Frapper à la bonne porte

Trouver qui dans telle ou telle entreprise avait le pouvoir de décision et sur quoi est un des plus gros problèmes que nous ayons rencontré en tant que vendeurs. Très souvent, dans notre secteur, nous ignorons si c'est le service publicité, celui du marketing ou quelqu'un des relations publiques ou des communications. Et parfois c'est le président ou le PDG d'une entreprise valant plusieurs millions de dollars si le sujet l'intéresse personnellement.

Dans certaines entreprises, surtout les multinationales très compartimentées, il est presque impossible de comprendre le processus de prise de décision ou de savoir qui est l'autorité centrale. Les décisions semblent être prises par quelque mystérieux consensus que même les cadres les plus haut placés dans la hiérarchie sont incapables d'expliquer. C'est un gros problème et, très souvent, la seule solution c'est de ne pas négocier du tout avec ces entreprises.

Mais, dans la plupart des entreprises, il existe un processus de prise de décision et il est discernable – comme il est possible d'identifier les noms de ceux qui prennent les décisions. Pour les trouver, il suffit de faire des recherches et de poser les bonnes questions.

Quand vous ne savez pas, demandez

Les ventes dans le dur sont très rares. C'est un de vos contacts ou une relation qui vous a fait penser à telle ou telle entreprise.

La plupart des gens ne seront que trop heureux de vous dire tout ce que vous avez besoin de savoir sur leur entreprise, sa structure et sa hiérarchie. Sans avoir besoin de trop insister (et à condition de savoir quand garder le silence), vous devriez pouvoir apprendre presque tout ce que vous voulez savoir – les priorités de cette entreprise, ses difficultés, ses forces et ses faiblesses, ses querelles intestines, ses luttes de pouvoir et j'en passe. Des informations très utiles parce que le véritable processus de prise de décision, au sein d'une entreprise, correspond rarement à celui affiché sur son organigramme.

Bien sûr, il vous faut tenir compte de votre source de renseignements et la filtrer au travers du jugement que vous portez sur cette personne. Les gens laissent souvent entendre que c'est avec eux qu'il faut traiter, mais on s'aperçoit très vite, à leur façon de parler d'un tiers – avec jalousie ou en contredisant ce que vous savez déjà sur elle – que la personne qu'ils décrivent est bien celle dont vous avez besoin.

Il existe une autre excellente source d'information, quelqu'un qui a déjà négocié avec cette entreprise et qui a donc identifié certains des arcanes de son organigramme. Leur agence de publicité, par exemple, ou un concurrent amical ou même quelqu'un de chez vous.

Ne pas se laisser abuser par les titres

Ne présumez rien d'un titre. Je croyais, par exemple, que le président de General Motors International était un important décideur pour les opérations en dehors des États-Unis. J'ai très vitre constaté qu'il n'avait, pour ainsi dire, aucun pouvoir de décision, sauf au sens le plus large du terme, et que les entreprises de GM implantées à l'étranger fonctionnaient en quasi autonomie.

Les raisons pour lesquelles quelqu'un s'est vu octroyé le titre de vice – président sont presque aussi nombreuses que les vice-présidents. Même dans les entreprises où les titres ne sont pas galvaudés, il y a toujours un décalage temporel : certains sont sur le point de recevoir de l'avancement, d'autres sont sur le point d'être rétrogradés et d'autres seront sur le point de quitter le navire. C'est parfois le directeur marketing adjoint qui prend les décisions marketing. Sans oublier les projets chouchous et les zones grises qui ne correspondent à aucun descriptif d'emploi.

Lorsque David Foster, un dingue de golf, était président de Colgate, nous savions que ce serait lui qui prendrait toutes les décisions concernant leur sponsoring d'un tournoi de golf y compris l'emplacement des latrines sur le parcours. En revanche, lorsque je me suis envolé pour le Japon afin de discuter du sponsoring du tournoi de tennis féminin de la WTA avec Toyota, j'ai constaté que j'avais rendez-vous avec un « sous-directeur » du département des relations publiques. J'ai commencé à lui détailler le contrat de sponsoring – tant pour ceci, un autre demi-million pour les bonus et ainsi de suite – et il continuait de hocher la tête pour indiquer qu'il était d'accord. J'étais persuadé d'être en train de m'entretenir avec la mauvaise personne et qu'il ne comprenait pas un traître mot de ce que je disais. Nous avons signé avec eux un contrat de plus de 5 millions de dollars.

Trouver une star

Et fraternisez avec elle. Tout le monde, au sein de notre entreprise comme en dehors, me dit toujours que j'ai la « chance » d'avoir des relations privilégiées avec autant de PDG d'entreprises dans le monde entier. Dans la grande majorité des cas, ce sont des personnes que j'ai rencontrées, dont j'ai repéré les grandes qualités et que je m'étais efforcé de connaître plusieurs années avant qu'ils deviennent président-directeur général de leur entreprise et dans plusieurs cas avant qu'ils accèdent aux postes de direction.

Envisager ses relations futures est une des choses les plus importantes que quiconque dans le monde des affaires peut faire. Vos pairs d'aujourd'hui dirigeront des entreprises demain. Repérez les stars dans les autres entreprises et fraternisez avec elles. Dans dix ans – que ce soit en tant que client, fournisseur, employés ou employeurs – ils deviendront un de vos plus précieux atouts en affaires.

La règle multinationale

N'oubliez jamais : aucun dirigeant n'est satisfait des opérations à l'étranger de son entreprise. Si vous faites quelque chose pour cette entreprise à l'étranger, cela vous ouvrira des portes sur leur marché domestique.

LE POSITIONNEMENT

En affaires, le terme *positionnement* prend des dizaines de sens. Une entreprise « se positionne » pour l'avenir ; tel produit est « positionné » sur le marché ; vous vous « positionnez » pour une promotion ou pour une vente.

Le terme a tellement de significations dans l'entreprise qu'il peut perdre tout son sens. Je vais donc en donner une définition très précise par rapport à votre produit ou à votre service.

En ce sens, le « positionnement » consiste à déterminer ce que vos clients achètent *réellement* lorsqu'ils font l'acquisition de votre produit ou de votre service et ensuite *transmettre* ces impressions et ces motivations à l'acheteur.

Cela requiert souvent de traduire des émotions humaines en caractéristiques produit : « Devenez un gagnant en vous associant à un gagnant. » Cela exige de l'intelligence, du savoir-faire et de la clairvoyance, et cela devient, à son niveau le plus élevé, une forme d'art dont les résultats sont tangibles : votre produit ou votre service est pratiquement vendu d'avance.

Positionnement 1 : Est-ce une Ford ou une Mercedes ?

Le positionnement est d'abord et, avant tout, une affaire de spectre allant de la masse – une Ford ou une Sears (prix abordable) – à une extrémité du spectre, à l'élite – une Mercedes ou une Neiman-Marcus (qualité, luxe) – à l'autre extrémité.

L'élitisme est certes une puissante motivation pour l'acheteur mais cela peut aussi présenter quelques dangers. Une entreprise peut courir à la faillite en se positionnant au-dessus ou au-dessous de leur marché.

Une entreprise doit déterminer où elle se situe sur ce spectre – là où se trouvent le plus grand nombre de ses clients.

Nous avons récemment conclu un contrat fascinant de licence/sponsoring/porte-parole pour Arnold Palmer avec Sears (similaire, dans sa conception, au contrat que Sears a conclu avec Cheryl Tiegs). Je le trouve fascinant à cause de l'ironie de la situation.

Pendant plus de vingt ans, nous avons toujours fait très attention à positionner Arnold dans le segment supérieur du spectre du marché, en l'associant à des marques et des entreprises comme Rolex, Cadillac, Robert Bruce et Hertz. Mais Sears avait récemment constaté que la plus grande exigence des acheteurs les avait fait redescendre un ou deux crans plus bas que le niveau où ils souhaitaient se positionner. Lorsque les dirigeants de Sears ont décidé de revaloriser leur image, Arnold, tout comme Cheryl, leur parut le choix idéal. Sans ce précédent positionnement haut de gamme d'Arnold, notre client ne leur aurait pas paru un candidat aussi parfait.

Positionnement 2 : Analysez les faits

Un bon vendeur peut prendre dix informations relatives à un produit, et en mettant l'accent sur certains et en en omettant d'autres, créer dix images différentes. C'est là tout l'art de la vente : positionner les faits pour obtenir la réaction souhaitée.

L'incroyable succès au Japon de Laura Baugh, la golfeuse américaine, est dû à la stratégie de positionnement que nous avons choisie.

Laura était l'adolescente américaine type – mignonne, blonde, joviale – qui s'était montrée très prometteuse chez les amateurs en Californie. Mais à dix-sept ans, elle n'avait pas encore fait ses preuves sur le circuit professionnel.

Nous savions que les Japonais appréciaient presque autant ce type féminin que le golf. Ne pouvant pas marketer Laura comme une sportive, nous avons choisi de minimiser ses qualités de golfeuse. Nous l'avons, au contraire, présentée comme une reine de beauté américaine qui, en plus, jouait très bien au golf.

Le résultat fut extraordinaire, nous avons reçu un flot ininterrompu de propositions – des posters, des calendriers, des sponsors. Elle devint l'attraction numéro un au Japon, elle a même présenté sa propre émission télévisée en prime time. À son retour aux États-Unis pour rejoindre le circuit professionnel, son positionnement était déjà bien établi.

Laura n'a pas encore remporté de tournoi mais elle a probablement gagné plus d'argent en dehors des parcours de golf que n'importe quelle autre joueuse de l'histoire du golf.

Autre exemple de positionnement, le mannequin Jean Shrimpton qui, à la fin des années 1960 et au début des années 1970, était « le visage le plus connu du monde ».

Après avoir quitté le mannequinat, elle se retira en Cornouailles, dans l'ouest de l'Angleterre, pour se consacrer à ses rôles d'épouse et de mère.

Le contraste saisissant entre les deux styles de vie – le glamour, les lumières, les couvertures de *Vogue* et la *gentlewoman farmer* anglaise – offrait une occasion de positionnement intéressante : un mannequin mondialement connu tournant le dos au glamour pour les plaisirs plus simples de la vie de famille. Aujourd'hui, Jean peut toucher de beaux cachets en ne travaillant que quelques jours par an en tournant dans des publicités « familiales » pour de la margarine ou d'autres produits ménagers.

Positionnement 3 : Positionnement miroir

C'est le positionnement le plus élaboré et il a une chance sur deux de réussir. Il ne s'agit pas d'omettre des faits mais de les refléter de façon à ce qu'ils créent la perception voulue. Il faut partir de la perception et remonter ensuite au produit.

Le meilleur exemple que je puisse donner est celui de « The Killy Challenge », le programme télévisé que nous avons créé dans la foulée des trois médailles d'or remportées par Jean-Claude Killy aux Jeux olympiques.

Il était important pour la crédibilité de ses contrats de merchandising en cours que l'on continue à le percevoir comme un « gagnant » – le meilleur du monde. « The Killy Challenge » était une série de courses de descente dans lesquelles des skieurs de niveau mondial défiaient la suprématie de Killy. Mais puisque Kelly était « le meilleur », il partait avec un handicap – quelques secondes plus tard – sur le challenger et en ski, un handicap de quelques secondes peut se traduire par plusieurs centaines de mètres de retard.

Visuellement, le drame n'était pas que Killy gagne ou perde mais de voir s'il pouvait rattraper les quelques centaines de mètres qui le séparaient de son adversaire. C'était Killy, « le meilleur du monde », en train de se battre contre *lui-même*, l'autre skieur ne servait que de point de repère. L'impression souhaitée était obtenue avant même qu'il franchisse le portillon de départ.

Positionnement 4 : Créer l'image

Un autre type de positionnement implique de *transcender* les faits – associer votre produit ou votre service à des valeurs positives désirables qui n'ont rien, ou pas grand-chose, à voir avec le produit lui-même.

C'est une stratégie souvent adoptée par de très grandes entreprises : Coca-Cola s'est positionnée avec maman et la tarte aux pommes ; AT&T. et GE mettent l'accent sur les valeurs familiales et le sentiment de « foyer » ; les compagnies pétrolières sont devenues « écologistes » ; et IBM et Xerox font la promotion de leurs critères d'excellence pour se positionner au-dessus de leurs concurrents.

Nous faisons la même chose, à une échelle moindre, pour nos clients sportifs. Un jour les victoires s'arrêtent et nous avons eu le sentiment qu'il était essentiel de les « sortir du terrain » le plus vite possible.

Cela ne veut pas dire retraite forcée. Cela veut dire que nous devons les positionner de telle manière que leur renommée ne dépende plus des tournois remportés ou de leur position dominante dans la discipline qui les a rendus célèbres.

Pour nos clients du tennis ou du golf, nous évitons ce que nous appelons les « pubs de vainqueurs » – les publicités dans les magazines ou les spots télé mettant en avant la victoire dans un open de golf ou un grand tournoi de tennis. Que se passera-t-il lorsqu'il ne sera plus le tenant du titre ? En appelant Björn Borg « le quintuple vainqueur de Wimbledon » nous faisons même oublier qu'il ne dispute même plus le tournoi de Wimbledon.

Même chose pour Jackie Stewart. Il n'a disputé aucune course depuis dix ans et, pourtant, son image d'expert automobile, de « spécialiste de l'aérodynamique », *transcende* sa discipline, son besoin de gagner – ou même de courir.

COMMENT DÉTERMINER LA VALEUR DE VOTRE PRODUIT

C'est souvent impossible. Mais les réponses habituelles – « ce que quelqu'un est prêt à payer » ou « son coût de fabrication » sont pires que l'absence de réponses. La faute aux vendeurs de produits de consommation : le prix devient fonction du coût de fabrication.

Pour vous aider à déterminer la valeur de votre produit, posez-vous certaines de ces questions :

– En quoi est-il unique ? Peut-on l'acheter moins cher chez mon concurrent ? Si oui, mon produit a-t-il de réels avantages qualitatifs ?

– Puis-je le vendre plus cher que les produits concurrents ?

– Mes clients en ont-ils terriblement besoin ? Mes clients en ont-ils rapidement besoin ?

– Combien cela coûtera-il pour le remplacer ?

– Existe-t-il des précédents sur lesquels je peux m'appuyer ?

– Y a-t-il un facteur « passion » ? Supposons que vous ayez très très envie d'acheter un cornet de glace et qu'en arrivant à la boutique, vous constatiez que le prix a doublé. Allez-vous quand même l'acheter ?

– Est-ce un produit éphémère ou le produit du futur ?

Lorsque vous aurez une bonne idée de sa valeur, n'ayez pas peur d'annoncer votre prix. En fait, c'est le moment dans une négociation où vous pouvez avoir avantage à parler le premier.

Si vous avez du mal à estimer la valeur, essayez de trouver un moyen de vous couvrir en cas de succès :

Il y a plusieurs années, Norfolk and Western Railroad essayait de devenir le transporteur ferroviaire de fret aux États-Unis de Fuji Iron and Steel Company. Ils avaient appris que le président de Fuji était un fan de golf et de Jack Nicklaus en particulier. Ils nous ont donc demandé d'organiser une partie, au Japon, entre Jack et leur président. Nous facturâmes le tout 10 000 dollars (c'était au milieu des années 1960 !) plus les frais (nous devions expédier Jack au Japon) et nous étions plutôt fiers de nous.

Cinq ans plus tard, j'ai rencontré par hasard le vice-président de Norfolk and Western. La partie Nicklaus-Fuji est venue sur le tapis et il m'a dit : « Vous savez, cette partie nous a rapporté environ 17 millions de dollars. »

Nous ne pouvions pas le savoir à l'époque mais Norfolk and Western non plus. Depuis lors, je me suis souvent demandé pourquoi je n'avais pas ajouté « plus 1 % sur les affaires qui en découleront ». Je pense qu'ils auraient répondu « Banco ».

9

LES STRATAGÈMES

LE CADRE

On sous-estime souvent l'importance d'une atmosphère agréable dans une vente. Nous avons vu que certains moments sont plus propices à la vente. Il en est de même pour certains lieux. Le pire étant, peut-être, le bureau de l'acheteur. Comment pourrait-il lutter avec un déjeuner, un match de tennis, un parcours de golf ou je ne sais quel lieu dans lequel votre acheteur se montrera plus réceptif et plus susceptible de baisser sa garde.

Un producteur a décroché une commande de soixante-cinq heures d'un programme familial grâce à un pilote d'une demi-heure. Il était venu le montrer un samedi, au domicile du cadre de la chaîne qui l'avait regardé avec sa femme et ses deux enfants, sur leur écran géant – en mangeant du pop-corn. Que pouvait dire le cadre : « Je n'aime pas. Rendez-moi mon pop-corn et débarrassez le plancher » ?

Un de nos services les plus efficaces consiste à aider nos entreprises clientes à « choisir un cadre » pour leurs ventes. Nous organisons, par exemple, chaque année, une sortie de ski pour *Time Magazine* et une journée de golf pour *Newsweek*, auxquelles ces deux magazines convient les PDG de leurs principaux annonceurs. Nous choisissons toujours un cadre spectaculaire et, si vous êtes skieur ou golfeur, où préféreriez-vous parler affaires – dans votre bureau, ou dans un chalet de ski à Sun Valley[25] ou au club house de St Andrews ? (Cela offre aussi à ces magazines un lien direct avec la direction au cas où il y aurait un problème avec le service publicité.)

Une rencontre fortuite dans un environnement de loisir peut également vous offrir une occasion. N'avez-vous jamais rencontré, par hasard, une relation d'affaires, avec qui vous n'avez pas d'affinités particulières, sur une plage ou dans un club de tennis ? Les deux parties sont d'abord un peu gênées parce qu'elles veulent éviter comme la peste de « parler affaires ». Abordez quand même le sujet. Cela aura non seulement pour effet de dissiper toute gêne mais cela mettra aussi en branle certains rouages que vous pourrez exploiter lorsque vous retournerez au bureau.

LES PRÉREQUIS POUR UNE VENTE

Pendant de nombreuses années, nous avions essayé de vendre à Ford et à sa filiale Lincoln Mercury, toutes sortes de projets dans lesquels notre entreprise était partie prenante. J'ai littéralement noyé Ben Bidwell, le directeur général de Lincoln Mercury à l'époque, de propositions. Un jour, probablement mu par un sentiment de frustration, il m'a appelé pour me dire : « Mark, vous ne savez vraiment pas comment vendre quelque chose à Ford. Que

---

25. Station de ski de l'Idaho (NDT).

diriez-vous de venir nous voir avec deux de vos collaborateurs pour que nous puissions vous expliquer comment faire ? Cela nous éviterait, à vous comme à nous, de perdre du temps à l'avenir. »

Je me suis rendu à Dearborn, dans le Michigan, avec deux de nos cadres. Pendant plusieurs heures, ils nous ont expliqué, en détail, ce que Ford recherchait, comment le leur présenter et à qui le présenter.

Cette réunion a permis la création du World Invitational Tennis Classic, que Ford a été ravi de sponsoriser et qu'ABC a diffusé pendant plusieurs années.

Mais, encore plus important, je suis revenu de Dearborn avec les deux prérequis pour réussir n'importe quelle vente :

Primo, découvrir ce que la partie adverse veut acheter. Si vous l'ignorez, demandez-le-lui et écoutez sa réponse. Trouvez quels sont les problèmes d'une entreprise et montrez-lui comment « nous pouvons travailler ensemble pour les résoudre ». C'est tellement plus facile de vendre à quelqu'un ce qu'il veut acheter que de le convaincre d'acheter ce que vous vendez.

Secundo, découvrir qui est responsable des achats. Chaque entreprise possède son système, ses procédures et une hiérarchie au niveau des décideurs. C'est à vous de vous y adapter. Pas l'inverse.

RECEVOIR QUELQUES « NON »

Les gens ont besoin de dire non. Accordez-leur ce plaisir.

Si vous avez plusieurs articles à vendre, ajoutez deux ou trois produits sur la liste. Histoire de récolter quelques refus avant de proposer ceux que vous voulez vraiment vendre.

Si vous n'avez qu'un seul article à vendre, émettez une suggestion ou une hypothèse et écoutez-les vous expliquer que vous avez tort. Les gens ont également besoin de se sentir plus intelligent que vous.

Quelques « non » bien placés créent l'environnement propice pour un « oui ».

EXPLOITER LES RIVALITÉS

Hertz, Avis, Coca et Pepsi, ne sont pas les seules entreprises à regarder par-dessus leur épaule et à détester leurs concurrents. Je dirais que 99,99 % des entreprises sont dans le même cas.

Vous devez donc savoir qui vos clients potentiels haïssent. Cette information peut vous aider à les convaincre d'accepter un accord, surtout lorsque vous sentez qu'ils hésitent et qu'un grain de sable suffira à faire pencher la balance d'un côté ou de l'autre.

EXPOSER AU LIEU DE VENDRE

Très souvent, notre meilleure stratégie de vente a consisté à exposer notre produit à un acheteur éventuel et d'attendre que la magie opère. Son esprit commence à envisager plusieurs options et il commence à vous dire – et à se convaincre par là même – ce qu'il veut acheter.

Cette technique a été particulièrement efficace pour vendre des emplacements publicitaires dans certains événements comme la cérémonie d'attribution des Prix Nobel ou le tournoi de Wimbledon. Pour convaincre le client, il suffit de l'exposer à la tradition et au prestige de ces événements – en qualité d'invités du roi et de la reine de Suède ou du All-England Club. Ils s'imprègnent de l'atmosphère et se laissent séduire par l'ambiance et, à partir de cet instant, ils veulent participer à l'expérience, ils commencent à développer leur propre sensibilité promotionnelle et commenceront à essayer de nous convaincre.

Si vous avez confiance dans votre produit et si vous savez qu'au final le client sera satisfait, une autre technique, tout aussi efficace, consiste à l'y exposer en le lui offrant gratuitement. Pour convaincre certaines entreprises d'utiliser nos golfeurs ou nous joueurs de tennis à des fins promotionnelles, nous les leur avons souvent fourni sans rien demander en échange, certains que nous étions que la personnalité de notre client nous aiderait à les convaincre.

Je suis aussi un chaud partisan d'une autre variante qui consiste à offrir un produit ou un service et à dire au client que nous fixerons le prix plus tard ou qu'il le fera à notre place, en fonction de la valeur qu'il lui donne. Là encore, il faut bien connaître votre client. Il y a ceux qui ajouteront immédiatement un zéro et ceux qui sont plus susceptibles d'en enlever un.

IMPLIQUER LA PARTIE ADVERSE DANS LE PROJET

Lorsqu'une entreprise montre un réel intérêt pour votre idée, votre produit ou votre concept, impliquez-les dans le projet. Collectez – sollicitez activement – leurs opinions sur le projet et servez-vous-en pour formuler votre idée ou votre présentation : « Nous nous demandions ceci » ; « Ne vaudrait-il pas mieux insister sur ceci ou sur cela ? » ; « Nous aimerions avoir votre avis sur ce point. »

Il est préférable de solliciter ce genre d'informations par courrier. Cela laisse davantage de temps à votre interlocuteur pour y réfléchir avant de vous donner sa réponse. Pour la même raison, il vaut également mieux éviter les questions fermées auxquelles votre interlocuteur peut répondre par oui ou par non.

Il n'y a rien de plus facile que de vendre à quelqu'un sa « propre » idée parce que c'est ce dont il s'agit.

Si vous réussissez à obtenir suffisamment de réponses sur les détails, vos interlocuteurs se seront impliqués dans le projet sans même s'en rendre compte.

Dans le même ordre d'idée, vous devez déterminer, au préalable, des objectifs satisfaisants pour les deux parties qui peuvent être définis de façon précise et formulés de façon claire. Toute proposition, concept ou idée qui répond directement à ces objectifs est à déjà moitié vendue.

JE DOIS EN RÉFÉRER EN HAUT LIEU

Le directeur de notre département télévision m'a appelé un jour pour me demander d'assister à une réunion. Il anticipait une issue favorable mais la situation était complexe du fait du nombre important de parties impliquées dans le projet. Tout le monde voulait voir le projet aboutir mais il restait à déterminer le rôle exact de chacun, en d'autres termes, qui ferait quoi et à quel prix. Il pensait que ma présence serait utile à « notre équipe ».

Étant persuadé du contraire, j'ai décidé de ne pas y assister. Ma stratégie était la même que j'utilise pour gérer une crise : la meilleure première réaction est de ne pas réagir du tout. Présent, j'aurais été obligé de réagir. Je voulais garder nos options ouvertes jusqu'à ce que nous puissions analyser les résultats de cette réunion. Je préférais que ce cadre dise qu'il devait en référer en haut lieu (moi, en d'autres termes) avant de prendre des engagements définitifs.

Pendant une négociation, on a tout le temps recours à ce « haut lieu » absent et mystérieux mais je pense qu'en général il s'agit plus d'une réalité d'ordre pratique que d'une manœuvre. Dans la plupart des cas, on doit vraiment en référer à un tiers. Le « haut lieu » est aussi utile lorsque ce n'est pas vraiment le cas.

Lorsque je négocie, la plupart de mes interlocuteurs croient que je suis celui qui prend la décision au final mais je m'engage rarement avant d'avoir consulté le cadre ou le directeur de département compétent.

Vous pouvez également exploiter la situation inverse. Dans une nouvelle négociation, lorsque mon interlocuteur me dit : « Ici, c'est moi qui décide », et que j'ai des raisons de croire que c'est la vérité, je me réjouis intérieurement. Il a déjà abattu sa première ligne de défense.

DÉBARQUER

J'ai rencontré le gentleman qui dirige notre département confection, il y a plus de vingt ans. À l'époque, il était PDG d'un poids lourd de l'industrie textile. Il m'avait appelé, à Cleveland, pour me dire qu'il souhaitait associer le nom de Gary Player à l'une de leurs lignes de vêtements. Nous étions convenu de nous rencontrer et c'est ce que nous avons fait – à 9 heures à son bureau de New York le lendemain matin.

Plusieurs années plus tard, il m'a avoué que c'était une des principales raisons pour lesquelles il avait accepté de rejoindre notre entreprise lorsque que je le lui ai proposé. Savoir que j'avais sauté dans un avion pour débarquer le lendemain matin l'avait tellement impressionné qu'il s'était dit que ce devait être intéressant de travailler avec moi.

Aujourd'hui, j'ai un emploi du temps tellement rempli (et parfois plus de six mois à l'avance) que je ne peux plus le faire autant que je le voudrais. Mais une des meilleures techniques de vente que je connaisse est encore de demander à votre interlocuteur quand vous pouvez le rencontrer au plus tôt – et de débarquer à l'heure convenue. En général, plus le trajet que vous avez dû effectuer est long, plus votre interlocuteur sera impressionné.

DIVISER POUR RÉGNER

Une formulation plus appropriée serait « Unir pour régner » même si les individus que vous « unissez » ne sont peut-être pas toujours d'accord.

Suggérez la même idée à deux cadres haut placés dans la hiérarchie d'une même entreprise. Si vous parvenez à les convaincre, séparément, que telle ou telle idée est bonne, vous devriez probablement conclure la vente lorsque vous les réunirez.

Vous serez, en quelque sorte, leur intermédiaire. (« Bob, Bill aime vraiment cette idée. » « Bill, Bob aime vraiment cette idée. ») Chacun sera rassuré par l'envie de l'autre de conclure la transaction ; chacun pourra porter le concept à son crédit ; et chacun d'eux se sentira moins en danger. Vous aurez aussi accéléré le processus d'engagement en les obligeant à prendre une décision mais sans que l'un et l'autre s'en rendent compte.

Une entreprise a utilisé une variante de ce stratagème à nos dépens que nous surnommons depuis, entre nous, « le stratagème Fila ».

Fila est l'équipementier italien qui sponsorise et fabrique les tenues de tennis de Björn Borg. À leurs débuts, leurs employés posaient la même question – en général sur les durées de contrat que Borg accepterait ou pas – à cinq ou six personnes de chez nous. Comme ils traitaient avec nous dans beaucoup d'endroits du globe, ils l'exploitèrent d'une façon particulièrement habile. Ils exploitaient au Japon ce que nous leur avions dit en Australie ; ils exploitaient en Angleterre ce que nous leur avions dit au Japon, et ainsi de suite, jusqu'à ce qu'ils aient fait le tour du globe – en combinant les points les plus intéressants de chaque réponse pour nous faire des propositions qui leur rapportait des profits incroyables.

NÉGOCIER AVEC UN SEUL INTERLOCUTEUR

Je déteste les présentations de vente faites devant un groupe important d'individus et, chaque fois que je le peux, je les évite. Par groupe important d'individus, j'entends tous les groupes composés de plus d'une personne.

Trouvez qui prend les décisions et négociez avec lui en tête à tête. Si vous négociez avec plus d'une personne en même temps, vous introduisez dans la négociation la dynamique de *leurs* relations et cela ne pourra que nuire à votre objectif. Vous ignorez qui est là pour impressionner qui, qui ne songe qu'à paraître à son avantage ou à faire paraître un autre à son désavantage. Vous pouvez en avoir une petite idée mais, à moins d'appartenir à leur entreprise, vous n'en serez jamais sûr.

Traitez directement avec celui qui détient le pouvoir de décision et, si ce que vous proposez lui plaît, il saura convaincre son entreprise d'accepter la transaction.

LE SYNDROME DU MENU CHINOIS

Il existe en général plus d'une manière de résoudre un problème marketing et il incombe au vendeur de trouver la meilleure et de la proposer tout en occultant toutes les autres. Ne tombez pas dans le piège du choisissez un plat dans la colonne A et choisissez deux plats dans la colonne B.

En donnant le choix à l'acheteur, vous introduisez une nouvelle étape dans le processus de prise de décision. Vous demandez à votre client de prendre une décision et, en plus, vous lui demandez : « Lequel voulez-vous acheter ? »

Il nous est arrivé de proposer plusieurs solutions au problème d'un client potentiel. La plupart du temps, quelque chose lui plaisait dans chacune des solutions proposées. Cela peut paraître une bonne chose mais ce n'est pas le cas. Sans compter que vous risquez d'attirer son attention sur ce qu'il n'aime pas dans chacune des solutions.

LEUR RAPPELER VOTRE GLORIEUX PASSÉ

Je mentionne toujours le nom d'Arnold Palmer pendant une négociation commerciale, y compris pendant celles qui ne le concernent ni de près ni de loin, et même dans celles qui n'ont aucun rapport avec le golf. Parce que la réussite financière d'Arnold et le rôle que nous y avons joué sont deux des éléments sur lesquels notre entreprise a bâti sa réputation. Quant à votre serviteur, il est plus connu pour être l'agent commercial d'Arnold que pour tout autre fait d'arme : « Ah, ouais. Le mec qui gère les finances d'Arnold Palmer. »

Dans le commerce, les gens veulent faire des affaires avec des gagnants. Vous avez donc tout intérêt à ce que vos clients actuels connaissent vos succès personnels et ceux de votre entreprise. Vous devez, bien sûr, éviter de chanter vos louanges mais il existe un million de façons subtiles de leur glisser ces informations.

Évoquez vos gros coups et mentionnez le nom de vos autres clients prestigieux, pas pour vous faire mousser mais pour donner à vos interlocuteurs des exemples de ce que vous avez fait pour d'autres que vous aimeriez faire pour eux maintenant.

OUTILS DE CORRESPONDANCE

Les formes de correspondance, lorsqu'elles sont utilisées avec soin et discrétion, peuvent devenir des outils de vente très efficaces.

Copie carbone (cc) au supérieur hiérarchique

La quasi-assurance d'obtenir une réponse, et probablement plus vite que sans cela. Même si vous ne connaissez pas le supérieur hiérarchique de votre interlocuteur, cela donnera l'impression que c'est le cas.

Les courriers peuvent aussi être rédigés de façon – même si cette technique est, en général, plutôt conseillée au téléphone – à sous-entendre que ledit supérieur aimerait vraiment que la négociation ait une issue heureuse.

Les dangers de mettre en cc le supérieur hiérarchique de quelqu'un sont évidents, surtout si vous savez que le destinataire sera celui qui, au final, prendra la décision. C'est un procédé que j'utilise en général en dernier recours – lorsque les moyens traditionnels ont été épuisés et que je suis à peu près certain que le destinataire, laissé à sa propre initiative, continuera d'ignorer les courriers et les coups de téléphone.

Copie carbone cachée (ccc) au supérieur hiérarchique

Mettre le supérieur immédiat du destinataire en copie carbone cachée peut être encore plus efficace. Bien sûr, dans ce cas vous avez intérêt à connaître le supérieur en question et savoir qu'il discutera du contenu de votre courrier avec le destinataire.

C'est le plus utile lorsque votre premier contact ou les premières discussions ont eu lieu avec le supérieur et que l'affaire a été ensuite déléguée au destinataire. Il est par conséquent parfaitement légitime de mettre le supérieur du destinataire en copie. Puisqu'il est en copie cachée, le destinataire, à partir de ce jour, ne saura jamais qui d'autre vous avez pu mettre en copie cachée et sera plus enclin à envisager avec attention le contenu de votre courrier.

« Dicté mais pas lu »

Une formule que vous utilisez lorsque vous êtes dans l'incapacité de relire un courrier qui a été dicté après qu'il a été saisi dans un logiciel de traitement de texte. Mais c'est aussi utile pour envoyer un ballon d'essai ou formuler quelque chose de façon plus agressive que vous l'auriez fait si vous aviez eu l'« occasion » de l'atténuer.

Si le destinataire le trouve offensant ou sur-réagit, vous avez fait passé votre message mais vous pouvez condamnez la forme.

L'IDÉE N'EST PAS DE NOUS

Le complexe du l'idée n'est pas de nous ou quelqu'un qui critique/taille une idée ou un concept parce qu'il n'en est pas l'auteur est un des plus gros problèmes de vente auxquels nous avons eu à faire face dans chaque département de notre organisation.

Nous sommes souvent contactés directement par des entreprises qui s'informent sur les services d'un de nos sportifs ou sur la mise en œuvre d'une promotion sportive. Une fois que nous avons mis au point un programme que tout le monde a l'air d'apprécier, cette entreprise se sent obligée de le soumettre à son agence de publicité. Celle-ci, n'étant pas à l'origine du concept, se sent aussitôt obligée d'y trouver des failles.

J'ai longtemps cru que le complexe de l'idée n'est pas de nous était inhérent à la spécificité de notre secteur. Mais, depuis, j'ai discuté avec suffisamment de personnes dans suffisamment de secteurs d'activité différents pour comprendre qu'il s'agit, non seulement d'un problème très courant mais peut-être aussi endémique. Il existe une tendance, et peut-être même un besoin, chez tout un chacun de descendre en flammes toute idée qui n'est pas la sienne.

La sagesse voudrait que l'on contourne la difficulté en « leur faisant croire que l'idée est d'eux ». C'est un très bon conseil en vente mais il est totalement impraticable et inutile dans notre cas. Toute tentative en ce sens serait trop transparente et condescendante. La solution pratique est *de leur montrer où se situe leur intérêt.*

Il est parfaitement clair pour moi, par exemple, que si une proposition est transmise pour examen à une agence de publicité, c'est que quelqu'un (et probablement plusieurs personnes) appartenant à l'entreprise cliente de l'agence, l'a appréciée. Mais j'ai vu la paranoïa atteindre de tels sommets que l'agence commence à tailler l'idée en pièces avant même de se poser des questions politiquement sensibles, du genre qui, dans l'entreprise cliente, aime quoi et pourquoi.

Bien sûr, lorsque c'est tellement évident pour votre serviteur, c'est mon travail de le faire comprendre à la personne chargée d'étudier l'idée – pour lui montrer où se trouve, probablement, son intérêt.

Récemment, j'ai rencontré le président d'une des 500 plus grandes entreprises des États-Unis, selon le magazine *Fortune,* dans des circonstances quasi professionnelles et, pendant une de nos conversations, j'ai mentionné un concept que nous étions en train de mettre au point et dont j'avais le sentiment qu'il pourrait correspondre à son entreprise. J'ai vu son regard s'éclairer mais il a répondu que ce genre de projet devait être conçu par son département publicité et il me donna le nom de la personne que je devais contacter.

Lorsque plusieurs semaines après j'ai donné suite à l'affaire, l'idée ne suscita qu'un désintérêt affligeant. J'ai, ensuite, relaté les circonstances exactes dans lesquelles j'avais rencontré son patron ainsi que sa réaction et j'ai suggéré qu'il était dans l'intérêt du directeur du département publicité d'en apprendre davantage sur notre concept.

Au final, tout le monde y trouva son compte. Nous leur vendîmes notre idée qui fut un succès et, bien que cette idée ne vienne pas du directeur de la promotion, son entreprise lui en attribua tout le crédit.

LES AIDES VISUELLES

RockResorts, la chaîne d'hôtels de luxe propriété des Rockfeller, était en train de construire un des hôtels les plus prestigieux d'Hawaï, baptisé le Mauna Kea. Laurance Rockfeller et son staff étaient arrivés de New York pour une journée de réunions. Ils devaient prendre des décisions cruciales qui se traduiraient par des millions de dollars de dépense et de contrats.

Apparemment, très tôt pendant ces réunions, quelqu'un sortit des échantillons de couleur des différents motifs envisagés pour le linge de table de la salle à manger. Les personnes réunies dans la pièce s'intéressèrent tellement aux échantillons – chacun donna son opinion sur la décoration – que lorsque arriva l'heure, pour Rockfeller, de reprendre l'avion pour New York, la plupart des questions essentielles n'avaient pas été résolues.

Je n'ai jamais vu des aides visuelles, même de grande qualité, faire vendre une idée médiocre ; et je n'ai jamais vu une bonne idée refusée par manque d'aide visuelle. De plus, si elles ne sont pas utilisées à bon escient et au bon moment, les aides visuelles (des diagrammes et graphiques aux présentations multimédia les plus élaborées) peuvent travailler contre vous.

Primo, les gens ont une opinion sur tout. Si vous ne faites pas attention, vous verrez la conversation dévier vers une critique de vos aides visuelles au lieu de se concentrer sur ce que vous essayez de vendre.

Secundo, si elles sont introduites trop tôt dans la présentation, elles peuvent empêcher tout le monde de se concentrer. Soudain, tout le monde joue avec vos aides visuelles et votre stratégie de vente et votre plan de jeu tombent à l'eau.

Tant que vous n'êtes pas dans la partie « spectaculaire » de votre présentation, gardez vos aides visuelles *hors de vue*. Vous n'avez pas envie que votre auditoire se demande ce que vous cachez dans cette petite boîte noire.

10

NÉGOCIER

J'ai entendu et lu, très souvent, que je suis un négociateur « coriace » et « dur en affaires ». C'est probablement une bonne chose d'être précédé par ce genre de réputation – mes interlocuteurs s'attendent à ce que je leur réclame des montant importants – mais je préfère penser que je suis un *bon* négociateur plutôt qu'un négociateur coriace.

Je suis, en vérité, plus fier de mes talents de vendeur que de mes qualités de négociateur parce qu'il est beaucoup plus difficile de convaincre quelqu'un qu'il *veut* acheter quelque chose que de définir les conditions auxquelles il en fera l'acquisition.

En fait, je considère souvent la négociation comme la dernière phase d'une vente, le point culminant d'un processus qui a peut-être duré plusieurs mois voire plus.

Au moment de négocier, vous devez appliquer certains principes.

QUOI, QUAND, OÙ, AVEC QUEL DEGRÉ D'EXCLUSIVITÉ ET COMBIEN ?

Ce sont les cinq questions auxquelles il faudra trouver une réponse pendant la négociation. Chacune pourra être développée, réduite ou troquée pour une autre en fonction des exigences de la négociation.

Même dans des transactions, comme celles concernant les biens immobiliers, où toutes ces questions ne s'appliquent généralement pas, c'est tout de même une liste utile à parcourir. Elle peut apporter des solutions (« Et si au lieu de vous acheter cette propriété, je vous la louais en crédit-bail pendant 99 ans ») qui n'avaient pas été envisagées au début des négociations.

Quoi ?

Que vendez-vous exactement ? Quand il s'agit de l'image de célébrités, cela se résume toujours à deux éléments : leur nom et leur temps. Mais on est encore loin d'avoir répondu à la question du « quoi ». Quels droits vendez-vous avec ce nom et cette durée et pour quelle utilisation ?

Quand ?

En d'autres termes, pour combien de temps, cela va d'une « période de huit heures d'affilée », la durée qui correspond traditionnellement à un jour ouvrable, à l'« éternité ».

Où ?

Le « territoire » qui peut aller du « monde » aux « quartiers Sud de Cincinnati », est un terrain intéressant pour les échanges de bons procédés et les contrats multinationaux et multirégionaux. Nous avons plusieurs programmes de télévision, par exemple, dont nous avons vendu/commercialisé les droits sur plus d'une centaine de territoires, dont certains sont limités par des frontières nationales tandis que d'autres sont définis par une langue commune. C'est à cause de l'aspect territorial des négociations que nous conservons autant d'agences dans le monde entier – et que nous gardons une telle avance sur nos concurrents.

Quelle exclusivité ?

Nous avons constaté que c'était un élément que nous pouvions utiliser dans une négociation. Jusqu'à quel point l'acheteur souhaite-t-il (et désirons-nous) exclure le reste de la concurrence ? Cela peut concerner l'exclusivité du produit, l'exclusivité dans tout un secteur industriel, l'exclusivité territoriale, l'exclusivité « pendant un certain laps de temps » – plusieurs éléments intéressants que vous pouvez lier à d'autres éléments de la négociation.

Combien ?

L'argent mais pas seulement. Il peut s'agir également d'actions, de titres ou d'autres formes d'actifs. Pour nous, cela signifie souvent « combien de temps ». Le temps est le bien le plus précieux d'un sportif professionnel en activité. Il doit passer un certain temps à s'entraîner et à disputer des compétitions. Le temps n'étant, par définition, ni extensible ni un produit manufacturé, nous sommes intransigeants sur le nombre de « jours » qu'un sportif doit « consacrer » à un client.

NE VOUS FOCALISEZ PAS SUR LE MONTANT

Quand une des parties démarre à vingt et que l'autre commence à dix pour conclure à quinze, ce n'est pas une négociation, c'est couper la poire en deux. Du reste, vous courez le risque qu'aucune des deux parties ne soit satisfaite avec quinze et que les deux aient l'impression de « perdre » si elles acceptent un montant inférieur.

Ne vous focalisez pas uniquement sur le montant. Une négociation est un processus plus complexe et plus subtil. Le montant n'est qu'une part – ni plus grosse ni plus petite que les autres – du gâteau de la négociation.

GROSSE ENTREPRISE NE RIME PAS AVEC GROS MONTANTS

Plus l'entreprise est grosse, plus elle a d'argent à dépenser.

En théorie. Mais dans la pratique, c'est plutôt le contraire. Plus la taille d'une entreprise est importante, plus elle est compartimentée. En d'autres termes, plus il faut combiner de budgets différents pour arriver au financement nécessaire.

J'ai vu des accords de plusieurs millions de dollars décidés par une seule personne, dans une entreprise de taille moyenne ; et, dans une des plus grandes entreprises des États-Unis, il m'a fallu obtenir l'aval de six de ses départements pour approuver une dépense de 50 000 dollars.

LAISSEZ LA PARTIE ADVERSE TIRER EN PREMIER

Il vaut mieux, très souvent, laisser la partie adverse tirer la première salve sur les termes de l'accord et le montant. Au minimum, cela vous permet de savoir ce qu'elle veut. Et, en de très nombreuses occasions, il est arrivé que la première offre formulée par mon interlocuteur soit supérieure au premier, et même au dernier, montant que j'avais l'intention de proposer.

Vous pouvez, parfois, soutirer le montant à la partie adverse en lui posant une série de questions hypothétiques en vous appuyant essentiellement sur les autres termes de l'accord : « Si vous faisiez ceci et nous cela, combien cela vaudrait-il ? » « Imaginons que nous incluions ceci et ajoutions cela ? » « Imaginons que vous deviez chiffrer ceci ? »

JOUER AU PLUS HAUT NIVEAU

Lorsqu'on vous demande d'énoncer vos termes ou votre montant, répondez en évoquant un contrat similaire afin d'établir votre « niveau ». La meilleure réponse étant bien sûr : « Lorsque nous avons vendu "X" à l'entreprise "Y", nous avons perçu "Z" dollars ».

Il n'y a aucun défi implicite dans cette stratégie. Cela vous permet de faire passer votre message sans mettre la partie adverse sur la défensive… et ça lui fait comprendre que la suite de la partie se jouera dans la cour des grands.

ÉVITER LES CHIFFRES RONDS

Les chiffres ronds attirent une contre-proposition en chiffres ronds. Les nombres impairs semblent plus inflexibles, plus fermes, moins négociables.

Je déteste entendre quelqu'un avancer un montant de « cent mille dollars » pendant une négociation. C'est le nombre le plus négociable du monde. Proposez 95 000 ou 104 500 dollars. Dans les deux cas, vous obtiendrez au final probablement plus.

NÉGOCIER EN MONNAIE PSYCHOLOGIQUE

Au fil des ans, nous avons beaucoup utilisé la monnaie psychologique – des points du contrat qui semblent au premier coup d'œil assez anodins mais qui ont un important pouvoir psychologique sous-jacent. Ils constituent une excellente monnaie de négociation parce que la partie adverse perçoit rarement leur pouvoir. Je serais bien en peine de vous énumérer tous les exemples dans lesquels nous les avons utilisés pour sortir d'une impasse – donner à la partie adverse exactement ce qu'elle désirait sans jamais qu'elle sache tout ce que nous avions obtenu en échange.

Les négociations avec Slazenger/Australie sur la durée du contrat de l'équipement de Gary Player est un des premiers exemples qui me vient à l'esprit. Slazenger voulait un contrat à court terme : un an, renouvelable. Nous étions réticents parce que, si pour une raison quelconque, cela ne fonctionnait pas, Gary serait « une marchandise avariée » pour ses contrats d'équipement en Australie. Mais Slazenger ne voulait pas céder d'un pouce – ou plutôt, dans ce cas, d'un jour – jusqu'à ce que nous suggérions ce qu'en interne nous appelons depuis notre « clause de rupture de contrat australienne » : les deux parties pouvaient mettre fin au contrat dès qu'elles l'auraient signé – mais avec un préavis de cinq ans.

Mon raisonnement était le suivant. Slazenger serait peu enclin à mettre fin au contrat de quelqu'un avec lequel ils seraient toujours liés personnellement et engagés financièrement pour encore cinq ans et ils feraient tout pour que cela ne se produise jamais.

Le contrat de Gary avec Slazenger entre dans sa vingtième année.

À la fin des années 1960, nous nous sommes trouvés dans une impasse du même ordre avec Allstate Life Insurance et Arnold Palmer, là encore à cause de la durée du contrat. Nous voulions un contrat de quinze ans. Judson Branch, le PDG d'Allstate à l'époque, était d'accord sur le principe. Mais il devait prendre sa retraite sous peu et ne voulait pas coller à son successeur un contrat de long terme. Il proposait donc un contrat de trois ans, renouvelable.

Sa proposition ne me convenait pas parce que je connaissais son successeur. Je savais que, de par son ego, il ne supporterait pas de partager la couverture avec Arnold et qu'il ne prolongerait, ou ne renouvellerait probablement pas le contrat si nous lui laissions l'option d'y mettre fin sans coup férir.

Au final, nous sommes tombés d'accord sur un contrat de quinze ans, résiliable au bout de trois ans mais avec versement d'une indemnité. L'astuce étant de fixer un montant d'indemnisation légèrement supérieure à l'avance annuelle sur honoraires.

J'avais deux théories. Psychologiquement il y a une grosse différence entre ne pas renouveler un contrat et devoir aller voir Arnold pour lui dire : « Nous voulons résilier votre contrat. » Et, même si Allstate décidait de résilier le contrat, j'avais le sentiment que je pourrais les convaincre de le prolonger d'un an, (puis d'un autre, et puis d'un autre) aussi longtemps que la pénalité de résiliation serait plus élevée que l'avance annuelle.

Ce contrat a couru pendant de nombreuses années, même sous le nouveau PDG.

ÉVITEZ LES CONFRONTATIONS

Le grand public a tendance à confondre négociation et machisme, comme si l'important était de tenir tête à votre adversaire, de le faire céder.

L'important dans une négociation est d'arriver à un accord qui soit avantageux pour les deux parties. Transformer une négociation en bataille d'ego ne peut que se retourner contre vous. Évitez les sorties du type « vous avez rompu notre accord », « c'est à prendre ou à laisser » ou « ce n'est pas négociable » – bref, tout ce qui donne l'impression que vous défiez votre interlocuteur en combat singulier.

Ne soulevez pas de point sujet à controverse n'ayant qu'un lien indirect et insignifiant avec la négociation en cours ou avec votre relation de travail avec la partie adverse.

Ces problèmes sont bien souvent l'expression d'un ego, ou une sorte de bravade : « Alors, vous ne pouvez pas faire ceci » ou « dans ce cas nous allons exclure cela. » Très souvent, ces problèmes se transformeront en éléments de la négociation que vous auriez remportés par consentement.

NÉGOCIER À RECULONS

J'ai constaté qu'il était très utile de comprendre, avant le début des négociations, ce que votre interlocuteur aimerait obtenir – à quel moment il acceptera l'accord en pensant gagner quelque chose.

Ce n'est pas du tout la même chose que « Jusqu'où est-il prêt à aller ? » Vous pouvez, très souvent, pousser quelqu'un dans ses derniers retranchements et le convaincre quand même de signer le contrat. Mais sa rancune reviendra vous hanter de toutes sortes de manières.

Le meilleur moyen de savoir où se situe « le point magique » d'une négociation est encore de le demander – même indirectement.

Nous essayons d'obtenir une estimation des ventes : « En associant le nom d'untel à votre produit, combien d'unités espérez-vous écouler ? »

En général, ils gonflent un peu le chiffre pour vous impressionner avec leur expertise. Mais nous pouvons utiliser ce chiffre pour calculer un montant de l'avance qu'ils sont prêts à payer et la justifier avec *leur* logique.

SE METTRE À LEUR PLACE

Il existe un autre moyen de découvrir ce point magique, en vous mettant à la place de la partie adverse. Posez-vous une série de questions et répondez-y *comme si vous étiez* à la place de la partie adverse. « Quelles sont mes "véritables" limites ? » « À quel point est-ce que "je" veux que cette négociation aboutisse ? » « Quelles sont mes options si la négociation échoue ? » « Mes employeurs penseront-ils que "je" n'ai rien à me reprocher ? ou Vais-je devoir rendre des comptes ? » « Et quelles monnaies d'échange puis-je utiliser pour éviter une telle issue ? »

Cela vous permet souvent d'envisager la suite des événements avec une précision stupéfiante.

APAISER AVANT DE MODIFIER : DE L'USAGE DE « MAIS » ET DE « CEPENDANT »

Prenez en compte les sentiments de la partie adverse. C'est la plus veille technique psychologique du monde et elle fonctionne aussi bien dans des négociations que dans tous les autres types de relations humaines. Vous donnez l'impression d'avoir accepté, ou de vous être engagé à quelque chose, alors qu'en réalité, la seule chose que vous avez « acceptée », ce sont les sentiments de la partie adverse.

La clause conjonctive qui vous permet d'annuler la première partie de la phrase est un merveilleux outil de négociation : « Oui, mais… » ; « Je sais ce que vous ressentez mais… » ; « Je comprends parfaitement ce que vous voulez dire et je suis complètement d'accord avec vous, mais… »

Tous ceux qui maîtrisent cette technique pourraient extraire du sang d'une pierre. Ils sont capables de transformer n'importe quelle négociation en une relation pénitent-confesseur.

ESQUIVER GRÂCE À UNE QUESTION

Si vous n'aimez pas ce que vous entendez, répondez par une question, même si vous ne trouvez rien de mieux que « Pourquoi dites-vous cela ? » Cela peut obliger la partie adverse à examiner d'un petit peu plus près sa position. Cela atténue votre réaction. Et, au minimum, cela incite la partie adverse à continuer de parler pendant que vous continuez d'écouter.

CONTESTER LEURS POSITIONS MAIS SANS LES IGNORER

Il m'est très souvent arrivé dans des négociations de dire quelque chose, ou d'avoir une réaction, et de voir la partie adverse poursuivre son exposé comme si je n'avais jamais ouvert la bouche. Il n'y a rien de plus frustrant dans un entretien d'affaires, ou de plus perturbant dans une négociation, que d'avoir l'impression de parler à quelqu'un qui a un problème d'audition.

Faire l'idiot est une excellente technique de négociation et « je ne comprends pas » est une réponse légitime pendant une négociation. Mais ignorer la position de la partie adverse ou faire semblant de ne pas avoir entendu quelque chose juste parce que vous ne voulez pas l'entendre, ne fera qu'accroître les frustrations. Sans compter que plus la partie adverse sera obligée de répéter sa position, plus cette position se durcira.

AMADOUER LA PARTIE ADVERSAIRE EN FAISANT VALOIR SES INTÉRÊTS

Il y a une autre technique de négociation que je trouve efficace pour faire passer la pilule. Elle consiste à ajouter dans la balance des éléments qui ne sont pas importants pour moi mais qui peuvent l'être pour la partie adverse. Même des termes qui n'ont rien à voir, ou pas grand-chose, avec la transaction en cours.

Nous avons, par exemple, accepté de fournir des places, particulièrement difficiles à obtenir, aux Jeux olympiques dans une négociation qui ne concernait ni de près ni de loin cet événement sportif. Une autre fois, nous avons organisé une partie de golf entre un de nos clients golfeurs et le patron de la personne avec laquelle nous étions en négociation.

Les maîtres absolus de cette technique sont les membres des deux chambres du Congrès qui ont pris l'habitude de lier les intérêts de leurs électeurs – et les leurs par la même occasion – à des lois qui n'ont absolument aucun lien avec leurs projets de barrage ou leurs élevages piscicoles.

Ne sous-estimez jamais les possibilités de troc en mettant dans la balance une grande quantité de votre produit que vous avez à prix coûtant mais que la partie adverse valorise presque à son prix au détail.

TOUJOURS GARDER SES DÉLAIS POUR SOI

La pression de conclure un accord peut vous faire dire et faire des choses qui sont contraires à vos intérêts. Que vous ayez besoin de conclure cet accord à telle date parce que vous avez une deadline immuable (c'est rarement le cas), parce que ce serait la meilleure option pour vous ou l'option la plus pratique, vous ne devez communiquer votre deadline sous aucun prétexte. Si la partie adverse sait que vous avez une deadline, elle n'a pas besoin de savoir – ou de céder sur – autre chose.

À l'inverse, leur deadline est une des informations les plus précieuses que vous pouvez leur soutirer.

Le temps lui-même – ou plutôt son passage – peut aussi être un de vos plus précieux alliés dans la négociation. L'impatience et la volonté de conclure un accord alimente un comportement hyper-cinétique. Il y a une tendance naturelle à accélérer le processus de négociation plutôt qu'à le ralentir. Forcez-vous à résister à ce besoin et exploitez celui de la partie adverse.

Lorsqu'une négociation arrive à son terme mais dans laquelle il reste plusieurs points à résoudre, je me suis conditionné, au fil des années, à demander automatiquement qu'ils le soient le lendemain. Cela me laisse, au moins, le temps de me vider la tête et, souvent, cela se traduit par des concessions importantes de la partie adverse parce qu'elle ne veut pas devoir passer une nuit de plus à y penser.

Vous ne devez jamais oublier que vous n'avez pas besoin d'être d'accord sur tous les points pour conclure un accord. Nous avons, dans nos dossiers, un pourcentage élevé de contrats qui stipulent que certains points seront résolus plus tard pour que l'accord de base puisse entrer en vigueur.

UTILISER LES ÉMOTIONS

Les négociations sont rarement des entretiens protocolaires dans lesquels vous restez assis autour d'une table. En fait, presque tous les problèmes ou les désaccords – depuis une menace de grève des syndicats à « Qui paiera cette note de frais de 500 dollars ? » – se résolvent par une négociation. Moins celle-ci sera formelle, plus il est probable que les émotions y jouent un rôle. Celui qui contrôle ses émotions pendant ce genre de litige fera, presque toujours, la meilleure affaire.

Considérer les litiges commerciaux comme le début d'une négociation

Cet état d'esprit, à lui seul, vous incitera à vous montrer plus calculateur et vous aurez moins tendance à avoir des réactions susceptibles de vous causer du tort. Psychologiquement, vous serez plus intéressé par obtenir ce que vous voulez que par déballer tout ce que vous avez sur le cœur.

Prendre du recul et se détendre

Parez aux crises émotionnelles en éliminant vos émotions. Dites n'importe quoi sauf ce que vous avez probablement envie de dire. « Laissez-moi y réfléchir » ou « Je vous rappellerai. » Considérez cela comme un jeu avec des gagnants et des perdants parce que c'est de cela dont il s'agit : une guerre des nerfs – et de qui perdra les siens le premier.

Voir les crises émotionnelles comme des opportunités

Il s'agit là de négocier en contre-attaquant. Dès que la partie adverse a porté le premier coup « émotionnel », elle a perdu une certaine quantité de contrôle. Selon votre réaction, vous pourrez prendre ce contrôle ou le lui rendre immédiatement.

Vous pouvez agir sous le coup de la colère mais vous ne devez jamais réagir sous le coup de la colère

La colère, et d'autres émotions fortes, peuvent être des outils de négociation efficaces mais seulement s'il s'agit d'un acte délibéré et non pas d'une « réaction ». J'ai lu quelque part qu'une photo du célèbre incident de Nikita Khrouchtchev en train de taper sur la table à l'ONU avec sa chaussure montrait que ses deux pieds étaient chaussés. Une troisième chaussure « uniquement pour taper sur la table » ? C'était un acte délibéré.

Laisser la partie adverse remporter des victoires secondaires

Pour bien négocier, vous devez avoir un objectif clair, être capable de rester mentalement concentré sur la fin tout en discutant des moyens. Si vous soupçonnez que quelqu'un n'est pas un très bon négociateur – même s'il s'enorgueillit d'en être un – il se satisfera presque toujours de quelques victoires secondaires si vous les faites paraître plus importantes qu'elles ne le sont. Laissez-le remporter les victoires secondaires, faites des concessions « à contrecœur » et rentrez à la maison avec le gros lot.

FAIRE PREUVE DE FRANCHISE

La franchise, lorsqu'elle est utilisée à bon escient, est une des techniques de négociation les plus efficaces et les plus puissantes – et les moins utilisées – que je connaisse. Lorsque la négociation devient trop tendue, est sur le point de dégénérer ou risque d'échouer, un moment de franchise – « Écoutez, je veux vraiment conclure cette affaire » ou « C'est très important pour moi » – remettra non seulement les choses en perspective mais, souvent, cela désarmera aussi complètement la partie adverse.

Une impasse, qui quelques instants auparavant semblait insurmontable, commence à se désagréger. Et une conciliation, qui quelques instants auparavant semblait impensable, devient possible.

ÊTES-VOUS EN POSITION DE FORCE OU DE FAIBLESSE ?

C'est une question importante que vous devez vous poser avant le début des négociations et, en général, à laquelle seule la vente peut répondre. Jusqu'où pouvez-vous aller ? À quel point la partie adverse a-t-elle envie de conclure cet accord ? Comment la partie adverse perçoit-elle votre position ?

Il y a bien sûr une énorme différence entre de véritables positions de force et de faiblesse et la *perception* de ces positions. Le jeu, dans une négociation, consiste à dire et à faire des choses qui altèrent les perceptions qui se rapprochent trop prêt de la réalité tout en encourageant celles qui sont le plus éloignées de la vérité. En interne, nous appelons cela « frapper comme la foudre » ou empêcher la partie adverse d'avoir une idée de notre position.

Si vous êtes en position de force pour négocier, plus vous montrerez votre force, plus la partie adverse fera tout pour vous prouver que votre position n'est pas aussi forte que vous le croyez. Les compromis les plus évidents se transformeront en guerre de tranchées et la partie adverse insistera pour l'emporter sur tous les points secondaires parce qu'elle sait qu'elle devra s'incliner sur les principaux.

L'autre danger pour celui qui négocie en position de force est la tendance à vouloir conclure un accord plutôt que d'obtenir le meilleur accord possible. La position de force dans une négociation semble étouffer la volonté de rester inflexible – de se battre sur toutes les questions secondaires parce que la partie adverse a déjà concédé les points essentiels. Et pourtant, ce sont ces points à la marge qui font la différence entre un contrat correct et un bon contrat.

L'objectif dans une négociation n'est pas d'obtenir le maximum mais d'*obtenir quelque chose*. Au fil des ans, j'ai rencontré beaucoup d'individus qui se considèrent comme d'excellents négociateurs, durs en affaires mais pour chaque accord qu'ils avaient enfoncé dans la gorge de leur interlocuteur, il y en avait deux qui avaient échoué.

Dès que les deux parties ont « admis » que l'accord pouvait être profitable pour chacune des parties – la phase, en général, où la négociation commence vraiment – il est inexcusable, sauf circonstances extraordinaires, de ne pas aboutir à un accord.

LE CONTRAT

Une partie profite généralement plus que l'autre du style vague, ou des termes non contraignants d'un contrat ou d'une lettre d'intention. Décidez tout de suite si c'est un accord vague ou un contrat inattaquable qui sert le mieux vos desseins.

Je préfère les lettres d'intention aux contrats rédigés de façon plus formelle. Les documents à caractère officiel ont tendance à effrayer les gens. Un contrat établi en bonne et due forme est un contrat qui est inattaquable, presque exempt de jargon juridique et se lit comme une lettre classique.

Vous devez toujours être le premier à rédiger. Dès que vous commencerez à convertir en langage courant les points de l'accord, des dizaines de questions surgiront. Vous chercherez à être le premier à coucher votre version des faits sur le papier.

Il y a une exception. Si vous êtes sur un territoire juridique qui ne vous est pas familier, il est souvent très instructif de voir quels sont les points que la partie adverse considère importants grâce aux éléments qu'elle a fait figurer dans le contrat.

Lorsque vous devez apporter des modifications, faites-le dans une lettre annexée ou un avenant plutôt que de tout recommencer à zéro parce qu'il faudra alors faire relire l'ensemble du contrat. (Un avocat est incapable de relire un contrat sans y ajouter quelques clauses supplémentaires.)

Vous devez examiner avec une très grande minutie la section « définition » du contrat si c'est vous qui êtes chargé de sa relecture et la scruter en étant à l'affût de la moindre opportunité si vous êtes chargé de sa rédaction. La désignation légale d'un élément peut altérer tout le reste du contrat.

Il y a plusieurs années, pendant les négociations du contrat des clubs de golf de Gary Player avec Shakespeare Golf, nous voulions avoir le droit de conclure un accord séparé pour les « grips ». Les golfeurs font regripper leurs clubs lorsque ces derniers sont usés ou lorsqu'ils ont perdu leurs sensations. Même si les fabricants de grip ne sont pas des concurrents directs de Shakespeare Golf, nous savions que si nous évoquions la question, ils ne manqueraient pas de soulever des objections. Dans la section « définition » du contrat, nous avons minutieusement défini un « fer » comme une « collerette en métal fixée à un manche en métal ou en fibre de verre au moyen d'une douille ». Nous n'avons pas mentionné le terme « grip » et nous avons conclu, par la suite, un accord avec un fabricant de grips. Le contrat Shakespeare-Player a couru pendant plusieurs années, à la satisfaction des deux parties.

Vous devez considérer le jargon juridique comme des drapeaux rouges. Les avocats peuvent puiser dans toute une litanie de mots, de termes et de phrases spécialement conçus pour modifier le sens de tout ce qui précède ou qui suit.

Réduisez les garanties et les royalties à leur plus petit dénominateur commun. Si le contrat concerne plus d'un produit ou plus d'un territoire, divisez les garanties, répartissez-les en conséquence et créez un compte distinct pour chaque territoire. (En de nombreuses occasions – prévoir des comptes distincts pour l'Australie et l'Angleterre est l'exemple qui me vient tout de suite à l'esprit – cela nous a permis d'engranger plusieurs centaines de milliers de dollars supplémentaires en royalties).

La rapidité d'exécution est cruciale. L'enthousiasme à propos d'un accord est fonction décroissante du temps.

N'envoyez pas les contrats aux départements juridiques mais aux personnes avec lesquelles vous négociez. Ils sont probablement autant agacés par leur département juridique que vous. En interne, ils accepteront souvent l'accord le plus favorable pour vous contre l'avis de leur département juridique (« C'est un point sans importance ») juste pour ne plus les avoir dans les pattes.

TROISIÈME PARTIE

DIRIGER UNE ENTREPRISE

11

MONTER UNE ENTREPRISE

International Management Group est aujourd'hui un cabinet de gestion, de consulting et de marketing qui opère avec un réseau de quinze agences réparties sur l'ensemble de la planète. Les activités des douze entreprises du groupe vont de la représentation commerciale de beaucoup des plus grands sportifs du monde à l'organisation et la gestion d'événements sportifs dans le monde entier en passant par la direction d'agences de mannequins, à New York et à Londres. Cette année, notre chiffre d'affaires dépassera 200 millions de dollars. Cela fait de nous une PME mais un acteur majeur dans le secteur du sport. Nous sommes partie prenante dans plus d'une quarantaine de sports.

Il va sans dire que je n'imaginais rien de tout cela lorsque j'ai serré pour la première fois la main d'Arnold Palmer, en 1960. À l'époque, je n'étais qu'un jeune avocat qui cherchait à combiner une de ses passions – le golf – avec son activité professionnelle. (C'est peut-être encore l'une des meilleures façons de monter une entreprise : qu'est-ce qui vous passionne vraiment dans la vie et ne pourriez-vous pas trouver un moyen de vivre de votre passion ?)

Comme golfeur, j'ai été assez bon pour me qualifier, en tant qu'amateur, à l'U.S. Open de 1958 mais assez lucide pour savoir que je n'étais pas assez fort pour espérer faire carrière sur le circuit professionnel. La meilleure chose à faire était, dès lors, de devenir l'agent commercial de ceux qui le pouvaient.

En analysant les décisions qui nous ont permis de nous développer, je m'aperçois qu'elles n'ont rien d'original ni d'hétérodoxe. Nos succès – et au risque de paraître présomptueux, nous en avons remporté pas mal – ne font que confirmer qu'on obtient de bons résultats lorsqu'on travaille bien et qu'on en obtient de mauvais lorsqu'on travaille mal.

Pour créer une entreprise, vous devez avant tout écouter votre bon sens et suivre les étapes nécessaires pour mettre les théories en pratique.

FAITES (DÈS LE DÉPART) LE PARI DE LA QUALITÉ

Lorsque je suis devenu l'agent commercial d'Arnold, il avait déjà remporté un Majeur en 1958 mais avait connu ensuite, en 1959, une saison en demi-teinte. Presque personne aux États-Unis ne connaissait Gary Player, notre deuxième client, lorsque nous l'avons signé malgré sa deuxième place à l'U.S. Open, en 1958, derrière Tommy Boit. Ce jour-là, il m'avait impressionné par son courage et sa détermination à bien jouer, dans un environnement inconnu, sous une pression extrême. Quant à Jack Nicklaus, notre troisième client, il était encore amateur lorsque nous sommes devenus ses représentants.

Arnold, Jack et Gary ont des personnalités complètement différentes mais ils possédaient tous les trois la qualité – la classe – qui en ferait des champions aussi bien sur les parcours de golf qu'en dehors. Ils n'étaient pas seulement des golfeurs extraordinaires. Ils étaient également des individus extraordinaires.

J'essayais juste de signer avec les meilleurs golfeurs qui semblaient également avoir la personnalité à laquelle une entreprise pourrait avoir envie d'associer son nom. Ce n'est que plus tard – heureusement, pas beaucoup plus tard – que j'ai compris qu'en réalité, je « faisais le pari de la qualité ».

Je ne vois pas une activité où ce pari ne serait pas de mise. Commencez avec le meilleur, ou celui que vous croyez être le meilleur ; cela vous permettra de démarrer du bon pied. C'est le seul avantage compétitif absolu et l'équivalent du filet pour un trapéziste : une protection qui minimisera les mauvaises décisions et maximisera les bonnes, dans l'avenir.

SOYEZ ASSEZ INTELLIGENT POUR RECONNAÎTRE LORSQUE LA CHANCE VOUS A SOURI

Palmer, Player et Nicklaus ont dominé, de la tête et des épaules, la planète golf pendant vingt ans. Fin 1969, ils avaient, à eux trois, remporté vingt Majeurs de golf et de 1960 à 1966 la liste des vainqueurs du Masters se présentait ainsi : Palmer, Player, Palmer, Nicklaus, Palmer, Nicklaus et Nicklaus.

La presse les avait baptisés les Trois Grands du golf et s'ils avaient été 3 de nos 20 premiers clients ou même 3 de nos 10 premiers clients, j'aurais peut-être eu une philosophie des affaires complètement différente. Mais avec 250 golfeurs sur les greens, nous avions fait 3 sur 3. Un peu comme si nous avions gagné à la loterie.

Dame Fortune s'était montrée gentille avec nous comme je crois qu'elle le fait souvent avec beaucoup d'entreprises. Et même si je suis persuadé que nous avons provoqué cette chance, notre réussite initiale avait été trop phénoménale pour l'accepter comme allant de soi, nous féliciter de notre intelligence et attendre que la foudre tombe une deuxième fois.

Je pense que c'est une des décisions les plus importantes que nous ayons prises. Nous allions accepter notre bonne fortune mais nous n'allions pas attendre que « Trois Grands » se présentent de nouveau.

CROISSANCE LENTE

Pendant sa vingtaine d'années d'existence, les six premières années d'IMG – presque le tiers de notre carrière – nous nous sommes contentés de représenter des golfeurs professionnels. Je sentais que nous avions encore beaucoup trop à apprendre avant de nous diversifier. Je voulais aussi que notre entreprise s'améliore avant de s'agrandir.

Trop d'entreprises, surtout en cette ère high tech, ne veulent pas choisir cette voie. Elles veulent s'agrandir rapidement plutôt que faire rapidement des bénéfices. Si ces entreprises ralentissaient un peu, si elles prenaient le temps d'analyser leur succès et laissaient leur connaissance en gestion s'adapter, je suis persuadé qu'elles constateraient qu'elles peuvent avoir les deux – un taux de croissance élevé et des profits élevés.

En affaires, l'immobilisme n'est pas une option. Vous devez vous agrandir. C'est un fait établi. Mais nous avons résisté, et nous continuons à résister, à la pression de grandir trop vite.

En 1966, nous étions devenus un acteur important dans le monde du golf. Nous étions bien organisés, nous avions les gens qu'il fallait en place et nous savions où nous allions. Je me suis dit qu'il était temps pour nous de diversifier nos activités.

DIVERSIFIER SES ACTIVITÉS

Si nous avions eu une recette pour la croissance, cela avait été de commencer avec les meilleurs, d'apprendre avec les meilleurs, de s'agrandir lentement, de consolider notre position puis de diversifier nos activités horizontalement.

Au milieu des années 1960, nous réfléchissions à nous agrandir depuis un moment et les choix les plus évidents – le tennis était encore un sport amateur – étaient un des trois principaux sports collectifs aux États-Unis, le football, le base-ball et le basket. Mais nous avions appris une ou deux choses qui rendaient ce choix moins évident.

Primo, nous étions plus des managers que des agents. Les agents trouvent des engagements aux groupes de musique et négocient les contrats avec les propriétaires d'équipes. Il n'y avait pas de propriétaires d'équipes en golf.

Notre spécialité et notre expertise a toujours consisté à trouver des sources de revenus pour nos clients hors des terrains de sport, en associant leur nom à des produits ou à des marques ou de négocier des contrats publicitaires et de gérer tous ces contrats de façon à fournir à ces sportifs un revenu régulier pendant plusieurs années après l'arrêt de leur carrière. J'avais aussi le sentiment que l'ancrage géographique des équipes de sports collectifs réduisait sérieusement la marketabilité de leurs joueurs. Les golfeurs sont presque plus vendables à Tokyo ou à Kalamazoo que dans leur ville natale.

Secundo, j'étais intimement convaincu que le « sportif du dimanche », le type qui jouait au golf une ou deux fois par semaine et regardait les émissions sportives à la télé, s'identifiait plus facilement à Arnold Palmer remontant son pantalon d'un coup sec au dix-huitième tee avant de fendre le fairway d'un drive de trois cents mètres, qu'avec des joueurs anonymes sous leurs protections et leur casque.

Notre objectif, par conséquent, était d'étendre notre activité dans d'autres sports individuels, de préférence des sports ayant des compétitions internationales et de signer avec des stars avec lesquelles nous pourrions reproduire les stratégies mises au point pour nos clients golfeurs. Nous avons d'abord signé un contrat avec Jackie Stewart qui en 1969 était le plus grand coureur automobile du monde puis, dans la foulée, avec une vingtaine d'autres pilotes de premier plan, Peter Revson, Mark Donohue, François Cevert et Graham Hill[26]. (À l'époque, nous n'avions pas vu l'énorme différence qui existait entre les golfeurs et les pilotes automobiles : les golfeurs ne se tuent pas sur les parcours. Le coût émotionnel fut élevé.)

En 1968, lorsque le tennis devint un sport professionnel, nous avons pu signer avec Rod Laver et Margaret Court qui étaient à l'époque les deux numéros 1, masculin et féminin.

L'année 1968, avec les Jeux olympiques, nous permit de signer la première superstar internationale du ski, Jean-Claude Killy.

Tous ces sports nous ont fourni une pépinière de clients auxquels nous devons notre importance – et notre prédominance – dans ces disciplines.

Nous avons commencé à diversifier notre expertise dans plusieurs directions. Représenter l'élite du golf nous avait permis d'apprendre beaucoup de choses dans beaucoup d'autres activités. Nous avons exploité ces connaissances et fondé une entreprise d'équipement de golf pour Arnold et deux départements confection dont l'un fut vendu par la suite à NBC. À la fin des années 1960, nous avons aussi signé nos premiers clients n'appartenant pas au monde du sport, Hank Ketcham[27], le créateur de

---

26. Pilote de Formule 1 anglais qui a disputé 179 Grands Prix entre 1958 et 1975, remporté 14 courses, réalisé 13 pole positions et remporté 2 titres de champion du monde, décédé aux commandes de son avion dans un accident en 1975 (NDT).

27. Dessinateur américain de bande dessinée (NDT).

Dennis la Malice, et Jean Shrimpton, le mannequin célèbre dans le monde entier.

ENGAGER LES MEILLEURS POUR QU'ILS VOUS ENSEIGNENT CE QUE VOUS IGNOREZ

Aujourd'hui, je suis persuadé qu'il vaut mieux former quelqu'un que d'engager quelqu'un. Ce qui, après vingt ans d'existence, est peut-être un signe de maturité pour notre entreprise. Mais lorsque vous montez une entreprise, il vous manque des connaissances que vous devez acquérir si vous voulez continuer de vous agrandir.

Dans les années 1960, une alliance qui n'avait rien de sainte s'est mise en place entre le sport et la télévision. Le sport se servait de la télévision, la télévision se servait du sport. Et avec un tel succès pour chacun qu'il était (et qu'il est encore) impossible de prévoir jusqu'où cela irait. Nous n'étions pas complètement ignares en matière de télévision mais nous sentions que notre expérience était suffisamment limitée pour que l'aventure présente un danger pour nous.

À cette époque, Jay Michaëls, un des vice-présidents de MCA, a pris contact avec votre serviteur à la demande de Lew Wasserman, son président. Michaëls était une véritable légende dans le monde de la télévision. Il avait été l'architecte du contrat télévisuel de la naissante American Football League du (AFL), lui permettant ainsi de mettre le pied à l'étrier et, au final, de fusionner avec la National Football League (NFL). Personne n'en savait probablement plus que lui sur les relations incestueuses qu'entretenaient le sport et la télévision.

Michaëls m'expliqua que Wasserman envisageait de créer un département sports de loisir et qu'il voulait savoir si cela m'intéresserait d'en prendre la direction.

Après mûre réflexion et deux ou trois discussions avec plusieurs de nos principaux cadres et quelques-uns de nos clients les plus importants, j'ai décliné son offre. J'avais le sentiment que notre indépendance était trop importante et, comme nous étions encore en pleine croissance, je craignais que devenir une entité d'une entreprise plus grande et plus connue, rogne nos ailes.

Mais peu de temps après, j'ai repris contact avec Jay Michaëls pour lui faire part de notre envie de nous impliquer davantage dans les activités télévisuelles. Je lui ai expliqué quel potentiel j'y voyais ainsi que l'investissement auquel j'étais prêt à consentir pour atteindre ce potentiel – et je lui ai dit que je voulais qu'il nous aide.

Le fait est que je lui avais proposé le bon défi au bon moment. Il nous a rejoints en 1967 et a pris la tête de notre tout nouveau département télévision, TransWorld International.

Aujourd'hui, TWI est le plus gros producteur indépendant de programmes sportifs du monde et le détenteur du plus grand nombre de droits TV à l'international des événements sportifs. Nous produisons, ou coproduisons, près de 200 heures de programmes sportifs par an dont « The Superstars[28] » et « Battle of the Network Stars[29] » pour ABC, beaucoup de compétitions de ski et d'athlétisme pour CBS, « Les championnats du monde professionnels de patinage artistique » et « La coupe du monde féminine de golf, sponsorisée par Chevrolet » pour NBC. Nous possédons, entre autres, les droits TV à l'international de Wimbledon, de l'U.S. Open de Tennis, de la National Football League, du championnat de basket-ball de la NCAA et de la plupart des grands tournois de golf.

---

28. Programme télévisé dans lequel des sportifs professionnels issus de disciplines différentes s'affrontaient dans une série d'épreuves sportives (NDT).

29. Programme télévisé dans lequel trois groupes réunissant chacun des personnalités « appartenant » à une chaîne de télévision nationale américaine s'affrontaient (NDT).

TWI produit également des douzaines de documentaires sur des événements tels que Wimbledon, le British Open et l'U.S. Open. Elle représente aussi un certain nombre de commentateurs sportifs comme John Madden, Jimmy « The Greek » Snyder, Chris Schenkel et Al Michaëls… le fils de Jay Michaëls.

Grâce à l'aide que nous apporta Jay Michaëls, nous avons pu combler nos lacunes.

LORGNER VERS L'INTERNATIONAL

Nous avons très vite compris que le reste du monde voudrait avoir la même chose que les Américains. Si avoir les Trois Grands sous contrat fut la plus grande chance que nous ayons eue, la décision la plus brillante que nous ayons prise, ce fut de mettre en place un véritable réseau de bureaux à l'étranger. Une décision prise parce que nous anticipions une hausse de la demande mondiale pour le sport de haut niveau mais l'apparition quelques années plus tard de plusieurs innovations technologiques, la télévision par satellite, par exemple, nous a fait paraître encore plus intelligents.

Aujourd'hui, les directeurs et presque l'ensemble du personnel de nos quinze bureaux, implantés dans le monde entier, sont originaires du pays dans lesquels ils sont implantés. Nous partageons aussi des bureaux avec des partenaires commerciaux locaux dans une douzaine d'autres pays.

Ces agences nous ont apporté de la souplesse et des opportunités. Je suis constamment effaré par le manque d'attention et le peu d'importance accordés par la plupart des entreprises américaines à leurs départements internationaux. Si les entreprises américaines dépensaient autant de temps et d'énergie à vendre leurs produits à l'étranger qu'à essayer d'empêcher les produits étrangers d'entrer sur leur territoire, je pense que le flux de devises s'inverserait en moins de 24 heures.

MONNAYEZ VOS COMPÉTENCES

Beaucoup d'entreprises sont incapables de chiffrer la valeur de leurs compétences ou combien quelqu'un d'extérieur à leur entreprise devrait dépenser pour apprendre ce qu'elles savent déjà. Comme nous pendant dix ans.

Un laps temps pendant lequel nous avons travaillé avec plus d'un millier d'entreprises pour promouvoir tel ou tel sport. Nous avons accumulé une quantité impressionnante de connaissances sur ce que ces entreprises devaient faire pour atteindre leurs objectifs marketing grâce aux sports. Des connaissances dont nous avons souvent fait cadeau. Si une entreprise signait un contrat avec John Newcombe et ne savait pas comment l'utiliser, pour le bien de tous, nous devions intervenir et le leur montrer.

Au début des années 1970, nous nous sommes aperçus que de plus en plus d'entreprises voulaient s'impliquer dans le sport mais ne savaient pas comment s'y prendre. Leurs agences de publicité étaient incapables de leur donner un conseil intelligent en ce domaine ; leur cabinet de relations publiques n'en avait pas la moindre idée ; et en général, lorsqu'ils prenaient la décision de s'impliquer dans tel ou tel sport, c'était parce qu'un de leurs dirigeants portait un intérêt personnel à ce sport (en général la *pire* des raisons de s'impliquer).

Nous avons fini par monnayer notre expertise. Aujourd'hui, notre département de consulting en entreprise, Merchandising Consultant International (MCI), est notre filiale qui connaît la croissance la plus rapide. Ce fut déjà le cas pendant les années 1970. MCI est devenu une entreprise et elle œuvre avec son service marketing pour mettre sur pied des campagnes de promotion des sports qui sont non seulement rentables mais aussi en relation avec les objectifs spécifiques de l'entreprise.

La demande a même été plus importante que ce que nous avions anticipé. MCI compte plus de 100 entreprises sur sa liste de clients, dont certains sont leaders de leur secteur, Sears, Kodak,

R.J. Reynolds, AT&T, Seagram, Rolex, Hertz, Heinz, Hearst Corporation et Procter & Gamble.

Le succès de MCI et le pedigree de ses clients nous ont laissé penser qu'il y avait peut-être d'autres manières de tirer profit de notre expertise si particulière. Nous avons donc décidé de créer des événements sportifs et de les gérer pour un léger coût supplémentaire ou en échange d'une participation aux bénéfices. Ces événements sont souvent télévisés et, lorsque c'est le cas, nous facturons également cette expertise.

Ce concept a donné naissance aux circuits de tennis, masculin et féminin, des « Legendes », la Coupe du monde féminine de golf, le Pepsi Grand Slam, les Championnats du monde de Triathlon et des douzaines d'autres événements sportifs.

Si les entreprises prenaient le temps de mesurer la véritable valeur de leur expertise, elles pourraient s'en servir pour saisir des opportunités de s'agrandir qui, sans cela, auraient pu passer inaperçues : comme un centre de profit distinct, comme nous l'avons fait avec notre département consulting ; comme un plus par rapport aux produits ou aux services, comme incitations à la vente.

Même si vous faites cadeau de votre expertise sous forme de prime au contrat, vous devez savoir combien cela vous coûte réellement – et vous devez également le faire savoir à l'acheteur.

Les entreprises rechignent souvent à le faire. Cela me rappelle toujours l'histoire de cette femme qui aborda Picasso dans un restaurant pour lui demander de gribouiller quelque chose sur une serviette. Elle prétendait être prête à payer ce qu'il voudrait. Picasso s'exécuta et lui a dit : « Ce sera 10 000 dollars.

– Mais vous l'avez fait en trente secondes, répliqua la femme étonnée.

– Non, il m'a fallu quarante ans pour en arriver là », lui répondit le maître.

DIVERSIFIER LE TALENT

Beaucoup d'entreprises ont pour politique de déplacer leur personnel de département en département. L'idée sous-jacente étant que leurs employés seront motivés par ces nouveaux défis et que les départements bénéficieront de cette transfusion de sang neuf.

Je pense que cette stratégie bute sur deux écueils. L'employé se rend compte soit qu'il fait la même chose mais à un autre niveau de la chaîne de commandement soit qu'il fait quelque chose de complètement différent auquel cas ses compétences antérieures deviennent inutiles. Pendant ce temps, son ancien département découvre qu'il passe son temps à former du personnel qui le quittera sous peu.

Nous avons choisi une autre voie. Lorsque nous décidons de diversifier ou de créer une nouvelle entreprise, nous puisons dans notre réserve de talent. Très souvent, les employés à qui on a fait appel pour occuper ces nouvelles responsabilités continuent d'exercer également certaines de leurs anciennes fonctions. Une fois qu'ils se sont familiarisés avec les nouvelles exigences en termes de temps de travail, ils engagent des assistants ou puisent dans le personnel dans les autres départements pour que ces derniers gèrent, à la fois, certaines tâches de leurs anciennes responsabilités et des nouvelles.

La revue *Money*, évoquant notre département de gestion financière, a dit qu'il comptait « certainement les meilleurs conseillers financiers des États-Unis ». Récemment, nous avons commencé à proposer leurs services à des entreprises. En bonus, une entreprise peut nous payer pour gérer les finances personnelles de ses cadres supérieurs.

Les membres de notre personnel qui offrent ce service sont les mêmes qui gèrent les placements défiscalisés d'Arnold Palmer, le patrimoine immobilier de Björn Borg, les investissements de Jackie

Stewart et les trust funds de Sebastian Coe[30] et d'Alberto Salazar[31] (ces derniers étant encore amateurs au moment de la rédaction de ce livre, leurs gains sont versés dans un trust). Et ils continueront à le faire malgré leurs nouvelles grosses responsabilités.

Hormis notre département consulting (qui doit conserver son autonomie), je ne crois pas qu'il y ait un seul de nos cadres supérieurs qui n'ait qu'un seul job. Certains de nos cadres les plus haut placés sont rémunérés par six départements différents. Cela complique terriblement nos organigrammes mais cela réduit l'ennui au travail, sans parler de nos frais généraux. (Je vis dans la terreur de la loi de Parkinson.) La motivation du personnel est un des problèmes que rencontrent traditionnellement les entreprises avec lequel je n'ai jamais eu à me débattre. Tout le monde est bien trop occupé pour cela.

LES TEMPS CHANGENT

Le timing, nous l'avons vu, est un élément crucial de la vente. Il l'a été encore plus pour la croissance de notre entreprise.

Lorsque à la fin des années 1960 nous avons commencé à représenter Jean Shrimpton, je me suis renseigné un peu et j'ai décidé que ce n'était pas un marché sur lequel nous devions nous engager. À l'époque, un bon mannequin avec beaucoup de cachets pouvait gagner entre 30 000 à 40 000 dollars par an, Shrimpton étant la seule exception.

Aujourd'hui, les mannequins gagnent 200 000 – 300 000 dollars par an et peut-être une douzaine gagnent beaucoup plus.

30. Athlète britannique double champion olympique sur 1 500 mètres (NDT).

31. Fondeur américain triple vainqueur du Marathon de New York et vainqueur du Marathon de Boston (NDT).

Aujourd'hui, avec les contrats d'image, ces superstars ont – ou devraient avoir – une rémunération à sept chiffres.

Le mannequinat est une profession dans laquelle les salaires ont, pourrait-on dire, augmenté plus vite que l'inflation. Nous avons donc décidé qu'il était temps de nous repencher sur la question. Vu que nous disposions, à présent, d'une expertise en marketing et en droits d'image, de partenariats avec de nombreuses entreprises et de bureaux dans toutes les grandes capitales de la mode de la planète, un marché qui à l'origine ne semblait pas très prometteur venait de le devenir. Nous possédons aujourd'hui Laraine Ashton, la meilleure agence de mannequins de Londres et Legends, l'agence new-yorkaise qui possède la croissance la plus rapide.

Même chose avec les sports collectifs. Nous avions fait quelques incursions sur ce marché dans les années 1970 (le premier contrat d'un montant d'un million de dollars, Czonka[32]/Kiick[33] avec la World Football League[34], c'était nous) mais cela n'avait jamais fait partie des priorités de notre groupe.

Aujourd'hui, un champ intérieur polyvalent ou un simple kicker peut gagner plusieurs centaines de milliers de dollars. En outre, à en juger par le succès que nous avons rencontré en vendant les droits TV à l'international des matches de NFL, je peux vous dire que nous ne sommes plus très loin du jour où nous pourrons vendre des footballeurs américains à Tokyo.

Il y a deux ans, nous nous sommes repenchés sur la question et nous avons commencé à renforcer notre département sports collectifs. Fin 1985, nous serons un acteur de première importance sur ce marché et, dans les cinq années à venir, un acteur dominant.

---

32. Joueur de football américain ayant remporté 2 Super Bowls et désigné MVP du Super Bowl VIII (NDT).

33. Joueur de football américain ayant remporté 2 Super Bowls (NDT).

34. League professionnelle de football américain fondée en 1973 qui cessa ses activités en 1975 (NDT).

LE DANGER D'UNE VISION À COURT TERME

Au cours des années, nous avons eu suffisamment de réussite et de succès pour résoudre un problème auquel toute entreprise se voit confrontée : comment dégager une masse bénéficiaire sans se montrer trop vorace.

Personnellement, chaque fois que nous avons fait notre entrée sur un nouveau secteur d'activité, j'aurais aimé que notre part de marché soit de 100 %. Mais, professionnellement, je suis assez intelligent pour savoir que l'avidité à court terme est une des plus grosses erreurs qu'une entreprise puisse commettre.

On nous a souvent accusés d'essayer de « prendre le contrôle » d'un sport, notamment le golf, puis le ski, puis le tennis et aujourd'hui la course automobile. Cela ne s'est jamais produit et nous sommes dans le golf depuis près d'un quart de siècle.

Dans un sport comme le tennis, où nous représentons la plupart des entreprises qui en sont les principaux sponsors, détenons l'ensemble du merchandising et les droits TV de Wimbledon ainsi que les droits TV de l'U.S. Open, avons sous contrat quinze des 20 meilleurs joueurs mondiaux, chez les hommes et les femmes, et organisons plusieurs événements et plusieurs séries d'événements, je suis certain que, si nous le voulions, nous pourrions modifier l'organisation de ce sport et sa gouvernance.

Ce serait une vision à court terme. Notre intérêt, à long terme, est d'augmenter l'audience de tous les sports dans lesquels nous sommes partie prenante et de faire tout ce qui est en notre pouvoir pour les aider à grandir. Pas parce que nous avons « l'esprit sportif » mais parce que nous avons le sens des affaires. Il est évident que la croissance de notre entreprise est liée, comme elle l'a toujours été et continuera de l'être, à la croissance des sports. Et je ne vois pas cette croissance ralentir de sitôt. En cherchant à accroître nos profits à court terme aux dépens du sport, nous tuerions la poule aux œufs d'or.

Il y a un autre reproche que l'on nous formule tout le temps, celui d'avoir des conflits d'intérêts. Comment pouvons-nous organiser un événement dans lequel nous représentons les sponsors, les joueurs, le comité de direction et dont nous détenons les droits TV ? La réponse est… avec d'infinies précautions.

Lorsqu'il y a, en effet, un risque de conflit d'intérêts, nous jouons cartes sur table. Et cette totale transparence est notre meilleure protection. Dans tous les cas dont je me souvienne, nous avons exigé, comme condition préalable à notre participation, que chaque partie sache ce que toutes les autres faisaient, que chaque partie sache quel était notre rôle et comment nous allions le remplir et que chaque partie comprennent que tous les désaccords se résoudraient avec une approche frontale/ouvertement, au vu et au su de de tous. Et avec la participation de tous.

Ironie du sort, nous avons perdu plusieurs clients parce qu'ils avaient « entendu parler » des conflits d'intérêts d'IMG mais nous n'avons jamais perdu un client à cause d'un conflit d'intérêts.

Quoi qu'il en soit, je considère un peu cette accusation comme un compliment détourné. C'est le signe que nous avons joliment bien réussi à diversifier nos activités.

12

GARDER LE CAP

Je me souviens d'avoir entendu un comique, célèbre en son temps, parler du décollage et de la chute spectaculaire de sa carrière : « Vous connaissez le vieil adage. Soyez gentil avec ceux que vous rencontrez pendant votre ascension, parce que vous pourriez bien les recroiser pendant votre chute ? Eh bien, c'est faux. En redescendant, vous rencontrez des gens totalement différents. » J'ai constaté que c'était à peu près la même chose quand on monte une entreprise et quand on dirige une entreprise. Les problèmes que vous rencontrez sont totalement différents.

Le problème global c'est que tout devient plus difficile. Il est plus difficile pour une entreprise de garder son élan, de modifier sa vitesse, de changer sa direction. Il est plus difficile de prendre des décisions parce qu'il faut tenir compte de beaucoup de variables supplémentaires et plus difficile de les faire exécuter parce que vous vous adressez rarement en personne à ceux qui le feront.

Mais le plus gros problème, et de loin, se situe au niveau des structures et des systèmes que vous avez mis en place pour rendre tout cela un peu plus facile mais qui commencent à entraver l'élan qu'ils sont supposés soutenir.

LA NATURE DES SYSTÈMES

Ben Bridwell, vice-président de Chrysler et ancien directeur des ventes en Amérique du Nord de Ford, m'a décrit un jour la structure de Ford – et les systèmes créés pour la soutenir – comme « un mur de mélasse. On ne peut rien ajouter. On ne peut rien enlever. On ne peut pas progresser. On ne peut pas se déplacer latéralement. Et il faut même deux ans pour descendre. »

Je pense que c'était moins une remarque sur Ford que sur la nature même des entreprises entrées dans leur phase de maturité. Pendant sa phase de croissance rapide, lorsque la taille d'une entreprise double ou triple chaque année, cette croissance même tend à rendre les structures moins contraignantes. Mais pendant la phase de maturité où son taux de croissance se stabilise aux alentours de 15 à 20 % par an, les systèmes et les structures peuvent prendre racine et, comme des mauvaises herbes dans un jardin, commencent à empoisonner la vie des organismes qui les ont semés.

C'est la nature sinistre et inflexible des systèmes. Ils passent outre à toute chose, surtout au bon sens, et c'est la principale raison pour laquelle travailler pour une entreprise constitue souvent une expérience absurde. Il faut un temps infini pour introduire quelque chose dans le système et, une fois que c'est fait, il est presque impossible de l'en faire ressortir.

John DeLorean m'a raconté que peu de temps après avoir pris ses fonctions de directeur général de Chevrolet, il avait assisté à une conférence commerciale à Dallas. En arrivant à l'hôtel, il a vu que quelqu'un de l'entreprise avait fait livrer une énorme corbeille de fruits dans sa suite. Faisant remarquer à un collaborateur la taille du panier et la variété de son contenu, il dit, pour faire de l'humour : « Vous y croyez ? Et même pas une banane ? »

Depuis ce jour, le bruit a fait le tour de tout General Motors : « John DeLorean aime les bananes. » Il a eu beau expliqué un nombre incalculable de fois qu'il s'agissait d'une simple boutade, il trouvait des bananes partout, dans ses voitures, dans les avions affrétés, dans les suites d'hôtel – même dans les réunions – et ces bananes l'ont poursuivi pendant toute sa carrière chez Chevrolet.

L'autre problème inhérent aux systèmes étant qu'une responsabilité passe de main en main, de niveau à niveau, et lorsqu'au final, elle atteint la personne vraiment censée effectuer la mission, quelqu'un, en cours de route, a oublié d'en transmettre la raison.

Au début des années 1970, Lincoln Mercury était un des sponsors d'Arnold Palmer. J'ai appelé Gary Laux, le directeur général de cette entreprise pour lui dire que s'il été intéressé, nous aimerions utiliser deux Lincoln en toile de fond d'une série de photographies publicitaires d'Arnold pour Robert Bruce, son sponsor vêtements.

Gary fut ravi de cette opportunité de publicité « gratuite ». « Dites-nous quand et où vous voudrez les voitures et nous ferons le nécessaire pour qu'elles y soient. »

Quelques semaines plus tard, le directeur de notre département confection a reçu un appel d'un cadre pas très haut placé de Lincoln Mercury qui voulait connaître le lieu d'expédition des voitures ainsi que leur couleur. « Aux Bermudes, dans trois semaines », répondit notre cadre. Et pour la couleur, qui importait peu, il ajouta : « Je ne sais pas. Ce que vous avez en stock. Pourquoi pas une bleu marine et une bordeaux ? »

Plusieurs jours avant le shooting, notre cadre a reçu un appel d'un autre employé de Lincoln Mercury qui, cette fois, voulait savoir où exactement aux Bermudes il fallait livrer les voitures. « Nous avons dû affréter un avion parce que notre concessionnaire aux Bermudes n'avait pas de modèle bleu marine ou bordeaux. En fait, il n'y en avait qu'une de chaque couleur sur le littoral atlantique et l'avion devra d'abord aller récupérer la bordeaux à Boston puis la bleu marine à Washington. »

La plupart des entreprises bien gérées sont conscientes de ces problèmes inhérents au système et concentrent beaucoup de l'énergie de la gestion à briser ces entraves. C'est peut-être en cela qu'un MBA de Harvard m'aurait été utile parce que personne ne nous en avait parlé. Nous avons dû en faire l'expérience par nous-mêmes.

NE JAMAIS VOIR TROP GRAND

Pendant les premières années de notre entreprise, il se passait tant de choses, il y avait tant à faire que nous n'avions vraiment pas le temps de penser système, organisation et structure et nous n'en avions pas vraiment besoin. Les choses semblaient se faire d'elles-mêmes et qu'elles se fassent dans un chaos légèrement organisé contribuait certainement beaucoup à notre excitation.

Mais il est devenu de plus en plus évident que nous ne pouvions pas continuer à fonctionner ainsi, surtout lorsque nous avons commencé à nous diversifier. J'ai compris que la nature de mon travail était en train de changer et qu'il était probable qu'elle changerait encore plus. J'ai aussi passé plus de temps à effectuer des tâches administratives et de moins en moins au reste.

Afin d'alléger un peu ce fardeau administratif, d'éliminer un peu de ce chaos et de grandir d'une manière plus systématique, nous devions définir un cadre structurel.

Lorsque nous avons commencé à discuter structure et organisation, je savais que même si notre entreprise était appelée à se développer, je voulais préserver le maximum du sentiment que nous avions éprouvé au début.

C'est un sentiment unique en affaires, ou du moins je n'ai jamais rien ressenti qui lui ressemble. Ce n'est pas seulement l'excitation, même si elle joue un grand rôle. C'est plutôt un sentiment d'urgence et d'importance qui englobe tout, le sentiment que ce que vous faites chaque jour *compte* vraiment. Et cela fait naître le désir d'en faire plus encore.

Il s'accompagne aussi d'une certaine dose d'anxiété. Il est difficile de se laisser gagner par la suffisance dans une nouvelle entreprise minuscule parce que vous vous demandez constamment si cette entreprise existera encore dans six mois. Cela met du piment dans tout ce que vous faites. Je voulais, si possible, éviter de me retrouver avec une structure bureaucratique qui émousserait cette motivation.

Il existe aussi, dans les petites entreprise en pleine croissance, un esprit qu'il est difficile de décrire à quelqu'un qui ne l'a jamais ressenti. Je suppose que cela ressemble assez à ce que l'on ressent lorsqu'on appartient à une équipe qui dispute une compétition : la satisfaction d'appartenir à quelque chose de plus grand que sa petite personne. Pendant ces premières années, lorsque Arnold ou Gary gagnait un tournoi le week-end, tout le monde arrivait le lundi matin tellement motivé qu'on se battait presque pour répondre au téléphone. Mais je savais que lorsque nos activités prendraient de l'ampleur, nous aurions bientôt des employés qui ne sauraient pas faire la différence entre un putter et un wedge et encore moins qui a remporté le tournoi disputé le week-end.

Je savais que nous ne pourrions pas complètement préserver cet état d'esprit si particulier, mais je voulais en conserver une partie et je voulais une structure qui nous permette d'y parvenir. L'essentiel, selon moi, étant de ne pas penser trop grand, d'avoir une structure dans laquelle chacun se sentirait comme un rouage important de sa propre roue.

Nous avons décidé d'organiser notre entreprise en un groupe de douze entreprises plus petites, fonctionnant chacune comme une source de profit distincte et autonome mais possédant des responsabilités supplémentaires dans les autres entités du groupe ainsi que dans le groupe. La principale activité de notre département golf, par exemple, était de représenter nos clients golfeurs professionnels. Mais il serait amené à intervenir également dans toutes les activités relatives au golf et cela prendrait la forme de tâches spécifiques dans plusieurs autres entreprises du groupe dont les départements mode, télévision, gestion financière et édition.

Je pensais que cette structure conférerait un sentiment d'urgence et d'importance au rôle de chacun dans le groupe. Je sentais aussi que, au fur et à mesure que nous grandirions, les interconnexions réduiraient la nécessité d'accumuler des strates hiérarchiques pour coordonner les différentes activités inter-entreprises.

Toutes ces considérations ont présidé à la mise en place d'une structure qui ressemble moins à une pyramide qu'à une rangée de petites pyramides. Au début, certaines d'entre elles étaient *très petites* et ne comprenaient qu'un cadre et une secrétaire. Lorsque nous nous sommes agrandis, une de ces entreprises est devenue la direction et les autres se sont subdivisées en nouvelles entreprises ou en nouveaux départements autonomes. Mais, à part cela, toutes fonctionnent encore aujourd'hui comme à leurs débuts.

NE JAMAIS LAISSER LES STRUCTURES DIRIGER L'ENTREPRISE

Le rythme des affaires est trop rapide et trop informel pour passer par des systèmes et des structures existants. Une fois les nôtres en place, nous avons commencé à les ignorer. Je crois que c'est un des plus grands défis posés aux entreprises établies – admettre qu'il faut souvent s'affranchir des structures existantes pour faire rentrer de l'argent.

Je crois que c'est la stratégie qu'a choisie IBM pour mettre au point son ordinateur Peanut. Ils ont sélectionné certains de leurs plus brillants cerveaux, les ont affranchis des règles et des structures existantes et leur ont dit de plancher sur le projet. Je soupçonne la plupart des innovations techniques révolutionnaires d'avoir été créées en dehors, ou en grande partie en dehors, des structures existantes.

Je me heurte souvent à certains de nos cadres qui aimeraient que tout soit bien compartimenté. Même s'ils reconnaissent la justesse de cette idée ou en comprennent la vision globale, leur esprit a besoin d'ordre et que les choses soient conformes au système et leur « oui » est invariablement suivi d'un « mais » : « *Oui mais* dans quel budget allons-nous prendre les fonds ? » « *Oui mais* où vais-je trouver les effectifs ? » « *Oui mais* qui va le superviser ? » Je suppose que beaucoup de directeurs de départements d'IBM ont été en état de choc lorsqu'on leur a dit que leur numéro deux ou leur numéro trois était détaché sur un projet spécial.

Mais un bon management doit savoir résister aux tensions internes et aux tensions externes qui essaient de faire entrer, de force, de nouvelles activités dans de vieux trous, juste parce que ces trous ont déjà été creusés. Dès qu'une entreprise laisse sa structure la diriger, elle n'est plus qu'à quelques stations de la stagnation totale.

PRÔNER LA FLEXIBILITÉ

Vous devez convaincre ceux qui travaillent pour vous de l'importance de garder une certaine flexibilité au niveau de la structure et la seule façon d'y parvenir ce sont les actes, pas les paroles. Vos employés doivent voir que non seulement la structure est flexible mais encore que cette flexibilité est à leur avantage et sert leurs intérêts. Nous y avons fait particulièrement attention dans notre premier programme visant à structurer notre organisation. Je souhaitais pouvoir prendre deux personnes de l'entreprise A et deux autres de l'entreprise B pour lancer l'entreprise C ou prendre quelqu'un de l'entreprise C pour diriger un projet spécial concernant les entreprises A, B et C.

Mais je voulais aussi que les personnes au sein de la structure *ressentent* cette flexibilité. Je voulais qu'ils sachent que nous essaierions les bonnes idées de tout le monde, qu'elles concernent, directement ou indirectement, leur département ou leurs domaines spécifiques de responsabilités. Je voulais aussi qu'ils sachent que si quelqu'un proposait une idée réalisable, cette idée ne serait pas confiée à un tiers. Le concepteur participerait à sa mise en œuvre.

Notre entrée dans la création, la préparation et la retransmission télévisée des événements sportifs spécialisés nous a offert une excellente occasion de montrer la flexibilité de notre système et de la faire *ressentir* à tout le monde en interne. Ces événements sont souvent le fruit des efforts coordonnés de cinq ou six de nos entreprises. Ces événements sont tous différents les uns des autres et même si nous en avons, à présent, créés plus de cinquante, nous n'avons pas encore mis en place une structure qui définisse leur nature, qui les organise et établisse comment ils sont censés être mis en place.

L'année dernière, par exemple, nous avons organisé un match des grandes figures du hockey qui opposa une équipe constituée de membres du Hall of Fame du hockey à une équipe constituée d'anciennes stars des Bruins de Boston. La rencontre se déroula dans un Boston Garden plein à craquer et à guichets fermés. Même si la gestion de l'événement a été confiée à notre département sports collectifs qui a également fourni les joueurs, l'idée venait d'un des cadres de notre département tennis qui fut responsable d'un bout à l'autre de sa réalisation.

Comme nous avons toujours préféré pratiquer la flexibilité plutôt que de la prêcher, je suppose que nous sommes beaucoup moins victimes de notre système que la plupart des autres entreprises. J'ai récemment confié à Ben Bidwell que je préparais un livre de conseils en management. Il m'a dit : « Mark, tu n'as qu'un seul secret : IMG consacre 90 % de son temps aux affaires et 10 % à son organisation. »

S'ARROGER LE DROIT D'ÊTRE ARBITRAIRE

En tant que PDG et président du conseil d'administration d'IMG, je m'arroge le droit d'être arbitraire. Grâce à la structure de notre société et à la flexibilité et la fluidité que j'essaie de conserver, j'exerce ce droit avec une certaine régularité.

Nos cadres regimbent souvent devant une décision que j'ai prise parce qu'elle leur paraît inéquitable ou semble être en contradiction avec certaines hypothèses qu'ils ont formulées sur la manière dont fonctionne notre entreprise. Il m'est arrivé, parfois, de prendre des décisions ou de proposer des solutions qui ne plaisaient à personne.

Mais il existe de nombreuses raisons pour lesquelles je m'arroge ce droit et je me souviens de centaines d'exemples où j'ai dû l'exercer. Je peux avoir connaissance de certains faits qui modifient totalement l'aspect d'une négociation mais il n'est pas encore temps de communiquer ces faits à des tiers. Je peux être contraint de prendre une décision qui sera bénéfique pour le groupe à long terme mais qui, à court terme, peut pénaliser un de nos départements. Parfois, la décision affecte un domaine dans lequel nous travaillerons à l'avenir. Parfois la décision affecte un domaine dans lequel nous travaillerons ou ne travaillerons peut-être pas à l'avenir mais elle est nécessaire pour nous en offrir l'option.

Je dois m'arroger le droit d'être arbitraire parce qu'en tant que PDG, une de mes principales responsabilités vis-à-vis du groupe et, par extension, des personnes qui travaillent pour lui, est d'être attentif aux opportunités de croissance et de protéger l'avenir. Et les décisions prises dans cette perspective ne sont pas toujours les plus justes ni les plus populaires.

NE JAMAIS LAISSER LA POLITIQUE DE L'ENTREPRISE PARALYSER LE MANAGEMENT

Si les structures entravent l'élan d'une entreprise, les politiques d'entreprise périmées et démodées entravent les entreprises. Cela me semble l'évidence même. J'ai pourtant été confronté, un nombre incalculable de fois, à des entreprises dans l'incapacité de faire ce qu'elles désiraient vraiment à cause d'une de leurs politiques restrictives d'un ridicule absolu. J'ai vu des présidents de comité directeur, interrogés sur les raisons tacites de ces politiques d'entreprise, hausser les épaules et confesser qu'ils ne s'en souvenaient plus ou se demander, à voix haute, pourquoi diable elles existaient.

J'ai lu récemment qu'un jogger avait été arrêté à Palm Beach, en Floride, parce qu'il courait dans une rue orientée nord-sud. Apparemment, d'après un arrêté municipal qui datait de plus d'un demi-siècle, le jogging était *seulement* autorisé sur la voie publique dans les rues orientées est-ouest.

On lit ces morceaux savoureux de temps en temps dans la presse. Quelqu'un déterre un arrêté communal ou un édit national, obscur et ancestral, qui interdit de mâcher du chewing-gum en public ou de chanter dans les ascenseurs. Nous rions de l'absurdité de ces lois et nous nous demandons comment quelqu'un a pu avoir de telles idées. Pourtant, je peux vous assurer qu'il existe des règles tout aussi absurdes et tout aussi surannées dans les manuels de politique d'entreprise de beaucoup de grandes entreprises américaines.

Les politiques officieuses d'une entreprise peuvent être aussi bizarres et encore plus néfastes que les règles qui régissent le fonctionnement quotidien d'une entreprise. Le danger posé par ses politiques officieuses étant que certains peuvent les suivre.

Un de mes amis dirige une petite entreprise. Sa politique officieuse est de payer tous ses créanciers à quinze jours ouvrables. Il voulait faire l'acquisition d'une autre entreprise et avait, dans ce but, contracté un prêt substantiel auprès d'une banque. Il était en Europe lorsque la somme a été créditée sur le compte de l'entreprise. Lorsqu'il regagna son bureau, trois semaines plus tard, il découvrit que son département comptabilité avait réglé toutes les factures en souffrance – avec l'argent qu'il venait d'emprunter.

Pour votre serviteur, la règle la plus stupide est la « règle du précédent » au moyen de laquelle une entreprise tente de se protéger d'un précédent mineur mais qui se traduit par la perte d'une grosse opportunité.

Pendant les négociations du contrat d'équipement d'Arnold Palmer avec Wilson Sporting Goods, au début des années 1960, avec mes homologues nous avons passé un temps fou à élaborer une clause d'assurance qui satisfaisait tout le monde. Mais quelqu'un de Wilson a fait remarquer que cette clause ne serait jamais approuvée par le juge James Cooney, le vieux patron irascible de Wilson Meat Packing Company, parce que cela créerait un précédent ; s'il l'acceptait pour Arnold, ils serait obligé d'offrir le même plan à tous les employés de l'entreprise. (Notre assureur a répondu en leur envoyant un magnifique courrier dans lequel il suggérait que Wilson *devrait* offrir la même clause à tous ses employés qui en auraient la qualification, la qualification étant de remporter, la même année, Le Masters et l'U.S. Open !)

Il s'avéra que l'employé de Wilson avait raison. Le juge Cooney refusa de signer le nouveau contrat, notamment à cause de la clause d'assurance. Cela a permis à Arnold de se libérer de son accord avec Wilson et de fonder sa propre entreprise d'équipement sportif. Je pense que ce précédent a coûté des millions de dollars à Wilson.

General Motors s'était fait une règle de ne jamais s'impliquer financièrement dans une course automobile.

Pete Estes, qui était directeur général de Chevrolet à l'époque (et plus tard président de GM), et l'agence de publicité de Chevrolet, Campbell-Ewald, travaillaient avec nous depuis près de six mois pour mettre au point les derniers détails d'un contrat très complexe avec Jean-Claude Killy. Le cœur de l'accord était une émission de télévision avec Killy qui serait sponsorisée par Chevrolet mais qui impliquait beaucoup d'autres obligations contractuelles dont celle pour Killy de conduire une Corvette dans la plus célèbre course d'endurance, les 24 Heures du Mans.

Killy était très excité par cette idée. Mais j'ai eu vent de bruits, en provenance de Detroit, selon lesquels cela ne se passait pas bien chez Chevrolet.

Le président de GM refusait que Killy s'installe au volant d'une Corvette au Mans, que si nécessaire Chevrolet verserait la rémunération promise et annulerait le contrat. Pete Estes était très gêné. Il a offert six émissions de télévision supplémentaires, a promis d'honorer tous les autres engagements et même de financer la course de Killy au Mans – à condition qu'il ne conduise pas une Corvette ni aucun autre modèle de General Motors.

Cette année-là, Killy participa aux 24 Heures du Mans et honora son engagement vis-à-vis de Chevrolet – au volant d'une Porsche.

MANAGEMENT NON CONVENTIONNEL

Diriger une entreprise pendant sa phase de maturité ne se limite pas à devoir, sans cesse, s'affranchir des structures archaïques et des politiques d'entreprise surannées. Vous devrez aussi lutter consciemment, activement et régulièrement contre les conventions et les idées reçues.

Il est trop facile de dire : « Cela marchait avant », ou « Nous avons toujours fait comme ça. » Il est trop facile de s'enfermer mentalement, de rejeter systématiquement toute idée nouvelle.

Les entreprises sont, par nature, conservatrices. Les êtres humains n'aiment pas le changement, surtout dans leur environnement professionnel. Ils aimeraient être certains que l'entreprise pour laquelle ils travaillent aujourd'hui sera à peu près la même dans cinq ans.

Raison pour laquelle innover est toujours un combat. Vous nagez à contre-courant. Ironie du sort, une entreprise mature prend de la vitesse en luttant contre l'élan qui lui a permis d'atteindre sa vitesse de croisière.

Avez-vous remarqué que les entreprises qui fonctionnent le mieux semblent toutes être dirigées d'une manière non conventionnelle ? Tous les articles qui leur sont consacrés dans les magazines économiques attribuent leurs succès à leur capacité d'enfreindre les règles et non pas de les suivre ; elles encouragent l'indépendance des employés, des services et des départements au lieu de l'étouffer ; elles ébranlent la sagesse conventionnelle au lieu de la perpétuer.

Vous ne devez pas diriger votre entreprise de façon conventionnelle. Ne vous contentez pas d'attendre qu'une occasion de faire quelque chose d'imprévu se présente. Vous devez le provoquer. Vous devez faire constamment bouger les lignes. Vous devez conjuguer « gérer » à la voix active.

Récemment, j'ai dû remplacer le directeur d'un de nos plus importants départements, celui de la vente des droits TV à l'international, qui gère les droits de diffusion de beaucoup de grandes compétitions sportives internationales. Il y avait plusieurs candidats qualifiés dans notre département télévision mais j'ai choisi un cadre de notre département ski.

C'était l'occasion d'essayer quelque chose de nouveau, de faire quelque chose d'inattendu. C'était il y a 18 mois et, depuis, les bénéfices de ce département ont considérablement augmenté.

SAVOIR FAIRE CONFIANCE

C'est la capacité à déléguer qui, plus que toute autre, permet de distinguer les bons managers des mauvais.

Déléguer consiste à former des personnes et à leur confier une responsabilité. Cela paraît facile mais ça l'est rarement. Les ego s'en mêlent. Les gens préfèrent incarner l'autorité aux yeux des autres plutôt que promouvoir l'autorité ou la compétence de ceux qui travaillent sous leurs ordres.

Il est aussi difficile d'abandonner une responsabilité. Là encore, c'est souvent une question d'ego. Certains sont persuadés de pouvoir faire quelque chose mieux que n'importe qui ou craignent qu'en déléguant une tâche, ou une responsabilité, on les croie moins essentiels à la bonne marche de l'entreprise.

Être un bon manager est une question de confiance, c'est faire confiance à ceux qui sont sous vos ordres et avoir assez confiance en soi pour surmonter ces problèmes d'ego.

C'est dans la nature humaine de vouloir voir les fruits de son travail, de mettre les mains dans le cambouis et de préférer les tâches qui non seulement produisent des résultats tangibles mais sont, elles-mêmes, tangibles. Les managers doivent avoir d'autres sources de satisfaction. Ils doivent être capables de former et de confier des responsabilités, de trouver de la gratification à former, diriger et superviser les autres.

DÉLÉGUER CE QUE VOUS POUVEZ, PAS CE QUE VOUS VOULEZ

Nous avons plusieurs cadres qui accomplissent encore certaines tâches qu'ils auraient dû déléguer à d'autres depuis longtemps. Ils pourraient faire un meilleur usage de leur temps et ces tâches pourraient être aussi bien effectuées par ceux qui travaillent sous leurs ordres… et elles exigent de passer plusieurs jours, plusieurs fois par an, dans un haut lieu du tourisme avec des clients de l'entreprise ou de produire certaines de nos émissions de télévision. Pour votre serviteur, ce ne sont pas des « tâches » mais des avantages en nature que s'octroient ces cadres.

L'inverse est encore plus répandu. Il existe d'ailleurs une expression qui décrit la tendance de certaines matières visqueuses à couler dans le sens de la pente qui décrit très bien cette réalité. En traduction libre, cela donne : « Plus une tâche est déplaisante, plus bas elle sera déléguée. » Une des premières publicités télévisées de FedEx montrait un paquet passant d'un niveau d'une entreprise à un autre, entre les mains de cinq ou six personnes, avant d'atterrir dans celles de celui qui était chargé de l'expédier. La première fois que j'ai vu cette publicité, je me suis dit que j'étais bien content de ne pas être à la tête de *ce* totem.

Les gens délèguent souvent leurs responsabilités – ou ne les délèguent pas – pour toutes sortes de mauvaises raisons. Ils conservent cette tâche parce qu'ils aiment la faire ou veulent la faire ou craignent de ne pas la faire et ils en délèguent une autre parce qu'ils la trouvent détestable ou « indigne » d'eux ou ont décidé qu'ils n'avaient pas de temps à perdre avec elle.

Vous devez prendre en compte toutes sortes de considérations avant de décider quelles tâches doivent être déléguées ou celles qui ne doivent pas l'être.

Durant les premières années où j'ai représenté Arnold Palmer, s'il désirait qu'on lui envoie une paire de chaussures de golf à Houston et ne voulait pas contacter le fabricant, il n'appelait pas le directeur de notre département golf ou équipement, ni sa secrétaire, ni la mienne. Il m'appelait moi. Et, par fidélité, à cause de l'importance de nos relations, je m'en occupais.

J'en ai parlé un jour à Lew Wasserman, président de MCA et un de mes premiers mentors en affaires, et je fus favorablement surpris de l'entendre dire que c'était normal. « Lorsque Jules Stein a fondé MCA en 1924, son premier client fut le chef d'orchestre, Guy Lombardo. Trente ans plus tard, sous la direction de Jules, MCA était devenue une des plus grandes entreprises de l'industrie du spectacle. Mais chaque fois que Lombardo appelait, Jules prenait toujours l'appel. Nous attendions le début d'une réunion du conseil d'administration et Jules était au téléphone, en train de discuter avec Guy Lombardo de l'arrangement qu'il devrait jouer ce soir-là sur le toit du Roosevelt Hôtel, à la Nouvelle Orléans. »

EMBAUCHER DES PERSONNES PLUS INTELLIGENTES QUE VOUS

Wasserman m'a expliqué comment MCA était devenue une entreprise pesant un milliard de dollars. Nous en sommes venu à parler du potentiel de croissance d'IMG et de comment la compréhension de l'art de déléguer pouvait le permettre.

Quand le nombre de nos clients augmenta, il n'était plus question que je m'occupe personnellement de leurs chaussures de golf, de leurs raquettes de tennis ou de leurs skis. Cela paraissait plutôt évident mais lorsque vous discutez représentation avec des sportifs qui sont les meilleurs du monde dans leur discipline, ce n'est peut-être pas aussi évident pour eux. Wasserman m'a dit : « Embauchez des personnes qui sont plus intelligentes que vous. Et vous ne devez plus vous vendre vous mais vendre votre entreprise. »

Il va sans dire que je ne crois pas que les personnes que nous avons embauchées soient plus intelligentes que votre serviteur mais je peux honnêtement dire que je n'ai pas envie de comparer mon expertise dans le domaine de la mode, du tennis, de la télévision, du ski ou du football américain avec celle des directeurs de ces départements. Et je suis convaincu que les clients qu'ils représentent sont en de meilleures mains que si je m'en occupais personnellement. C'est pourquoi il est plus facile pour moi de vendre mon entreprise que de me vendre moi-même.

Un des problèmes de la délégation c'est que les directeurs veulent souvent se faire passer pour des experts plutôt que pour des experts de la direction d'entreprise. Vendez votre département, au lieu de vous vendre et vous constaterez que ceux qui n'appartiennent pas à votre entreprise auront une plus grande envie de travailler avec vos subordonnés. Plus vous vanterez l'intelligence des personnes qui travaillent pour vous, plus vous aurez l'air d'un manager intelligent. C'est aussi moins masochiste.

CINQ HEURES POUR ÉCONOMISER CINQ MINUTES

Il y a quelques mois, j'ai participé à une exhibition de tennis professionnels-amateurs. Juste avant d'entrer sur le court, j'ai surpris une conversation entre nos adversaires. Le professionnel, un des meilleurs joueurs du monde, a dit à son partenaire amateur : « Vous voulez gagner la partie ou juste jouer au tennis ? »

L'amateur, qui était un peu intimidé, répondit un peu confus : « Eh bien, j'aimerais bien remporter le match. »

« Parfait, a répondu le professionnel. Contentez-vous de servir et laissez-moi le cours libre ! »

C'était peut-être le moyen, pour le professionnel, de gagner ce match-là, mais ce n'est pas vraiment la bonne stratégie pour constituer une bonne paire de double contre d'autres bons joueurs, à long terme.

J'ai ri intérieurement, à l'époque, mais n'y a-t-il pas beaucoup de gens, dans les affaires, qui se rendent coupables de la même attitude ? Ils préfèrent effectuer les tâches eux-mêmes plutôt que prendre le temps de les enseigner à un tiers. Ils ont le sentiment qu'ils seraient plus efficaces si tout le monde se contentait de leur laisser le champ libre.

J'ai récemment demandé à l'un de nos cadres comment se débrouillait un employé qu'il venait d'embaucher. « Il s'en tire bien mais pour le moment c'est plutôt frustrant. Je mets cinq heures pour lui montrer quelque chose que je pourrais faire, moi-même, en cinq minutes. »

Cette réponse souligne :

- La plus grosse pierre d'achoppement à la délégation
- Une cause importante de ressentiment injustifié envers les subordonnés
- L'importance de la formation
- Le besoin de *conserver* l'employé qu'on a formé
- Une bonne raison pour laquelle les entreprises stagnent

Heureusement, même s'il trouvait cela frustrant, ce cadre comprenait l'arithmétique de la délégation. Cinq heures aujourd'hui pouvaient lui faire économiser 100 heures plus tard.

Il y a tellement de managers qui sont incapables de comprendre un calcul aussi simple. Parce qu'ils sous-estiment l'importance de la formation ou parce qu'ils n'ont pas la patience requise. Je crois que certains managers ne comprennent pas qu'en apprenant ce qu'ils font à un tiers ils auront plus de temps à consacrer à des tâches beaucoup plus importantes et à de plus grandes responsabilités.

Ce sont, en général, des cadres qui stagnent aux échelons intermédiaires de l'entreprise. Ils sont trop occupés à effectuer toutes les autres tâches qu'ils auraient dû enseigner à des tiers et trop « précieux » sur ces tâches-là pour qu'on leur confie un rôle plus important dans leur société.

LES PHILOSOPHIES QUI NE MARCHENT PAS – ET CELLE QUI MARCHE

La plupart des philosophies du management que vous avez lues dans un manuel ou appris en cours n'auront qu'une efficacité limitée. Une fois que vous y introduisez le facteur humain – les ego et les personnalités – même les théories les plus brillantes ne tiennent plus debout. Un peu comme le jeu auquel nous avons tous joué enfant, pierre-feuille-ciseaux. Les philosophies et les théories du management doivent toujours s'incliner face à la réalité.

La seule philosophie du management qui fonctionne est celle qui accepte ce qu'aucune d'elles ne propose : les besoins de flexibilité et de cohérence.

La flexibilité est probablement le mot qui définit le mieux ma stratégie de management. J'ai constaté que dès que je commençais à accepter quelque chose pour parole d'évangile, je tombais sur des hérétiques – des individus et des informations qui faisaient exploser les convictions qui me rassuraient.

Si IMG avait adhéré à l'évangile tel qu'il est écrit, nous n'aurions jamais eu d'agences de mannequins et nous n'aurions pas un département sports collectifs.

Mais la flexibilité ne se limite pas à repenser son entreprise. Elle doit s'étendre à tous les aspects du management : de la fréquence à laquelle vous réexaminez votre politique d'entreprise à votre degré d'écoute de ce que vous disent vos employés.

En tant qu'entreprise, nous sommes tellement décentralisés et éparpillés à travers le monde que, pendant un an ou deux, nous avons exigé de nos cadres qu'ils rédigent un rapport d'activité hebdomadaire, similaires aux feuilles de temps utilisées par les avocats, et qu'ils envoient des copies à toutes les parties qui avaient besoin d'être au courant. Je trouvais que c'était une très bonne idée, et je le crois toujours, mais j'ai constaté que ces rapports soulevaient une résistance extraordinaire. Ils étaient chronophages et comme certains cadres commençaient à s'en servir comme d'une arme, d'autres ont ressenti le besoin de se protéger. Ce qui avait commencé comme une bonne idée se révéla une terrible erreur. Nous les avons transformés en rapports bimensuels. La flexibilité ne se limite pas à une « stratégie » de management. Si vous êtes à l'écoute de ceux qui travaillent pour vous, elle peut devenir une obligation.

UN MANAGEMENT COHÉRENT

Je suppose que la plupart des entreprises préféreraient connaître une croissance régulière, à un taux raisonnable, plutôt que de voir doubler leur taille une année et perdre de l'argent la suivante. Personne n'est capable de bien gérer cette espèce de schizophrénie et d'obtenir des résultats à long terme, et personne ne se risquerait à le faire. Après la rentabilité, l'objectif le plus important que doit se fixer une entreprise, c'est la cohérence.

Si la flexibilité est le moyen, la cohérence – de performance et de croissance – est la fin. Cela semble quelque peu contradictoire. Si vous prônez la flexibilité, comment pouvez-vous espérer faire preuve de cohérence ? Elles sont en fait compatibles et un management flexible et à l'écoute est en fait le garant de la cohérence. C'est la rigidité qui génère un comportement erratique. Une entreprise continue trop longtemps à adhérer à toutes les vieilles règles et aux modèles de performance dépassés. Et puis un matin quelqu'un se réveille, panique, réagit trop violemment et jette *toutes* les règles par la fenêtre. Cela peut en rendre certains fous.

Pour un management cohérent, vous devez avoir un comportement cohérent. Même si les gens n'aiment pas ce que vous dites, ils voudront tout de même comprendre votre logique.

J'ai essayé d'être cohérent en insistant sur ce que je considère important et sur ce que je considère insignifiant. Cela m'apporte un certain réconfort. L'incohérence, en management, produit toutes sortes d'angoisses inutiles chez ceux que l'on dirige. Il y a suffisamment d'angoisses légitimes dans la vie d'une entreprise sans en ajouter en ne donnant pas de ligne directrice.

Il y a beaucoup de choses que ceux qui travaillent pour moi n'aiment pas dans ma façon de diriger mon entreprise, et je suis certain qu'il en est de même dans toutes les entreprises qui n'ont pas encore succombé à la mode du comité de direction et qui ont toujours un patron à leur tête. Mais les choses qu'ils n'aiment pas aujourd'hui ressemblent beaucoup à celles qu'ils n'aimaient pas, il y a dix ans.

LE MANAGEMENT DU PERSONNEL

Cette gestion cohérente soulève une autre contradiction apparente qui, selon votre serviteur, incarne l'aspect « artistique » du management : que se passe-t-il lorsqu'une politique se heurte aux personnalités ?

On a beaucoup écrit, ces derniers temps, sur le succès des entreprises adeptes d'un management « participatif ». Ces dernières emploient beaucoup des expressions comme : faire partie de « l'équipe » ou de « la famille » et ont des slogans comme « l'humain d'abord, les profits après ». il s'agit, bien sûr, toujours de manager des individus mais avec l'idée implicite qu'on obtient toujours plus d'un individu si on utilise une motivation positive.

Je n'y adhère pas et je soupçonne beaucoup de ceux qui aimeraient y croire de ne pas y adhérer non plus. Si nous étions tous semblables, si nous réagissions tous à la même carotte, cette approche serait plus logique. Mais cela ne marche pas parce que cela n'apporte qu'une demi-solution.

En ce bas monde, il n'y a pas deux personnes qui répondent exactement aux mêmes ressorts de motivation ou qui ont les mêmes motivations et personne ne travaille toujours au même rythme. Même les plus réguliers ont des hauts et des bas.

J'ai quatre philosophies générales sur le management du personnel : (1) les rémunérer à leur juste valeur ; (2) leur faire sentir qu'ils sont importants ; (3) les laissez penser par eux-mêmes ; (4) ne jamais laisser interférer vie sociale et vie professionnelle.

Les rémunérer à leur juste valeur

Très peu d'employés possèdent beaucoup de valeur pour une entreprise lorsqu'ils la rejoignent. Tout le monde est surpayé mais le trop perçu est un investissement dans l'individu et dans l'avenir. Nous ne payons pas bien les débutants – nous voulons qu'ils fassent leurs preuves. Mais nous les payons très bien dès qu'ils les ont faites. Comme j'ai eu la chance de gagner confortablement ma vie lorsque j'étais très jeune, je n'ai aucun frein psychologique à ce que des personnes travaillant pour moi, gagnent beaucoup d'argent très jeunes. Mais, avant que ce soit le cas, je veux qu'ils fassent du bon travail pour mériter ce niveau de rémunération.

Il est important de séparer, au niveau de la rémunération, le facteur ego de la véritable valeur et de la contribution réelle. Il est tout aussi important que chaque employé connaisse la politique de l'entreprise et connaisse précisément la valeur de son travail. Si, par exemple, la politique de l'entreprise est de laisser à ses employés les bonus accordés par les compagnies aériennes accumulés pendant les déplacements professionnels pour qu'ils puissent les utiliser pour eux ou leur famille, vous devez veiller à ce que ces employés sachent que cela fait partie de leur rémunération. Si un employé prend ses vacances pendant un voyage d'affaires, assurez-vous qu'il en connaît la valeur et, inversement, ce que ses vacances lui auraient coûté s'il ne les avait pas prises pendant un déplacement professionnel. N'hésitez jamais à rappeler ces avantages à l'employé qui commence à dire : « Je ne gagne que X dollars dans cette boîte. »

Je fais tout pour conserver une interaction dynamique avec tous ceux qui travaillent pour moi. En tant qu'employeur, j'ai toujours essayé de me montrer généreux du côté des avantages en nature mais je veux qu'ils en soient conscients.

Leur faire sentir qu'ils sont importants – mais en les motivant positivement et négativement

Il est très important de former des employés, de leur faire sentir qu'ils sont importants et les féliciter de ce qu'ils ont accompli. Il est important de les féliciter ouvertement, devant leurs pairs et devant des personnes externes à l'entreprise. Mais, ce faisant, il faut aussi leur rappeler qu'ils appartiennent à une « équipe ». Vous devez les inciter à continuer de vendre l'entreprise tout en s'attribuant le mérite de leurs réussites personnelles. Il n'y a rien de pire qu'un cadre qui essaie de s'attribuer le mérite de tout ce que ses subordonnés ou ses adjoints ont accompli.

Même lorsque vous distribuez les louanges, vous ne devez jamais laisser votre personnel se reposer sur ses lauriers et croire qu'un succès leur permet de se la couler douce les semaines suivantes.

Parfois, vous pouvez inciter de bons employés à se perfectionner en leur faisant remarquer leurs petits défauts et en les encourageant à atteindre de plus hauts sommets. C'est ce que j'appelle la motivation négative.

Comme tout entraîneur de football pourra vous le confirmer, pour obtenir de bons résultats, il faut parfois remonter le moral d'une équipe et à d'autres moments rappeler aux joueurs les vertus de l'humilité. Dans certains cas, on peut recourir à une forme d'intimidation : « Vous vous croyez au niveau ? » « Êtes-vous assez bon pour jouer dans cette équipe ? »

Comme dans la plupart des entreprises, nos employés ont plusieurs tâches à effectuer et plusieurs responsabilités. Si l'un de nos cadres se sent très bon dans un domaine, j'ai parfois tendance à lui parler du domaine où cela ne se passe pas aussi bien pour lui. S'il est abattu, je n'aurais aucun mal à trouver quelque chose qu'il fait bien.

Ceux qui aiment vraiment ce qu'ils font – et je pense que la plupart de nos cadres sont dans ce cas – ont tendance à connaître des hauts et des bas émotionnels. Pour préserver la cohérence du management et des résultats, vous devez savoir leur remonter le moral ou les bretelles selon qu'ils traversent une période de doute ou une période d'excès de confiance.

Je pense qu'il est important de les garder sur le qui-vive y compris au prix de quelques rares injustices. Je pense qu'il est important de signaler aux gens leurs erreurs même si cela provoque à l'occasion, quelques périodes de doute.

La suffisance est un des pires ennemis d'une entreprise. Vous ne devez jamais tolérer le moindre relâchement. C'est lorsque ceux qui travaillent pour vous font preuve d'un trop plein de confiance ou d'un excès de suffisance que votre entreprise risque de perdre son ascendant.

En tant qu'employeur, je veux que mon personnel sache qu'il doit tous être à la hauteur, qu'il doit avoir « un certain niveau » pour travailler pour nous. Si quelqu'un est particulièrement satisfait d'un contrat qu'il a conclu, je vais l'en féliciter mais j'ajouterais : « Qui a les droits étrangers ? » ou « Pourquoi n'avons-nous pas fait ceci ? » ou une autre remarque qui l'obligera à se dire : « Pourquoi n'ai-je pas pensé à cela ? » histoire de réduire sa suffisance, son excès de confiance ou son arrogance.

Bien sûr, vous devrez, parfois, faire exactement l'inverse : remonter le moral des troupes, leur donner une tape amicale sur l'épaule et les aider à mettre les choses en perspective.

J'ai parlé, il y a peu, avec un de nos cadres qui avait traversé une véritable période de malchance. Un de ses clients, une vedette, menaçait de nous quitter depuis environ six mois. Le cadre revenait tout juste de l'Orange Bowl[35] où il s'était rendu pour signer Mike Rozier, de l'université du Nebraska, le vainqueur du Trophée Heinsman[36]. Nous avions son accord verbal et celui des membres de sa famille mais, même si le joueur l'a nié par la suite, il avait apparemment accepté de l'argent d'un autre agent qui aurait révélé l'information au grand jour si Rozier n'avait pas signé avec lui.

Inutile de vous dire que le cadre, qui avait passé des mois à négocier avec Rozier et absolument tout fait dans les règles, était anéanti. Lorsque je me suis entretenu avec lui, je lui ai fait remarquer qu'il devrait se féliciter de ses efforts sans se soucier du résultat, que nous avions certains principes et que la manière admirable dont il s'était conduit avait beaucoup plus de valeur aux yeux de l'entreprise.

Laissez-les penser par eux-mêmes

L'école de management du « quelque chose dans ce genre-là ». Les gens disent très souvent que mon « style de management », c'est un bien grand mot, consiste à encourager notre personnel, à tous les niveaux, à penser par lui-même. C'est une de mes convictions, cela va droit à l'essentiel.

Lorsqu'un de nos cadres vient me trouver avec une question ou un problème bien précis, je réponds souvent de façon vague : « Dans le contrat avec untel, nous avons dit que s'il faisait ceci, nous pourrions faire cela. Il ne serait pas possible de faire quelque chose dans le même genre ? »

Une méthode conseillée par Socrate et la Harvard Business School qui donne plutôt de bons résultats.

---

35. Une des six rencontres de football américain universitaire de fin de saison disputée chaque année à Miami (NDT).

36. Trophée remis au meilleur joueur universitaire de football américain de la saison (NDT).

Dernièrement, nous tentions de signer avec une vedette de la télévision britannique et le cadre en charge du projet avait du mal à négocier certains points précis parce que notre client potentiel soulevait de nombreuses objections à propos de nos honoraires. Le cadre m'a demandé comment, selon moi, il devrait gérer la question. Je lui ai conseillé trois ou quatre stratégies allant de la concession à l'attitude inflexible qui risquait de nous faire perdre le client. Je lui ai ensuite dit qu'il nous était arrivé, à plusieurs reprises par le passé, lorsque nous savions que nous étions sur le point de faire une bonne affaire, de dire au client : « Ne fixons pas tout de suite le montant des honoraires. Nous en reparlerons lorsque nous aurons travaillé pour vous et c'est vous-même qui proposerez le montant selon la valeur que vous accorderez à nos services. »

Vu la façon dont j'avais présenté les choses, il était évident que c'était la stratégie qu'il devait adopter mais je lui ai laissé prendre la décision afin qu'il pense que la solution venait de lui et pas de votre serviteur.

Nous avons signé le client.

Ne jamais laisser interférer vie sociale et vie professionnelle

Ma philosophie globale, en la matière, est de limiter au strict minimum les relations en dehors du travail. Je n'oublierais jamais la période où Arnold Palmer, qui est quelqu'un d'une gentillesse extrême, avait un chauffeur qui était un excellent chauffeur mais pas le genre d'individu avec lequel on a envie de passer la soirée et encore moins d'emmener à une réunion d'affaires. Pourtant, Arnold n'arrivait pas à lui dire « À demain » parce qu'il trouvait que ce n'était pas très sympa et que cela pourrait vexer le chauffeur. Pendant une réunion avec un organisateur de tournois de golf de Kansas City à laquelle le chauffeur assistait – ce dernier s'est permis des commentaires sur la nature du jeu et le type de contrat qu'il faudrait. Je n'oublierai jamais l'expression sur le visage d'Arnold. Inutile de dire que ce fut la dernière fois que le pilote passa la soirée avec nous ou assista à une réunion.

Il vaut mieux éviter de socialiser au travail. Pendant les premières années d'IMG, lorsque nous étions très peu nombreux, c'était tout simplement interdit. Les temps changent, le travail aussi et il est difficile d'interdire quoi que ce soit à n'importe quel niveau. N'empêche que cela provoque beaucoup de problèmes évidents.

Il est impossible de faire la fête le soir et de se laisser aller en présence de quelqu'un que l'on devra, le lendemain, réprimander, licencier, muter ou avoir le moindre contact professionnel avec. L'employé ne peut pas, lui non plus, avoir deux comportements totalement distincts le soir et le lendemain.

LICENCIER DU PERSONNEL

Il existe plusieurs manières de licencier quelqu'un. Henry Ford a dit à Bunkie Knudsen[37] : « Ça ne colle pas », et quelques années plus tard, paraît-il, à Lee Iacocca[38] : « Je ne peux pas vous encadrer. » Bill Paley, de CBS, aurait décidé un matin que le petit génie qui avait mis sur pied la grille des programmes de la chaîne, Jim Aubrey, n'était pas « le genre de type auquel je voudrais laisser mon entreprise lorsque je prendrai ma retraite ».

Tous ces licenciements ont été soudains et inattendus et cela, quel que soit leur degré de légitimité, laisse planer le doute sur la façon dont ils ont été décidés. Chaque fois que j'entends dire

---

37. Cadre dans l'industrie automobile successivement PDG de Pontiac, Chevrolet, vice-président exécutif de GM puis président de Ford (NDT).

38. Cadre dans l'industrie automobile successivement président de Ford et président, président du comité de direction et PDG de Chrysler (NDT).

qu'untel a été renvoyé du jour au lendemain, je soupçonne qu'il s'agit davantage d'une réaction émotionnelle excessive que du résultat d'une analyse professionnelle mûrement réfléchie.

Lorsque je sais que je vais devoir me séparer d'un employé, je prends en considération deux facteurs – le timing et la loyauté dont cet employé a témoigné envers l'entreprise.

Vous devez licencier quelqu'un au moment où cela vous causera le moins de tort, à tous les deux, à l'image de l'entreprise et en interne. Parfois sur le champ – je me souviens avoir dû m'y résoudre une fois – ou deux ans plus tard. En règle générale, dans notre branche où les relations avec les clients sont souvent personnelles et profondes, cela exige, habituellement, une certaine préparation.

Vous devez également prendre en compte les sentiments de la personne licenciée – il faut l'aider à sauver la face. Les efforts que je fais en ce sens dépendent de la loyauté de cette personne vis-à-vis de l'entreprise et des services qu'elle nous a rendus.

Avant de congédier quelqu'un qui s'est montré loyal envers vous, vous lui devez d'abord d'étudier toutes les autres options – une mutation, la création d'un nouveau poste plus compatible avec ses compétences, y compris une rétrogradation déguisée. Si aucune de ces solutions n'est possible, donnez-lui le temps de « s'habituer » à l'idée qu'il est licencié et faites tout ce que vous pouvez pour l'aider à trouver un autre emploi.

J'ai plusieurs fois licencié des employés sans qu'ils le sachent. Je leur ai trouvé un emploi et j'ai laissé l'autre entreprise « me les voler ».

À l'autre extrémité du spectre, si j'ai de bonnes raisons de croire qu'un employé est déloyal ou qu'on ne peut pas lui faire confiance, je lui ferai quitter l'entreprise le plus rapidement et le plus efficacement possible.

J'ai découvert, une fois, qu'un de nos employés prévoyait de nous quitter en emportant tout ce qu'il pouvait avec lui – des clients, des dossiers et toutes les informations confidentielles sur lesquelles il pourrait mettre la main. J'avais aussi des raisons de croire qu'il serait vindicatif et qu'une fois renvoyé, il ferait tout ce qu'il pourrait pour nous nuire. Il nous a fallu environ deux semaines pour couvrir nos arrières. Nous nous sommes débrouillés pour que cet employé se rende à Detroit pour la journée. Pendant son absence, nous avons changé les serrures et effacé ses fichiers et ses données et à son retour, nous l'avons mis à la porte.

La variable « vindicatif » est suffisante à elle seule pour justifier une procédure de licenciement prudente et mûrement réfléchie et les entreprises doivent faire très attention avant de couper les ponts. Un employé amer peut faire beaucoup de mal. Il est considéré comme une source crédible par le public même lorsque ce qu'il dit manque totalement de crédibilité.

Mais lorsque les gens sentent qu'ils ont été traités de façon « équitable » – avec dignité, respect et attention pendant une expérience, par définition, humiliante – ils seront moins enclins à casser du sucre sur le dos de leur ancien employeur. Et ils peuvent même – comme cela nous est arrivé plusieurs fois – devenir par la suite de précieux partenaires commerciaux.

Les consultants

Si votre entreprise a engagé un consultant (en finance, de gestion ou je ne sais quoi) et que vous ne suivez pas ses recommandations – virez-le.

Il ne s'agit en aucun cas d'une critique sur le travail de ce consultant. Il vous donne peut-être les meilleur conseils du monde mais si vous ne les suivez pas, c'est une perte de temps – le sien – et d'argent – le vôtre.

DONNER L'EXEMPLE

Je pense que je ne suis pas le patron le plus facile du monde. Je peux me montrer très exigeant avec notre personnel de direction. Mais je suis aussi très exigeant vis-à-vis de moi-même.

Si vous demandez à un subordonné de venir à 7 heures ou de rester jusqu'à 22 heures, il rechignera d'autant moins s'il sait que vous vous êtes arrivé à 5 heures ou que vous resterez ce soir-là jusqu'à 23 heures. Si vous appelez ce même employé depuis votre yacht sur la côte d'azur pour lui demander la même chose, cela n'aura probablement pas le même effet.

Cela a beau être un cliché il n'en reste pas moins vrai : n'exigez pas de vos employés ce que vous n'exigez pas de vous-même.

NE JAMAIS ÉCOUTER LES PROPHÈTES DE MALHEUR

Les entreprises peuvent se lancer sur de nouveaux marchés pour défendre leur position – pour protéger leurs flancs ou par réaction excessive à la concurrence.

Toutes les entreprises ont leurs prophètes de malheur qui essaieront de vous y pousser. Ils vous diront : « Si nous ne nous lançons pas sur tel marché, toutes sortes de calamités s'abattront sur nos têtes. Et d'ailleurs, il est déjà probablement trop tard. » Il est évident que ces personnes n'ont pas à cœur les intérêts de l'entreprise. Ils ne cherchent qu'à se créer des situations où ils n'auront rien à perdre. Ils s'attribuent déjà les mérites du succès qu'ils anticipent et ils se couvrent contre des échecs anticipés.

Lorsque vous vous lancez dans un projet uniquement pour défendre votre position, ce projet sera le plus souvent voué à l'échec. Vous savez dès le départ que les efforts seront beaucoup plus importants que la récompense, ce qui vous place en position d'échec auto-réalisateur.

Frank Bennack, le président-directeur général de Hearst, m'a dit qu'il y a quelques années il avait dû résister à toutes sortes de pressions internes qui voulaient qu'il se lance dans les jeux vidéo. C'est l'avenir, lui disait-on, et pour une entreprise opérant sur le secteur communication/loisir, il serait désastreux de ne pas avoir un pied dans ce secteur.

Il a, heureusement, résisté. S'il avait écouté les prophètes de malheur, Hearst serait aujourd'hui en train d'offrir une version au rabais de « Donkey Kong » pour chaque abonnement à *Good Housekeeping*.

RESTER À L'ÉCOUTE DE LA BASE

Il y a plusieurs années, Chris Lewinton, le directeur général de Wilkinson Sword, m'a donné un excellent conseil de management. « Cherchez à connaître ceux qui travaillent deux niveaux au-dessous de vous. C'est là que se trouve votre avenir et cela vous permettra d'avoir une meilleure vision du présent. »

Les PDG et les directeurs de département ou de service sont souvent déconnectés de ce qui se passe vraiment dans leur entreprise. Ils s'entretiennent toujours avec les mêmes personnes, en général les numéros un et deux de chaque département. Le directeur et ses sous-directeurs partagent, en général, le même point de vue. Ils prennent les décisions ensemble et les vendent ensemble à la direction.

Mais connaître l'opinion de ceux qui sont un niveau au-dessous dans la hiérarchie peut vous ouvrir les yeux. Ils ont souvent une autre opinion, rafraîchissante, sur ce qui se passe et ce qu'on vous raconte. Ils ont autant de parti pris et sont aussi égoïstes que les autres mais ces entretiens peuvent vous fournir un éventail de points de vue différents de la vieille ligne éditoriale de l'entreprise.

LES BÉNÉFICES D'ABORD

Samuel Johnson a dit un jour : « Il y a bien peu de choses auxquelles un homme peut être plus innocemment employé qu'à gagner de l'argent. »

Le plus gros problème des entreprises établies est peut-être leur taille importante. Plus une entreprise est importante, plus il est facile de prendre la tangente et d'oublier la raison pour laquelle on fait des affaires : engranger des bénéfices.

Une de mes connaissances a monté une entreprise qui a connu un succès phénoménal avec une croissance littéralement exponentielle – près de 6 000 % – pendant ses huit premières années. Presque du jour au lendemain, il fut assailli par tous les problèmes engendrés par cette croissance incontrôlée et il a commencé à expérimenter toutes sortes de solutions qui allaient de l'embauche d'une nouvelle équipe de direction à la restructuration complète de son entreprise en passant par l'abandon de certaines de ses activités et, même, à la vente de son entreprise. Comme vous pouvez vous en douter, toutes ces expérimentations lui ont valu deux ou trois années très pénibles.

Quand je l'ai revu, un an après s'en être sorti, j'ai été surpris d'apprendre qu'il avait complètement retourné la situation et prévoyait, pour le présent exercice, une augmentation de ses bénéfices de 100 %. Lorsque je lui ai demandé comment il avait réussi ce tour de force, il m'a parlé de quelques-uns des employés qu'il avait recrutés et des changements structurels qu'il avait effectués avant d'ajouter : « Mais je suppose que c'est surtout parce que nous avons doublé nos prix ».

Il n'est pas toujours aussi facile de recouvrer sa rentabilité mais c'est parfois beaucoup moins complexe que tous les professionnels voudraient nous le faire croire.

Je suis tombé récemment sur un article sur Schlumberger Ltd, l'entreprise dont l'activité consiste à vérifier les puits de pétrole, une des grandes entreprises les mieux gérées et les plus rentables du monde. Schlumberger prévenait ses clients que le prix de ses services allait augmenter de 100 %. Si les frais de Schlumberger augmentaient, c'était la même chose pour leurs clients et pas dans les mêmes proportions, mais du double. Non seulement ils n'oublient pas de faire des bénéfices mais ils n'ont pas peur d'en faire.

Parfois, la réponse peut être aussi simple que cela : faites-vous payer plus. Ou, du moins, faites-vous payer suffisamment pour ne pas perdre d'argent.

Beaucoup d'entreprises, trop occupées à acheter une nouvelle affaire et à introduire une nouvelle équipe de gestion, n'ont même pas testé les limites externes de leur rentabilité.

Cela arrive tout le temps chez nous. Je constate que nos cadres ont peur à l'idée de demander un prix qui correspond à notre véritable valeur ou qu'ils ont du mal à imposer des frais en plus de nos honoraires. Ils n'osent pas tester les limites de ce que quelqu'un est prêt à payer. (J'ai eu, à Londres, une secrétaire qui ne pouvait même pas facturer ce que le client était prêt à payer. Elle assistait aux réunions d'affaires et devint très amie avec deux jeunes golfeurs britanniques. Elle se mit vraiment en quatre pour eux et leur offrit beaucoup de petits extras, ce qui est habile en affaires. Mais deux ans plus tard, je m'aperçus que nous n'avions reçu d'eux aucuns honoraires. Lorsque je lui en parlai, elle rougit et dit qu'elle n'avait pas pu se résoudre à leur parler argent !)

LE DANGER DU GROS COUP

Le danger du « gros coup » est, pour une entreprise établie, l'équivalent du danger que court une nouvelle entreprise en grandissant trop vite. En théorie, la plupart des entreprises aimeraient bien doubler leurs bénéfices en un an. Pourtant, bien peu d'entre elles pourraient le gérer et la plupart n'essaient même pas. Une des meilleures façons de perdre de l'argent pour une entreprise est de succomber au syndrome du gros coup. Certaines grandes entreprises, accablées par de gros frais généraux, se lancent dans des projets qui, elles le savent bien, leur permettront, au mieux, de rentrer dans leurs frais. Ces entreprises doivent apprendre à dire non.

C'est particulièrement vrai lorsqu'il s'agit d'entreprises qui comptent sur des contrats publics. Pour remporter une guerre d'enchères, elles s'embarquent dans un projet qui double leurs frais généraux et ne leur rapporte presque rien. Plusieurs années après, lorsque le projet est enfin réalisé, elles sont soit en faillite, soit en train de s'engager dans un autre projet tout aussi lourd qui leur permettra, là encore, juste de couvrir leurs frais.

Les grandes entreprises se servent souvent de leur peur de ce genre de projets pour justifier la diversification. Mais, une diversification avisée exige de prendre en compte tellement d'autres considérations que je ne trouve pas que ce soit un argument valable.

QUI ESSAYEZ-VOUS D'IMPRESSIONNER ?

Je trouve qu'une des tendances récentes les plus intéressantes de l'économie est le nombre d'entreprises cotées en Bourse – les noms de MGM/UA, Avis ou Sotheby's me viennent tout de suite à l'esprit – qui se retirent, ou essaient de se retirer, du marché boursier.

Je soupçonne beaucoup des principaux actionnaires d'être arrivés à la même conclusion que votre serviteur même si cela leur a pris plus longtemps : il est trop difficile d'essayer de diriger une entreprise et de contenter, en même temps, ses actionnaires. Raison pour laquelle IMG n'émettra jamais la moindre action sur le marché.

Les décisions des entreprises américaines sont souvent prises dans le but de gagner un concours de popularité, d'impressionner certains individus. Et ceux que tout le monde essaie d'épater travaillent à Wall Street.

Impressionner Wall Street est devenu le Grand Passe-Temps des entreprises américaines. Elles sacrifient des profits à long terme pour des bénéfices à court terme. Elles prennent de mauvaises décisions parce qu'elles préfèrent avoir l'air en bonne santé plutôt que de l'être réellement. Elles abandonnent des perspectives de vrais profits pour gonfler artificiellement les résultats du prochain trimestre.

Nous nous porterions tous beaucoup mieux si les entreprises américaines essayaient de s'impressionner elles-mêmes plutôt que ceux qui travaillent tout au bout de l'île de Manhattan.

CONNAÎTRE SES CONCURRENTS

J'ai disputé un double, il y a plusieurs années à Genève, avec Victor Pecci[39] contre Björn Borg et son partenaire amateur, l'armateur suisse et magnat de la finance, Bruce Rappaport. Björn et moi étions au filet, à quelques mètres l'un de l'autre, lorsque Rappaport fit un lob pas assez appuyé qui, je le vis très bien, ne passerait pas assez haut au-dessus de ma tête. Borg n'était pas en

39. Tennisman paraguayen dont la carrière s'étend de 1973 à 1990, vainqueur de 10 tournois ATP en simple et 12 en double (NDT).

position de défense et, pendant une fraction de seconde, je me suis dit que ce ne serait pas fair play de lui mettre la balle dessus. Mais je l'ai quand même fait. J'ai smashé la balle droit à mi-corps – et Borg l'a renvoyée instantanément au-dessus de ma tête pour marquer le point.

Ne sous-estimez jamais vos concurrents. Je pense qu'il est essentiel d'avoir l'esprit de compétition pour obtenir des succès personnels et professionnels. Et votre façon de réagir face à la concurrence est le meilleur indicateur pour mesurer ces succès.

Mais il y a une grande différence entre la concurrence en affaires et la concurrence en sport. Dans les deux cas, le but est de gagner, de battre son adversaire. Mais en affaires, le jeu n'a pas de fin. Il n'y a pas d'avance insurmontable. Vos concurrents ont toujours le temps de vous rattraper.

Les entreprises qui possèdent la plus grosse part du marché ont souvent tendance à « se reposer sur leur avance ». Elles se complaisent dans leurs résultats, deviennent contentes d'elles et perdent leur avantage concurrentiel. En affaires, la concurrence est, selon votre serviteur, un processus actif, permanent de domination.

Mieux vous connaîtrez vos concurrents – leurs forces, leurs faiblesses, leurs habitudes, leurs stratégies – plus vous aurez de chance de les dominer ou même de vous en servir.

Lorsque vous représentez quelqu'un ou lorsque vous êtes rémunéré sur la base d'un pourcentage, si vous n'y prenez pas garde, vous risquez de représenter aussi bien des perdants que des superstars. Il y a plusieurs années, lorsque des sportifs dont nous ignorions encore le véritable niveau venaient nous trouver, nous avions l'habitude de les renvoyer vers un concurrent dont nous connaissions les faiblesses. Même si nous étions incapables de savoir lesquels de ces joueurs deviendraient des champions, nous étions certains à 100 % que cette entreprise ne représenterait pas très bien leurs intérêts. Lorsque les gagnants étaient sortis du lot, nous pouvions les approcher en étant absolument certains qu'ils signeraient avec nous.

NE JAMAIS SE LAISSER AVEUGLER PAR SON EGO

Nous avons eu des clients sportifs qui, à cause de leur succès exceptionnel dans un domaine très limité, étaient persuadés de pouvoir également conquérir le monde dans un autre domaine : des joueurs de tennis qui décident de devenir organisateurs de tournois exhibition, des golfeurs qui décident de devenir promoteurs immobiliers, des champions olympiques qui décident de devenir éditeurs et de diriger des magazines. Beaucoup de sportifs, lorsqu'ils se retirent, veulent gérer des camps et des écoles sans comprendre que cela exige des connaissances administratives et des compétences très spéciales.

En général, nous essayons de les dissuader de se lancer dans ce genre d'aventure avant d'avoir acquis les compétences requises mais les ego des stars du sport, comme les ego de beaucoup d'hommes d'affaires qui ont réussi, refusent d'entendre raison.

Beaucoup d'entreprises établies, lorsqu'elles ressentent le besoin de s'agrandir et de s'étendre, se mettent à acheter des entreprises dont l'activité n'a pas le moindre rapport avec la leur. Elles sont conscientes à un certain niveau, que la compétence dans ce domaine et la compréhension du fonctionnement de l'activité leur font défaut mais leur ego les empêche de se l'avouer. Le paysage industriel des États-Unis est jonché des cadavres de ces acquisitions égotiques.

RENONCER À POURSUIVRE CES SALAUDS EN JUSTICE

Quelqu'un m'a dit que, l'année dernière, IBM a versé 12 millions de dollars à un seul cabinet d'avocats.

Je suis diplômé de la Faculté de Droit de Yale et j'ai travaillé chez Arter & Hadden, le plus ancien et l'un des plus prestigieux cabinets d'avocats de Cleveland, en Ohio. Je suis toujours associé de ce cabinet et pourtant je dois avouer que le système judiciaire des États-Unis me laisse froid.

Les batailles entre cabinets d'avocats, pour défendre les intérêts de leurs clients, ne sont souvent qu'un moyen, pour ces cabinets, de facturer des heures et de gagner de l'argent. J'ai le sentiment que dans la plupart des litiges juridiques il suffirait de pouvoir convaincre les deux parties de se réunir dans une pièce et de discuter de leur affaire – même si le litige dure depuis deux ans – pour que tout soit résolu, certainement à moindres frais, et probablement beaucoup plus équitablement.

Nous avons beaucoup de chance avec les procès en ce sens que nous n'en avons pas eu beaucoup. Beaucoup d'entre nous ayant une formation d'avocat, je pense que nous connaissons tous les pièges et les dépenses auxquelles on s'expose quand on se lance dans des poursuites judiciaires.

Dans d'autres régions du monde, ceux qui perdent un procès doivent payer les frais d'avocat de leur adversaire en plus des frais de justice et de la sentence. Je pense que c'est un bien meilleur système. Cela décourage les procès injustifiés et la réaction réflexe du « On se reverra au tribunal ».

Les Japonais me semblent les plus doués pour régler les choses entre eux. Beaucoup ont souligné qu'il n'y a pas d'écoles de commerce au Japon mais personne ne semble avoir remarqué qu'il a aussi très peu de cabinets d'avocats.

Nous avons été traînés en justice une fois, avec notre client Björn Borg, par Lamar Hunt qui a toute une batterie d'avocats à son service. J'ai trouvé stupide, d'un point de vue économique, que Lamar Hunt intente un procès à Borg alors qu'il était à la tête, au même moment, du World Championship Tennis Tour et voulait, bien évidemment, que Borg dispute quelques-uns de ses tournois. Je me suis donc rendu à Dallas pour rencontrer Lamar en personne. Nous nous sommes assis dans une pièce et, en une seule réunion, nous avons réglé le litige. Si nous avions laissé l'affaire entre les mains des avocats, nous serions encore en procès et nous aurions jeté par les fenêtres des centaines et des milliers de dollars.

13

FAIRE LE BOULOT

Si on demandait aux cadres de dresser la liste de leurs plus grandes frustrations, je pense que le manque de temps ne serait pas loin de la première place. Le flux constant des affaires à traiter engendre un flux tout aussi constant d'interruptions qui les empêche de faire tout ce qu'ils avaient prévu de faire. Il y a toujours un imprévu qui surgit et ils se retrouvent plus en retard, à la fin de la journée, qu'ils ne l'étaient au début.

Les solutions à ces problèmes sont beaucoup plus simples que les gens veulent bien l'admettre. Vous devez asservir votre travail au lieu de le laisser vous asservir. Vous devez faire entrer de force vos activités dans le temps dont vous disposez au lieu d'essayer d'allonger le temps pour l'adapter à vos activités.

Mais beaucoup ont peur que s'ils n'ont pas l'air débordés, on les trouve oisifs ou pas assez importants. Ils ne *veulent* pas vraiment bien gérer leur temps.

Une fois que vous aurez enfin compris que contrôler son temps est non seulement plus productif mais aussi plus agréable, tout le reste deviendra très facile.

LA GESTION DU TEMPS

Les gens qui me connaissent le mieux pensent qu'une de mes plus grandes qualités est de bien gérer mon temps.

Je pars du principe qu'une semaine dure 168 heures et je note sur mon emploi du temps mes plages de détente et de repos et mes plages de travail. Je m'oblige à prendre le temps de me détendre, en jouant au tennis, en lisant le journal, en faisant une petite sieste au bureau ou juste en ne faisant rien – libérer mon esprit de toutes les décisions et de toute pensée concernant le travail. Pour être certain d'avoir le temps nécessaire pour ces activités de détente, je les note sur mon emploi du temps. Si je sais, par exemple, que ma première tâche commence à 7 heures, je préfère me réveiller à 5 heures et passer une heure à lire, à me détendre et à faire du sport plutôt que me lever à 6 heures et être obligé de me précipiter à mon premier rendez-vous sans avoir eu un peu de temps à moi. Mon emploi du temps de ce jour commencera donc à 5 heures.

Je déteste laisser du travail inachevé ou avoir quelque chose suspendu au-dessus de ma tête. Je travaille donc avec beaucoup d'intensité pour m'offrir quelques moments de temps libre – une minute, une heure ou un week-end – pendant lesquels j'aurai le plaisir de n'avoir rien à faire. Ces moments sont la carotte au bout de mon bâton et, en les intégrant dans mon emploi du temps, je me force à terminer les activités professionnelles qui les précèdent dans les délais qui leur ont été spécifiquement impartis.

Cela a, en quelque sorte, amélioré ma perception du temps. Je perçois toujours toutes mes tâches en fonction du temps que je leur ai alloué. Je joue aussi une sorte de jeu avec moi-même. Si une réunion doit commencer dans une heure et que j'ai décidé de faire dix choses avant, je ferai tout ce qu'il faut pour faire entrer ces dix activités dans cette heure-là. Il me faudra peut-être abréger un coup de téléphone ou rédiger une note à la hâte plutôt qu'une lettre mais en me lançant ce genre de défis, en faisant entrer, de force, des activités dans des créneaux horaires de plus en plus petits, j'ai acquis, au fil des ans, une conscience aiguë du temps qui passe, presque minute par minute.

Je sais très bien combien de temps il me faut pour effectuer n'importe quelle tâche et je connais très bien la manière la plus rapide d'effectuer n'importe quelle activité ; de la vitesse du service dans certains restaurants, à ceux dans lesquels il vaut mieux commander immédiatement en passant par les ascenseurs les plus rapides dans certains immeubles. Lorsque, par exemple, j'arrive dans un aéroport, je demande souvent qu'on m'attende au terminal des départs, qui n'est jamais aussi encombré que celui des arrivées.

En résumé, j'essaie de faire preuve d'une très grande précision avec tout ce qui est, par nature, imprécis. Ma mémoire est un catalogue de « raccourcis » qui me permettent de réduire l'imprécision, chronophage, de certaines activités, ou même de les éviter complètement.

Lorsque je voyage à l'étranger, je sais quelles compagnies, par exemple Quantas pour l'Australie et Cathay Pacific pour l'Asie, collent des étiquettes de priorité sur les bagages de première classe. Je sais que l'enlèvement des bagages est rapide sur le Concorde, qu'arriver le matin de bonne heure à Londres en provenance des États-Unis et à Honolulu en provenance d'Asie ou d'Australie est une catastrophe et que les arrivées internationales à LAX sont un désastre à n'importe quelle heure. J'ai même constaté que je suis devenu une sorte d'expert du trafic automobile et des heures de pointe dans les plus grandes villes du monde.

II me suffit simplement d'utiliser ces informations pour gagner du temps ou m'organiser à l'avance en conséquence. Par exemple, j'ai l'habitude de voyager léger. Mais cela m'oblige à avoir une garde-robe complète dans chacune de mes cinq résidences principales et une moins fournie dans les bureaux où je n'ai pas de résidence attitrée. Et si je sais que je vais avoir besoin de quelque chose à Paris, je l'expédie directement au lieu de l'emporter avec moi à New York puis à Londres.

J'ai choisi d'évoquer quelques exemples relatifs aux voyages internationaux parce qu'ils sont tellement « ingérables » par nature. Mais j'essaie d'appliquer la même logique dans tous les autres aspects de mon travail. En connaissant la durée d'une tâche et la façon la plus rapide de l'effectuer, je peux contrôler des éléments a priori incontrôlables.

En règle générale, pour faire quelque chose le plus vite possible, *faites les choses que tous les autres font au moment où personne ne les fait*. En partant aussi tôt le matin, je me prémunis contre un éventuel problème de trafic entre mon domicile et mon travail. Et pourtant, j'entends tout le monde se plaindre de la circulation aux heures de pointe avant d'admettre qu'en partant vingt minutes plus tôt, ils pourraient l'éviter. La solution paraît tellement évidente et pourtant beaucoup ont du mal à décaler leur planning de vingt minutes. Ils préfèrent râler pendant une heure sur l'autoroute.

J'ai vu des salariés recevoir leur chèque le vendredi, essayer de l'encaisser entre 12 et 15 heures et ensuite se plaindre de la longueur des files d'attente ! J'ai également vu certains de nos cadres choisir comme heure de leur vol au départ de New York, l'heure où tous les New-Yorkais regagnent leur domicile. Bref, avec un peu de bon sens et en s'organisant à l'avance, tout un chacun pourrait éliminer 90 % du temps perdu à faire le pied de grue dans une file d'attente.

UN SYSTÈME D'ORGANISATION

Pour éviter de courir après le temps perdu, il suffit de faire ce que *vous* avez prévu de faire au *moment* que vous avez choisi pour le faire et en ne prenant pas *plus de temps* que la durée prévue. Une gageure à condition de mettre en place un système d'organisation qui régira toutes vos activités de la journée.

Je gère ma vie et mon temps grâce à plusieurs bloc-notes jaunes dont chaque feuille est consacrée à un jour et divisée en deux par une ligne verticale. J'inscris tout ce que je dois faire à droite de cette ligne et le nom des personnes que je dois appeler à gauche. Sur chaque bloc-notes j'utilise les cinquante premières pages pour planifier mes journées et j'utilise les autres pour noter les activités et les appels téléphoniques dont la date d'exécution est fixée après ces 50 jours.

Lorsque je demande à quelqu'un à quel moment il souhaite que je l'appelle et qu'il me répond mercredi prochain à 10 h 30, j'inscris son nom et son numéro de téléphone sur la partie gauche, environ au tiers vertical de la page consacrée au mercredi suivant. Les activités et les appels téléphoniques de fin d'après-midi et de soirée occupent le tiers inférieur de la page et ceux du matin, le tiers supérieur. Je consulte périodiquement mon bloc-notes tout au long de la journée pour voir où j'en suis. Si je suis en retard, je supprime rarement quelque chose, j'accélère le rythme.

J'ai aussi un autre bloc-notes dont les pages sont consacrées aux différentes parties du monde. Si quelqu'un me dit : « Contactez untel lorsque vous serez à Melbourne », ou si je suis obligé de m'occuper personnellement de quelque chose à Tokyo, je le note sur la page correspondante.

En plus de mes blocs-notes jaunes, j'ai toujours, dans la poche de toutes mes vestes, une pile de petites fiches (12,5 sur 7,5). Certaines portent le nom des salariés ou des partenaires commerciaux avec lesquels je suis en contact régulier. Si quelque chose concernant l'un d'eux me vient à l'esprit, je le note sur la carte correspondante. La prochaine fois que je rencontrerai cette personne, j'aurai tout ce dont je veux lui parler à portée de main.

Sans oublier une pile de fiches vierges que je noircis de remarques diverses et variées, tout au long de la journée, des informations que je recopie, à la fin de la journée, sur les pages de mes bloc-notes jaunes auxquelles elles se rapportent.

Le type d'organisation que vous décidez d'adopter pour régir votre vie professionnelle est, bien sûr, l'aspect le plus personnel de la gestion du temps. J'ai vu certains se servir d'un calendrier de poche et d'un calepin de la même façon que j'utilise mes blocs-notes et mes fiches. J'ai travaillé avec d'autres qui établissaient rarement leur emploi du temps plus d'une semaine à l'avance. Et j'en ai vu d'autres être d'une grande efficacité grâce à une liste de « à faire » sans le moindre repère temporel.

Mais je n'ai encore jamais rencontré quelqu'un qui avait réussi en affaire et qui n'utilisait pas un système d'organisation.

Il y a deux points dans ma méthode d'organisation que presque tout le monde peut adopter.

Primo, tout mettre par écrit. Écrivez-le n'importe où même sur les manches de votre chemise si nécessaire, mais mettez-le par écrit. Cela libère votre esprit pour d'autres tâches. Mais, surtout, *cela signifie que vous le ferez vraiment*. Écrire c'est s'engager. Par cet acte concret, vous donnez l'élan nécessaire à la réalisation de la tâche. Le supplice de traîner une tâche et le plaisir de la barrer d'un trait vous donnera une motivation supplémentaire.

Secundo, *établir le soir même l'emploi du temps du lendemain*. C'est ce qui, le soir, m'apporte de la sérénité, le sentiment que je domine la situation et une certaine exaltation à l'idée de reprendre le travail le lendemain. Le simple fait d'organiser le jour suivant – de définir sur le papier ce que je veux accomplir – me donne l'impression d'avoir une longueur d'avance.

Je fais la même chose, périodiquement, sur des délais plus longs : hebdomadaire, mensuel, bimestriel, semestriel, annuel et biannuel ; et même des choses plus générales que je désire réaliser dans les cinq années à venir.

RESPECTER SON EMPLOI DU TEMPS

Un itinéraire ou un planning ne servent à rien si vous ne les suivez pas.

Pour respecter votre emploi du temps, vous devez d'abord comprendre, une bonne fois pour toutes, qu'il est très rare que quelque chose soit tellement important ou une crise tellement imminente que l'on soit obligé de s'en occuper immédiatement. Traitez les interruptions ou tout ce qui surgit à l'improviste comme n'importe quel autre événement. Ne réagissez pas tout de suite mais prévoyez un moment pour vous en occuper – cet après-midi, demain ou la semaine prochaine – dès que vous aurez un créneau de libre dans votre emploi du temps ou que vous pourrez en dégager un.

Vous devez également allouer la quantité de temps nécessaire à chaque activité.

Il vaut probablement mieux allouer une durée trop longue que l'inverse. Cela vous obligerait à devoir toujours courir pour rattraper votre retard qui s'accumulera plus la journée avancera.

Je suis persuadé que la plupart des individus sont capables de prédire, sans trop se tromper, la durée des tâches qu'ils ont l'habitude d'effectuer mais ils ont souvent tendance à se mentir sur ce sujet.

Pour bien gérer votre temps, *vous devez faire confiance aux faits connus*. Si vous savez qu'une réunion hebdomadaire dure une demi-heure, n'essayez pas de vous persuader qu'elle ne durera, aujourd'hui, qu'un quart d'heure juste parce que vous avez davantage de choses à faire. Si vous êtes attendu quelque part dans dix minutes et qu'il vous faut dix minutes pour vous y rendre, ne passez pas un appel téléphonique de plus juste parce que vous voulez vous en débarrasser. Ceux qui ne savent pas gérer leur temps semblent vouloir réussir l'impossible et se donnent un mal fou pour se mettre dans des situations ingérables.

S'ADAPTER À SES INTERLOCUTEURS

Puisque vous passez la plus grande partie d'une journée de travail à traiter avec d'autres personnes, vous devez tenir compte de leurs styles et de leurs personnalités lorsque vous dressez votre emploi du temps. Avec certains de mes employés, je peux couvrir vingt-cinq sujets en un appel téléphonique d'un quart d'heure. Il y en a d'autres avec lesquels cela prendrait toute la semaine parce que la déclaration la plus banale devient le préambule d'un long dialogue. C'est dans leur nature et je ne peux pas les changer. Il est beaucoup plus intelligent de prévoir plus de temps à leur consacrer et de discuter de moins de sujets.

Vous devez, bien sûr, avoir une idée très précise du nombre de sujets qui seront abordés et de leur complexité avant le début de l'entretien mais sa durée dépend aussi de deux facteurs humains : le temps qu'il lui faut, à votre interlocuteur, pour comprendre et/ou le temps qu'il lui faut pour aborder un sujet ; et la façon dont il aime faire des affaires.

Lorsque, par exemple, je traite avec Bob Anderson, le président de Rockwell, je sais qu'il aura compris avant même que j'aie fini ma phrase. Je sais aussi que la terminer pour le seul plaisir de le faire ne serait qu'une perte de temps.

En revanche, Roone Arledge, le très talentueux directeur du département information et sport d'ABC, a un style de travail complètement différent. Plusieurs de nos déjeuners d'affaires se sont prolongés tard dans l'après-midi. Je me souviens même d'un jour où les clients du soir sont arrivés alors que nous en étions au café et au cognac.

C'est le style de Roone Arledge, la façon la plus efficace pour lui de discuter affaires et, par conséquent, lorsque je traite avec lui, également la façon la plus efficace pour votre serviteur. Je sais juste que, ces jours-là, mon déjeuner durera plus longtemps que d'habitude. Et pour éviter de m'angoisser d'un éventuel retard pour mes rendez-vous de l'après-midi, je ne prévois rien pour le reste de la journée.

Vous devez tout savoir sur les personnes avec lesquelles vous êtes en affaire, y compris la manière dont ils aiment travailler et dont ils gèrent leur temps. Je sais qui arrivera invariablement avec vingt à trente minutes de retard à une réunion et je l'intègre à mon planning. Je note les réunions avec eux plus tard sur mon emploi du temps qu'eux ne le font sur le leur et je fais plusieurs choses dans l'intervalle. C'est une attitude beaucoup plus productive que de s'énerver et d'espérer que, pour une fois, ils leur prennent l'idée d'arriver à l'heure.

LE TÉLÉPHONE

Les appels téléphoniques et les réunions occupent la plus grande partie de ma journée de travail et je suppose qu'il en est de même pour la plupart des cadres. Si vous êtes capables de garder ces deux activités sous contrôle, tout le reste se mettra en place de lui-même.

Je ne prends pour ainsi dire jamais d'appels téléphoniques. Parce qu'ils vous interrompent toujours au milieu de quelque chose. Je préfère attendre un moment où je peux consacrer toute mon attention sur le sujet de l'appel plutôt que sur ce que j'étais en train de faire. En appelant, j'ai plus de contrôle et de temps pour préparer ce que je veux dire.

Mais je rappelle toujours sauf dans deux cas : si je ne veux pas parler à la personne qui m'a appelé ; ou si je pense que cette affaire sera mieux prise en charge par quelqu'un d'autre de la maison (dans ce cas-là, je vérifie que la personne à qui j'ai confié cette tâche a effectivement rappelé.)

Répondre à tous les appels téléphoniques est davantage une question de style de travail que de gestion du temps. J'ai pris cette habitude parce que je ne veux pas perdre de temps à me rappeler qui je n'ai pas rappelé ou à me sentir coupable de ne pas l'avoir fait.

Faire une pause pour réfléchir à ce qu'on veut dire

Je n'en avais même pas conscience, c'est quelqu'un qui me l'a signalé. Lorsque ma secrétaire me prévient que mon interlocuteur est en ligne, je pose la main sur le combiné et j'attends un instant avant de décrocher. J'utilise ces quelques secondes pour réfléchir : quel est mon objectif et quelle est la manière la plus rapide d'y parvenir.

Quelqu'un m'a dit, un jour : « Si vous ne savez pas où vous aller, vous arriverez ailleurs. » Il n'existe probablement pas meilleur truisme sur les appels téléphoniques. Si vous n'avez pas un objectif précis en tête, vous n'obtiendrez probablement rien.

Entrez dans le vif du sujet

Même si je suis plutôt doué pour gérer mon temps, il m'arrive quand même, souvent, afin de respecter mon emploi du temps, de devoir abréger un coup de fil.

Je suis convaincu qu'il n'est pas si difficile que cela d'entrer dans le vif du sujet ou de mettre fin rapidement à une conversation téléphonique et, pourtant, je vois beaucoup de personnes avoir du mal à le faire. En général, les gens ont besoin de cinq fois plus de temps que nécessaire pour dire ce qu'ils ont à dire au téléphone. Pour elles, mettre fin à une communication téléphonique est une forme d'impolitesse ou un manque de tact.

Si je veux mettre fin à une conversation et si je connais bien mon interlocuteur, je me contente de lui dire que je dois partir ou que je le rappellerai plus tard. Si je ne le connais pas bien, je peux lui dire quelque chose comme : « Il y a trois ou quatre personnes qui attendent devant la porte de mon bureau pour une réunion qui aurait dû débuter il y a cinq minutes », ou « J'ai sur l'autre ligne un appel de Suisse avec quelqu'un que j'essaie de joindre toute la journée. »

J'aime aussi aller d'abord droit au but et, *ensuite*, s'il me reste du temps, bavarder un peu. La plupart des gens font l'inverse. Ils bavardent pendant cinq minutes avant d'entrer dans le vif du sujet. C'est parfois opportun, mais le plus souvent, non seulement vous perdez du temps mais vous en faites aussi perdre à la personne que vous avez appelée. Encore pire, elle peut être obligée de prendre un autre appel et vous raccrocherez sans avoir pu évoquer la raison de votre appel.

Je suis capable d'estimer la durée de tous mes appels téléphoniques de la journée. Si j'ai promis de rappeler à une heure bien précise, je m'efforcerai de tenir parole et d'appeler le plus près possible de cette heure. Pour tous les autres appels, j'alloue un laps de temps – en général entre une demi-heure à une heure et demie – et je note la durée à côté de chaque appel.

J'établirai ensuite ma liste d'appels dans l'ordre où je veux les passer et je mettrai en dernier ceux que *je peux facilement abréger* si je suis pressé par le temps. Procéder ainsi – grâce à la possibilité d'abréger certains appels – me permet de toujours respecter la fenêtre de temps que je me suis allouée.

Cela signifie aussi qu'en général, je garde pour la fin la plupart des appels vers mon staff et des appels internes où je peux me permettre, si besoin, de me montrer plus laconique.

Comment abréger un « peut-être » qui n'en finit pas

Tous les appels doivent produire un résultat. Si votre interlocuteur est dans l'incapacité de vous transmettre une réponse précise, demandez-lui à quelle date limite il pourra vous la transmettre. S'il est également dans l'incapacité de vous transmettre cette information, demandez-lui à quelle date limite il sera en mesure de vous transmettre cette date limite. S'il est dans l'incapacité de vous transmettre cette dernière information, laissez tomber. Toute tentative ultérieure se solderait par une perte de temps et, sachant cela, vous avez accompli quelque chose d'important.

Comment éviter de jouer à cache-cache au téléphone

Parfois, le maximum que vous pouvez obtenir, c'est de savoir à quel moment vous pourrez vous entretenir avec la partie adverse. Beaucoup de gens perdent énormément de temps à s'appeler mutuellement avant d'arriver à se joindre.

Il devrait rarement vous falloir plus de deux appels pour joindre quelqu'un si c'est vous qui prenez l'initiative des deux appels. Lorsque vous ne parvenez pas à entrer en contact avec votre interlocuteur au premier appel, ne demandez pas qu'il, ou elle, vous rappelle. Demandez à quelle heure votre interlocuteur sera disponible et dites que vous le rappellerez à ce moment-là.

J'ai souvent demandé à la secrétaire de la personne que j'essayais de joindre à quel moment cette dernière pourrait me rappeler. Après lui avoir soutiré une date et une heure précises, je lui dis que *je* rappellerai à ce moment-là. Si vous ne pouvez pas obtenir cette information, donnez une fenêtre de temps très étroite pendant laquelle vous rappellerez. « Merci de dire à monsieur Untel que j'essaierai de le joindre cet après-midi entre 14 h 45 et 15 heures. » Les gens prendront des engagements avant et après votre appel afin d'être disponible à ce moment-là.

S'il vous faut plus de deux appels pour joindre quelqu'un, ce n'est probablement pas un problème logistique. Il est plus probable qu'il ne veut pas vous parler.

Comment obliger vos interlocuteurs à prendre votre appel

Dites-leur quelque chose qu'ils ont envie ou qu'ils n'ont pas peur d'entendre.

J'ai une fois reçu un appel de quelqu'un que je ne connaissais pas. Le message disait : « J'ai de grandes nouvelles pour vous. » C'était un télédémarcheur mais j'avais rappelé.

Récemment, j'ai appelé le directeur d'une grande compagnie aérienne que je ne connaissais pas très bien au sujet d'une campagne de promotion d'un événement sportif dont nous avions la charge. Sachant que les compagnies aériennes n'étaient pas très en fonds en ce moment et que nous avions toujours besoin de billets gratuits, j'ai dit à sa secrétaire : « Merci de dire à monsieur Untel que j'aimerais discuter avec lui d'une idée que je viens d'avoir et que si cette idée lui plaît, il n'aura rien à débourser. » Il a pris la communication.

Si vous avez une connaissance commune avec votre interlocuteur et que *vous savez que les deux entretiennent de bonnes relations,* glisser son nom vous permettra presque toujours qu'on vous le passe. Si l'appel est vraiment important, vous pouvez faire ami-ami avec un tiers à ce dessein. J'ai connu des gens qui, lorsqu'ils voulaient joindre quelqu'un appartenant à une autre entreprise, appelaient d'abord le président de cette entreprise et faisaient confirmer par sa secrétaire que cette personne était bien celle à laquelle ils devaient parler. Lorsqu'ils l'appelaient, ils commençaient par dire que c'était le bureau de monsieur Untel qui leur avait suggéré de prendre contact avec elle.

Qui ne dit mot consent

Un appel téléphonique n'est pas obligatoirement une conversation. Si vous appelez juste pour transmettre une information, sans en attendre une en retour ou en discuter, laissez un message détaillé et ne rappelez pas. Si la partie adverse a des questions, elle rappellera.

Si vous appelez pour répondre à une question, pour confirmer quelque chose ou pour obtenir le soutien ou l'accord de votre interlocuteur, formulez votre message de manière à ce que le silence signifie l'accord. « Merci de demander à monsieur Untel de me rappeler s'il n'est pas d'accord. »

J'ai connu d'excellents vendeurs qui utilisaient cette astuce pour fixer des rendez-vous et qui parvenaient ainsi à rencontrer des personnes qu'ils ne connaissaient ni d'Ève ni d'Adam et qui, sans cela, ne les auraient pas reçus : « Notez sur l'agenda de monsieur Untel que je passerai mercredi prochain à 10 h 30. S'il n'est pas disponible à cette heure-là, demandez-lui de me rappeler, s'il vous plaît. »

Qui est le premier au bout du fil ?

Certains cadres font très attention à être en position de force au téléphone. Ils refusent d'appuyer sur les boutons eux-mêmes et se donnent beaucoup de mal pour n'être jamais les premiers au bout du fil. Là encore, vous devez connaître la personnalité de ceux avec lesquels vous traitez.

Je sais que certains pensent que j'essaie de prendre un ascendant sur eux si je ne suis pas déjà au bout du fil lorsqu'ils décrochent. Lorsque c'est moi qui les appelle, je veille à être toujours le premier au bout du fil.

Je sais qui n'aime pas que sa secrétaire prenne les informations à sa place ou qui préfère toujours fixer ses rendez-vous. Et je sais qui aime répondre au téléphone lui-même et je fais attention à toujours traiter avec eux en personne. Je sais qui je peux interrompre et qui considère que c'est la pire insulte en affaire.

Certains cadres considèrent que leur secrétaire ne doit parler qu'à d'autres secrétaires et s'offusqueraient si je leur fixais personnellement un rendez-vous par l'intermédiaire de leur secrétaire plutôt que de demander à une de mes secrétaires de le faire à ma place.

Vous devez connaître le caractère des individus avec lesquels vous traitez et observer les protocoles qu'ils utilisent au téléphone, pas le vôtre – même si les leurs sont parfois un peu idiots.

LES RÉUNIONS DE TRAVAIL

Les réunions de personnel et les réunions de travail sont le fléau de la vie de l'entreprise. Elles sont essentielles à la communication et à la prise de décisions. Pourtant, la plupart ne servent à rien, ne débouchent sur rien et font perdre leur temps à tout le monde. Puisqu'il est impossible de les supprimer, vous devez en minimiser le nombre, la fréquence et la durée.

Qui sont ces gens et que font-ils dans ma réunion ?

Règle : la productivité d'une réunion est inversement proportionnelle au nombre de ses participants. Premier corollaire : s'il y a plus de quatre ou cinq participants, la productivité décroît de façon exponentielle. Second corollaire : plus une réunion existe depuis longtemps, plus son assistance est nombreuse.

Dans la plupart des réunions de travail, il y a plus de participants que nécessaire. On peut attribuer cela à deux réalités de la vie en entreprise.

Primo, chaque entreprise a son quota de cadres qui mesurent la valeur de ce qu'ils ont à dire au nombre de personnes qui sont obligées de les écouter. Pour ces cadres, une réunion importante est une réunion celle où il n'y a pas assez de sièges pour tout le monde.

Secundo, le « facteur exclusion ». Les réunions deviennent partie intégrante de la méritocratie sur laquelle repose l'entreprise et les salariés mesurent leur importance pour l'entreprise au nombre et à la nature des réunions auxquelles ils sont conviés. Attribuer un créneau horaire fixe ou un nom à une réunion reste le meilleur moyen d'accroître le sentiment d'exclusion au sein de son personnel.

Nous avions un petit comité informel qui, autrefois, se réunissait rarement et de façon irrégulière pour prendre une poignée de décisions. Mais, au fil des ans, sa taille et son objectif ont pris de l'ampleur à tel point que l'atmosphère n'était plus propice à la prise de décision et il s'est transformé en réunion d'informations. Tout le monde voulait quand même y participer. Au final, j'ai décidé que ce comité se réunirait une fois par an, que tous ceux qui le souhaiteraient pourraient y participer et qu'il ne servirait plus ni à prendre des décisions ni à échanger des informations mais juste à faire plaisir à tout le monde. Cela a permis de remettre les choses en perspective et nous avons pu, de nouveau, nous réunir en petit comité.

Les réunions, comme les stratégies d'entreprise, doivent être régulièrement soumises à examen – leur fréquence, leur nécessité et leur taille. Certains, qui sans cela auraient souhaité y assister, pouvaient dès lors se contenter de recevoir les procès-verbaux. D'autres seraient vraiment satisfaits de *ne pas* y participer et être ravis de récupérer du temps pour des activités plus productives.

Il m'est parfois arrivé de fixer des critères arbitraires pour déterminer qui devait assister à nos réunions les plus « populaires » – critères qui me permettaient de décider qui je voulais et qui je ne voulais voir y participer. C'était un peu injuste mais cela a évité bon nombre de controverses inutiles.

Fusionner des réunions

La fréquence et la raison d'être de la plupart des réunions à date fixe peuvent être considérablement modifiées sans qu'elles perdent en rien de leur efficacité.

La phase de démarrage des réunions – le temps qu'il faut pour que tout le monde arrive, s'installe et soit prêt à commencer – pratique une lourde saignée sur les heures de travail des participants. Une réunion mensuelle d'une heure peut très souvent se révéler plus productive que deux réunions bihebdomadaires de 45 minutes. Il faut examiner scrupuleusement l'intérêt de toutes les réunions qui se tiennent plus d'une fois par mois.

Beaucoup de réunions qui remplissent des fonctions parallèles ou qui se recoupent pourraient facilement être fusionnées ou combinées.

L'ironie étant que les réunions suivent une loi inverse de la loi de Parkinson : le nombre de sujets à discuter se réduit pour s'adapter au temps disponible. Des réunions qui ont fusionné ou été combinées au niveau de leurs objectifs et de leur fréquence sont bien plus productives.

Si les réunions sont essentielles au processus de prise de décision, elles ne constituent pas le meilleur forum pour prendre une décision et s'il y a plus de quatre ou cinq participants, il sera probablement presque impossible d'en prendre une.

La prise de décision par une commission n'est ni efficace ni efficiente et les décisions qui en résultent sont rarement les meilleures. Il est aussi, très difficile de céder la responsabilité à une commission. Et il ne faut jamais oublier que le meilleur moyen de perdre le contrôle d'une réunion est d'annoncer qu'une décision devra être prise avant qu'elle se termine.

Les réunions qui sont plus que de simples échanges d'informations devraient permettre aux participants d'exprimer leurs points de vue – pour *aider* le décideur à prendre sa décision. Mais il vaut mieux qu'il la prenne plus tard. Cela évite de nouvelles discussions, réduit les risques de confrontations, décourage le trafic d'influences et confère une clarté à la décision.

Comment organiser une réunion

L'heure à laquelle une réunion commence et *celle à laquelle elle se termine* doivent être décidées le plus vite possible, couchées par écrit (afin d'encourager la ponctualité) et distribuées nominalement à chacun des présents. On observe généralement une plus grande ponctualité aux réunions qui débutent à des heures moins habituelles – 10 h 15 plutôt que 10 h 30.

Si plusieurs sujets doivent être abordés, vous devez distribuer un ordre du jour à chaque participant à son arrivée. Moins à titre informatif que pour faire avancer les débats. Si chacun sait à quelle heure la réunion se terminera et voit le nombre de sujets qui restent à traiter, il sera plus facile d'abréger une discussion sur un sujet et de passer au suivant.

Si je préside la séance, je commence en général par donner les informations, brefs, tous les points qui n'ouvrent pas matière à discussion, et je garde les sujets plus longs et les points à débattre pour la fin.

Pour ces sujets plus longs et qui seront sujets à discussion, je résume d'abord l'idée générale et toutes les questions secondaires afin d'élimer le maximum de questions inutiles.

Les réunions de couloir

J'aimerais rencontrer le type qui a dit un jour qu'« il n'y a pas de question stupide » et l'obliger à assister au cycle de réunions mensuelles de n'importe quelle grande entreprise. Une « question stupide » est une question posée avant ou après la réunion et qui n'éclaire personne, sauf celui qui l'a posée.

Je me hasarderais à dire qu'on pourrait supprimer la moitié des réunions dans les entreprises américaines et qu'elles ne manqueraient à personne. Convoquer une réunion est souvent une réaction automatique pour traiter des sujets qui sont un peu trop complexes pour être gérés en interne au téléphone. Les « réunions de couloir » – en d'autres termes tout rassemblement informel de trois ou quatre personnes en vue d'échanger des informations ou pour arriver rapidement à un consensus – sont une bien meilleure alternative et surtout bien plus efficace.

Les gens seront aussi moins vexés de ne pas avoir été « invités ».

LES RÉUNIONS D'AFFAIRES

Vous avez bien sûr moins de contrôle et d'autorité sur la durée d'une réunion d'affaires que sur celle d'une réunion de travail. Pourtant, même pendant mes réunions d'affaire – à son bureau ou au mien – je parviens assez bien à faire coïncider la durée de la réunion avec le temps que j'ai décidé de lui allouer.

Pour y parvenir, il faut décider immédiatement et en faire le premier point de la discussion – en l'intégrant à l'ordre du jour ou en l'annonçant dès les premières secondes – de combien de temps vous disposez. La majorité de vos interlocuteurs vous en sauront gré. Cela leur donne une idée plus précise du temps qu'ils peuvent consacrer aux différents sujets.

Je me répète, le début de la réunion – de l'échange des salutations au véritable début de l'entretien – est plus crucial pour son contenu et déterminant pour ses résultats que tout ce qui suivra. J'utilise ce moment pour rappeler l'ordre du jour, donner le style et l'atmosphère et produire les impressions qui servent mes desseins. Raison pour laquelle je consacre toute mon attention au début de la réunion. Je ne laisse introduire personne dans mon bureau tant que je n'ai pas terminé un appel téléphonique ou fini de parcourir des dossiers pour pouvoir consacrer toute mon attention à la personne avec qui je m'apprête à avoir un entretien. Je tolère rarement qu'un appel téléphonique ou toute autre activité professionnelle vienne interrompre ces premiers instants. Je donne l'ordre d'apporter du café ou toute autre boisson *et* je les fais *servir* avant que les choses sérieuses commencent. Si je peux contrôler ces toutes premières minutes, je déterminerai la durée de la réunion ainsi que presque tout le reste.

S'il est temps de mettre fin à une rencontre et que votre interlocuteur ne semble pas en éprouver le désir, il y a toutes sortes de choses que vous pouvez dire ou exprimer par votre body language. (Parfois, je décroche le combiné du téléphone et je le garde à la main). Il vous suffit de le dire ou de le manifester par votre attitude.

Très souvent, une rencontre entre deux personnes qui ne se connaissent pas très bien s'éternise parce que chacun attend que l'autre prenne l'initiative d'y mettre fin. La moindre allusion suffit pour la conclure.

Il est parfois préférable de prendre son temps

Bien sûr, vous devez aussi savoir qui (comme Roone Arledge) se braquera si vous émettez le moindre signe trahissant une envie d'abréger la discussion. La plupart de nos cadres préfèrent travailler vite, passer d'une affaire à l'autre, attaquer un problème bille en tête, le résoudre ou s'en débarrasser, et passer au suivant. Il est capital de savoir qui, parmi tous ceux avec lesquels vous êtes en relation, sera pris à rebrousse-poil par une approche hyperactive.

En règle générale, les Japonais considèrent le désir de mettre fin rapidement à une réunion comme un manquement à l'étiquette et un manque de respect envers leurs coutumes et leur culture. Si vous essayez d'aller trop vite de A à B, vous pourriez bien ne jamais y arriver.

Dans notre branche, c'est la même chose lorsque nous traitons avec les fédérations sportives. Il s'agit d'emplois bénévoles et ceux qui les occupent s'acquittent de leur tâche, non parce qu'ils le doivent mais parce qu'ils en ont envie. C'est leur loisir. Lorsque vous essayez d'abréger un entretien ou que vous les forcez à entrer dans le vif du sujet au lieu de les laisser parler de tout et de rien, vous adoptez une conduite suicidaire.

Une fois, j'ai traité avec un officiel d'une fédération britannique qui donnait tellement l'impression d'être au ralenti qu'il devait, je cite un de nos partenaires commerciaux, « se visser les chaussures aux pieds ». Chaque fois que nous déjeunions ensemble, il me fallait littéralement trois heures pour l'amener à aborder le premier point.

Il donnait également l'impression de ne jamais avoir envie de mettre fin à nos entretiens et j'en suis arrivé au point, lorsque je voulais lui indiquer que je devais partir, d'enlever ma montre et de la poser sur la table, entre nous deux. Mais, il semblait faire si peu de cas des contraintes horaires de ses interlocuteurs que je pensais qu'il ne l'avait même pas remarqué. Pourtant si. Un jour, il a mentionné à notre partenaire commercial commun, l'étrange habitude que j'avais d'ôter ma montre pendant les déjeuners et il se demandait si cela ne m'en avait pas fait perdre plusieurs.

Les réunions au restaurant

Les petits déjeuners, les déjeuners et les dîners d'affaires tiennent une place importante dans ma journée de travail parce que, comme je l'ai déjà dit, je les préfère aux réunions de bureau : ils sont forcément plus intimes, plus conviviaux et moins formels. Vous en apprenez plus sur votre interlocuteur qui est plus vulnérable et plus réceptif.

Je prends grand soin à veiller que l'atmosphère de ces repas soit non seulement détendue mais aussi propice aux affaires. Primo, et pour toutes les raisons mentionnées plus haut, je vais rarement au restaurant avec plus d'une personne. (Avec plus d'un invité, les dynamiques psychologiques deviennent plus changeantes et, par conséquent, plus difficiles à interpréter et à contrôler).

Secundo, surtout à New York, Paris ou Londres, où vous êtes souvent assis plus près du convive de la table voisine que de la personne qui vous accompagne, je réserve toujours au minimum pour trois. Cela m'évite d'avoir l'impression d'être une sardine dans sa boîte.

Tertio, je ne parle jamais affaires avant d'avoir commandé et rendu le menu. Étant convaincu que les deux ou trois premières minutes déterminent la suite, la présence d'un serveur qui s'affaire autour de la table au début de la discussion me distrait.

Enfin, même si je n'ai jamais ressenti l'envie de ne fréquenter que les restaurants « chic », je ne fréquente que les établissements où l'on sait ce qu'est une atmosphère de repas d'affaires : les restaurants qui se donnent autant de mal pour vous procurer le calme, le silence et la tranquillité que pour préparer leurs spécialités.

CONNAÎTRE SES HABITUDES DE TRAVAIL

J'ai appris au fil des ans à organiser mon emploi du temps en fonction de mes habitudes de travail. Je réfléchis mieux le matin de bonne heure. J'en profite pour passer des appels téléphoniques dans les différentes régions du monde où la journée de travail a déjà commencé. Je me lève généralement deux ou trois heures avant ma première obligation professionnelle pour faire tout un tas de choses, des pompes, lire la presse économique ou passer des coups de fil à l'étranger. J'ai aussi tendance à organiser beaucoup de réunions tôt le matin. La plupart des réunions du personnel débutent à 7 heures ou 7 h 30 et, il n'est pas rare que j'aie deux petits déjeuners d'affaires avant d'arriver au bureau. Je commence toujours par dicter mon courrier, lorsque j'ai l'esprit le plus clair.

À midi, j'ai déjà fait le plus gros de ma journée et mes après-midi sont un peu moins frénétiques. Je garde les rendez-vous et les activités susceptibles de déborder pour la fin de la journée et parce que c'est là que je serai plus détendu. La moitié environ de mes soirées sont consacrées à mes activités professionnelles. Je considère les autres comme des récompenses. Les trajets me servent autant à me reposer et me détendre qu'à me rendre d'un endroit à un autre.

J'ai constaté que la plupart des gens sont plus efficaces en début de journée et semblent ralentir un peu après le déjeuner. Mais je suis certain que pour d'autres c'est exactement l'inverse. Ils prennent de l'élan et accélèrent le rythme au cours de la journée. L'important étant de connaître son horloge biologique et d'organiser sa journée en conséquence.

Une fois que vous avez trouvé une organisation qui vous convient pour vos journées de travail, *ne changez rien.* Il peut par exemple m'arriver, à l'occasion, de dicter mon courrier dans une limousine en me rendant à l'aéroport, mais en général, c'est quelque chose que fais systématiquement le matin. En vingt ans, je peux compter sur les doigts d'une main les fois où une lettre ou un rapport ont été si importants que je n'ai pu attendre jusqu'au lendemain matin.

Je sais que pour exploiter au maximum mes capacités, je dois exploiter au maximum le temps dont je dispose. J'ai une attitude agressive vis-à-vis du temps et je m'efforce de le contrôler pour éviter qu'il me domine.

Néanmoins, une des réalités les plus simples pour bien gérer son temps, c'est peut-être de comprendre que *la semaine de 40 heures, c'est bon pour les syndicats.* Je n'ai jamais rencontré un homme d'affaires prospère qui ne travaille pas beaucoup plus que 40 heures par semaine. En fait, ceux qui travaillent le plus sont aussi ceux qui travaillent le mieux. Les deux sont intimement liés.

Grace à une organisation qui respecte mes habitudes de travail, en prévoyant mes moments de loisir et mon temps de travail et en notant tout par écrit, je peux me libérer totalement l'esprit de tout ce qui a trait au travail lorsque je ne travaille pas et me concentrer complètement sur mon travail lorsque je travaille. Ceci me permet d'avoir l'esprit léger le soir lorsque je vais me coucher. Je dors comme un loir.

APPRENDRE À DIRE NON, MÊME LORSQUE C'EST DIFFICILE

Vous voulez connaître le secret pour gagner du temps ? Dire non. Les gens ont du mal à le faire même lorsque c'est la seule réponse possible. Ils ont peur de vexer quelqu'un, ils couvrent leurs arrières à moins qu'ils ne veuillent tout simplement pas prendre de décision à ce moment précis.

Il est très facile de dire non sans être impoli. Un non exprimé à contrecœur et à regret ou avec une excuse vraisemblable (« Si je n'étais pas si pressé par le temps… » « Si j'avais su cela il y a six mois… ») peut être aussi définitif et sans appel qu'un « Cela ne m'intéresse pas ».

Le plus gros problème, c'est la répugnance à prendre une décision définitive, le sentiment qu'il existe une chance, même infime, de passer à côté d'une bonne occasion. Je me suis trouvé très souvent dans cette situation et je me suis forcé à dire non même lorsque c'était difficile.

Tout récemment, on nous a contactés pour organiser un grand événement sportif qui était déjà financé. Même si je savais que nous pourrions probablement le faire, j'ai pensé que le coût en temps et en main-d'œuvre était prohibitif et j'ai refusé. Toute opportunité doit être étudiée par rapport à vos autres engagements et, parfois, vous en raterez une. Mais si vous essayez de renifler toutes les occasions jusqu'à ce que vous soyez sûr à 100 %, dans un sens ou dans l'autre, vous risquez de mettre toute une entreprise à genoux.

Les gens ont autant de mal à dire non surtout parce qu'ils pensent gagner du temps en ne répondant pas tout de suite. Lorsque vous vous sentez submergé ou harcelé, il est plus facile pour vous de dire « Laissez-moi réfléchir » ou « Je vous rappellerai » que de trancher tout de suite et de ne plus y penser. C'est particulièrement tentant lorsque vous savez déjà que la réponse sera négative.

Il est évident que ces situations ne se résoudront pas toutes seules et en refusant d'y consacrer cinq minutes, vous finirez probablement par y passer ensuite beaucoup plus de temps.

On m'a souvent dit non et je préfère vraiment une réponse négative immédiate à un peut-être qui s'éternise. Habituellement, cela finit par me faire perdre plus de temps, pour aboutir de toute façon au même résultat.

Un non vaut souvent mieux pour tout le monde. Cela fait gagner du temps aux deux parties et vous apportera un sentiment de satisfaction. L'idée de ne pas avoir à en discuter de nouveau peut vous donner l'impression d'avoir vraiment accompli quelque chose.

LA PRISE DE DÉCISION

Quelqu'un m'a raconté un jour que lorsque Ford fait passer un entretien à un candidat qui postule pour un poste de cadre, ils regardaient si l'employé potentiel mettait du sel et du poivre sur ses aliments avant d'y avoir goûté, leur théorie étant que ces individus sont plus enclins à prendre une décision avant de connaître l'ensemble des faits.

J'espère que c'est une légende. Primo, parce que je ne vois pas le rapport avec la prise de décision – je connais d'excellents décideurs qui aiment manger très épicé – et secundo, parce que l'un des plus gros problèmes qu'ont les gens au moment de prendre une décision, c'est le besoin de connaître *beaucoup trop* de faits, leur raisonnement étant que s'ils disposent de suffisamment de faits, leur décision s'imposera d'elle-même.

Les personnes pour lesquelles j'éprouve le plus de respect en affaires prennent des décisions sur-le-champ. Elles n'ont pas besoin de connaître tous les faits « disponibles » au préalable. Elles acceptent l'idée qu'il leur arrivera de prendre de mauvaises décisions mais ont assez confiance en elles pour savoir que la plupart du temps elles en prendront de bonnes.

Une réputation de bon décideur repose autant sur la rapidité et la fermeté de la décision que sur les résultats.

Le « pif »

Chaque fois qu'on pose une question, même très simple, à certaines entreprises, elles répondent invariablement la même chose : « Je crois que nous disposons des données sur cela. »

La prise de décision est un processus plus intuitif qu'analytique et le nombre d'études de marché, de groupes de discussion et des rapports de recherche n'y changera rien. Le danger étant que plus on fournira de données aux décideurs, plus ils auront tendance à sous-estimer l'importance de l'intuition – le « pif ».

Comme je vous l'ai expliqué dans un précédent chapitre, pour trouver le bon timing d'une vente, vous devez convertir des perceptions sensorielles en action consciente. Pour la prise de décision, c'est exactement la même logique mais en sens inverse. Vous devez prendre des données analytiques, des faits et des chiffres et les convertir en perceptions sensorielles. Si vous éliminez le besoin de « sentir » la décision, vous n'en prendrez jamais d'excellentes ou vous n'en prendrez pas du tout.

On m'a raconté l'histoire d'un chercheur de l'Université de Columbia qui s'était vu octroyer une subvention pour étudier comment utiliser les vibrations sonores pour exterminer les insectes. Pour l'une de ces expériences, il avait dressé un cafard pour qu'il saute par-dessus un crayon lorsqu'il lui disait « Saute ! » Mais pendant une expérience, le cafard s'est retrouvé prisonnier dans un tiroir et, en essayant d'en sortir, il a perdu quelques-unes de ses pattes.

Le savant constata qu'après cet accident, il avait beau crier « Saute ! » le cafard ne bougeait pas d'un poil. Dans son rapport, il conclut : « Le cafard a été tellement traumatisé par la perte de ses pattes qu'il en est devenu sourd. »

Les faits sont les outils du décideur mais (1) ils ne remplaceront jamais l'intuition, (2) ils ne prendront pas la décision à sa place, et (3) ils ne lui seront utiles que dans la mesure où il saura les interpréter.

Certains décideurs ignorent les faits (« Ne m'encombrez pas l'esprit avec tous ces détails ») mais un nombre beaucoup plus important d'entre eux se servent des faits pour justifier des décisions qui les arrangent ou qu'ils ont déjà prises plutôt que celles que ces mêmes faits soutiennent vraiment. Il est difficile de prendre de bonnes décisions en s'appuyant sur de mauvaises conclusions juste parce que ces dernières vous rassurent, vous confortent ou vous rendent service.

Ne pas s'arrêter aux faits

Pour faire le meilleur usage des faits – données marketing, enquêtes, rapports, ce que les gens vous disent – vous ne devez pas les interpréter littéralement mais découvrir ce qu'ils indiquent. Un panneau stop vous ordonne de vous arrêter mais il indique l'existence de schémas de circulation incompatibles et certaines conséquences si vous l'ignorez/passez outre.

Sondez les marges. Qu'est-ce que les faits vous révèlent sur les tendances, les partis pris, les conflits, les opportunités ?

Certains décideurs diront « Il ne faut pas faire cela parce que trois autres personnes ont essayé et ont échoué » mais un bon décideur essaiera de découvrir ce que ces trois-là ont fait et n'ont pas fait de similaire avant d'arriver à la même conclusion.

Voir au-delà des faits

L'information la plus utile pour prendre votre décision se trouve parfois au-delà des faits. Ne vous contentez pas de ce que vous savez déjà.

Malgré nos succès pour permettre à nos clients sportifs qui se sont retirés de la compétition de conserver un revenu fixe, ils subissent inévitablement une baisse de revenus. Reconnaissons, pour être réalistes, que cela nous fait plus de tort, en tant qu'entreprise, qu'au sportif lui-même. Un Björn Borg, par exemple, s'il décide de se retirer, peut garder un train de vie aussi confortable avec un million de dollars plus les royalties qu'avec les 5 millions de dollars qu'il gagne par an en tant que professionnel en activité. Mais pour notre entreprise qui a des charges fixes à payer tous les mois, la perte de 80 % sur notre commission peut avoir des répercussions. Cela nous place constamment sous la pression de devoir dénicher le « nouveau Borg » même quand il n'y en a pas.

En réfléchissant à ce problème il y a déjà plusieurs années, j'en suis venu à conclure que c'était inhérent à la spécificité de notre activité et que nous devions intégrer cet élément. Mais une fois arrivé à cette conclusion, ma réflexion n'était plus limitée par des faits indéniables. Et j'ai entrevu une nouvelle solution qui transcendait les faits : représenter des sportifs et des compétitions. C'est de cette réflexion que naquit le logo de Wimbledon et ses nombreux contrats de licence, un de nos programmes de licences les plus rentables et certainement un des moins sujets aux aléas. Wimbledon n'a pas besoin de gagner des tournois pour conserver sa visibilité et il ne devrait pas prendre sa retraite de sitôt. Cela nous permet de bénéficier d'une source de revenus régulière et prévisible pour compenser l'activité plus fluctuante de la représentation des sportifs.

Une prise de décision saine est un processus constant qui suppose qu'on soit au courant de l'actualité, qu'on perçoive comment de nouvelles informations peuvent modifier d'anciennes décisions et qu'on anticipe l'avenir.

Mettre à jour le logiciel

Un cirque empêche un éléphanteau de prendre la poudre d'escampette en l'enchaînant à un piquet. Lorsque l'animal tire sur la chaîne, les maillons lui entaillent la patte et il en conclut que, pour éviter la douleur, le mieux est de ne pas bouger.

Lorsqu'il grandit, le cirque continue de l'attacher au même petit piquet. L'éléphant adulte pourrait à présent l'arracher facilement du sol mais il se souvient de la douleur et il n'est pas assez intelligent pour intégrer les nouvelles données – le changement de contexte. Le minuscule piquet continue d'empêcher l'éléphant de deux tonnes de s'enfuir.

Beaucoup de cadres sont trop tributaires des vielles données, des conventions passées de mode ou continuent de prendre des décisions en fonction de ce qui marchait il y a vingt ans. Ils oublient de mettre à jour leur logiciel.

Suivre sa première impression mais...

Je suis presque toujours ma première impression mais je m'accorde toujours un certain délai de réflexion. Les décisions sont – et doivent être – en partie émotionnelles mais il faut garder toutes ses options ouvertes en attendant que la froide et impitoyable lumière de la raison puisse les éclairer : existe-t-il des considérations évidentes qui n'ont pas été envisagées ? Si aucune ne me vient à l'esprit au cours des premières vingt-quatre heures, cela signifie qu'elles ne me viendront probablement jamais – ou qu'elles me viendront trop tard de toute façon.

Les bonnes décisions s'auto-réalisent

Si vous doutez immédiatement d'une décision que vous venez de prendre, elle a de grandes chances d'échouer non parce que c'était une mauvaise décision mais parce que vous avez miné ses chances de succès.

Beaucoup de décisions douteuses se sont transformées en succès parce que ceux qui les avaient prises étaient convaincus de leur succès et beaucoup de bonnes décisions ont été des échecs parce que ceux qui les avaient prises n'ont jamais pu surmonter les doutes qu'ils nourrissaient à leur sujet.

Lorsque j'ai pris la décision de créer et de commercialiser un logo pour Wimbledon, j'ai rencontré beaucoup de résistance auprès de nos employés à qui j'ai confié le projet. Primo, Wimbledon existait depuis près d'un siècle et si mon idée était si bonne que cela, pourquoi personne ne l'avait-il eue ? Secundo, le public peut s'identifier à un Borg, à un Palmer ou à un dessinateur de mode mais personne ne porterait le nom d'un tournoi de tennis sur son tee-shirt. Et, plus préjudiciable, nous allions au-devant d'ennuis. Il y avait 25 entreprises dans le monde qui utilisaient déjà le nom générique *Wimbledon* sur leurs produits. Notre département juridique doutait qu'il y ait de l'argent à gagner dans cette aventure, encore moins que nous puissions créer un marché.

Mais j'étais certain qu'un logo de Wimbledon était une bonne idée et que c'était à nous d'en faire un succès. Si j'en avais été moins convaincu ou si j'avais simplement cherché les signes qui m'indiqueraient que j'avais tort, Wimbledon serait sûrement resté un nom générique que tout le monde pourrait utiliser à son gré.

Pile ou face

Très souvent, vous avez déjà pris une décision mais vous ne le savez pas encore – même si vous êtes toujours en train de débattre.

Au lieu de continuer à peser le pour et le contre, essayez ce petit truc : lancez une pièce en l'air. Face : c'est oui. Pile : c'est non. À présent, quel sentiment *éprouvez*-vous face au résultat ? Vous aurez la surprise de constater que votre réaction émotionnelle tranchera à votre place et confirmera ce que vous saviez déjà inconsciemment.

LA COMMUNICATION DANS LES LOCAUX

Je crois que la rapidité d'exécution et la rapidité d'échange de l'information dans une entreprise tiennent plus au style qu'au système.

Comme je l'ai déjà dit, je préfère les échanges d'informations informels à l'atmosphère plus formelle et chronophage des réunions. Je préfère me rendre dans les bureaux des autres plutôt que leur demander de venir dans le mien (il m'est plus facile de m'en aller du bureau de quelqu'un que de faire sortir quelqu'un du mien). Je préfère arrêter quelqu'un dans le couloir ou lui demander quelque chose par téléphone plutôt que convenir d'un rendez-vous formel qui durera au minimum cinq minutes pour obtenir une information qu'il peut me donner en vingt secondes. J'ai constaté que je recueille en général 90 % des informations dont j'ai besoin pendant ces échanges brefs et informels.

Je préfère demander à nos cadres une note de service d'une ligne ou un communiqué sur tel ou tel sujet qu'un rapport officiel. Lorsque je me rends dans un de nos bureaux, je garde souvent à la fin de ma visite dix à quinze minutes à cet effet. Je passe voir quelques personnes pour leur donner une note de service d'une ligne ou pour leur en demander une. J'ai constaté que ces petits échanges sont pour moi le meilleur moyen de savoir ce qui se passe en ce moment dans le monde.

Ces brefs échanges informels ont tendance à se répandre dans toute notre organisation et à devenir notre style de communication. Les employés adoptent souvent les petites manies et les habitudes de leurs dirigeants et la façon d'échanger des informations est une des petites manies les plus faciles à adopter. Si un dirigeant sait échanger rapidement des informations, la plupart de ceux qui travaillent sous ses ordres le sauront aussi. S'il est du genre solennel, s'il a tendance à enfoncer des portes ouvertes ou à prendre plus de temps que nécessaire pour dire ce qu'il a à dire, tout son département sera contaminé par son style.

Le style personnel d'un dirigeant – la vitesse à laquelle il est capable d'échanger des informations – contribue plus à l'efficacité du département que n'importe quel système d'organisation.

ÉCRIRE OU NE PAS ÉCRIRE

Si vous avez une bonne raison d'écrire – pour consigner quelque chose pour un futur rapport, confirmer un accord, noter une suite complexe de faits ou de chiffres – écrivez. Même pour vous couvrir ou expliciter votre position si vous soupçonnez qu'elle puisse être remise en question. Deux autres bonnes raisons. Mais si vous n'en avez pas, demandez-vous si une communication orale ne serait pas plus simple et plus efficace.

Mais vous ne devez jamais oublier, et c'est la chose la plus importante à retenir ici, qu'une communication écrite engendre plus de travail que le temps qu'il vous a fallu pour la rédiger et celui qu'il faudra à quelqu'un pour la lire.

Bob Anderson, le président de Rockwell International, m'a dit un jour que si un directeur d'une autre entreprise avait quelque chose à lui communiquer, il préférait toujours que l'échange se fasse oralement. Une communication écrite soulève toutes sortes d'interrogations qui devront toutes être envisagées. Comment y répondre ? Qu'est-ce que l'expéditeur a vraiment voulu dire ? Y a-t-il des implications juridiques ou la question relève-t-elle de la S.E.C.[40] ? Est-ce une recommandation – ou une menace ?

Même chose pour la plupart des échanges écrits entre départements et entre cadres. Coucher des informations sur le papier implique que certaines possibilités doivent être envisagées. Cela

---

40. Securities and Exchange Commission, organisme fédéral américain en charge de la réglementation et du contrôle des marchés financiers (NDT).

signifie aussi en envisager certaines qu'il vaudrait mieux ne pas envisager.

Une bonne habitude à prendre ? Ne recourir à la communication écrite que dans les cas évoqués en début de paragraphe.

Voilà quelques règles simples et évidentes à appliquer pour la rédaction de notes de service à usage interne :

- Toujours commencer par mentionner l'expéditeur, le destinataire, la date et le sujet.

- Donner l'information. Une note de service d'une ligne a plus d'impact qu'une note de deux lignes et ainsi de suite. Ne pas tourner autour du pot et éviter les effets de style. Il n'y a pas de prix littéraire pour la meilleure note de service de l'année.

- Ne pas entrer dans les détails. Les notes de services servent à échanger des informations pas à en débattre. S'il s'agit d'un sujet compliqué, une communication interactive – une discussion face à face ou un coup de téléphone – sera plus indiquée. Les notes de service qui transmettent une position ou une opinion dégénèrent souvent en guerre de notes de service.

- Attendre 24 heures avant d'envoyer une note de service polémique. Les « notes de service de réaction » (la première salve d'une guerre de notes de service) entrent souvent dans cette catégorie. Elle pourrait revenir vous hanter plusieurs années après son envoi.

- Des notes de service sur les dossiers pourraient se révéler utile. Elles consignent des détails que sans cela vous pourriez oublier. On accorde plus de crédibilité aux faits enregistrés dans des notes de service qu'à ces mêmes faits rappelés des semaines, des mois ou des années plus tard. Et les notes de service sur les dossiers n'exigent pas de réponse.

J'aimerais souligner un dernier point au sujet de la paperasse en général, et des notes de service en particulier. J'essaie de rédiger des notes de service qui puissent être lues une fois et jetées après. Mais c'est ce que je fais avec la plupart du courrier que je reçois, qu'il soit écrit à cet effet ou pas.

Hormis barrer quelque chose sur mes listes, il n'y a rien qui me fasse plus plaisir que remplir ma corbeille à papier et j'estime que c'est le destin de 95 % de la paperasse que je reçois. Il m'est arrivé plusieurs fois de jeter quelque chose et de le regretter ensuite. Mais c'est, je crois, un petit prix à payer pour le plaisir de ne jamais avoir à revoir le reste de cette paperasse.

Ça me rappelle l'histoire à propos de Lew Wasserman et de ses fameux raids de minuit sur les corbeilles à papiers de MCA. Elle est peut-être apocryphe mais votre serviteur l'a si souvent entendue racontée que je suppose que, si cette histoire n'est pas véridique, elle pourrait l'être.

Wasserman se rendait tard dans la soirée dans les bureaux de MCA et jetait à la corbeille tous les papiers qu'il trouvait sur les bureaux. Le lendemain, il répondait aux cadres scandalisés : « Si vous n'avez pas pu vous en occuper avant de partir, c'est que cela n'en valait pas la peine. »

C'était probablement une façon pour Wasserman de faire comprendre à certains employés qu'ils devaient revoir leur façon de travailler et, surtout, leur gestion du temps. Cette anecdote n'est donc pas à prendre au pied de la lettre. Pourtant, beaucoup de ceux que je reçois dans mon bureau en fin de journée, me disent, en plaisantant : « Mark, vous n'êtes pas aussi occupé que cela. Il n'y a pas un seul papier sur votre bureau. »

UN ESPACE DE TRAVAIL AÉRODYNAMIQUE

Je suis persuadé que l'aspect d'un espace de travail – bien rangé, fonctionnel, aérodynamique – peut avoir beaucoup d'influence sur la vitesse du travail.

Lorsque vous pénétrez dans un espace de travail qui a l'air mal organisé, vous commencez à ressentir un sentiment de « désorganisation ». Nous avons dû plusieurs fois demander à nos employés de ne pas laisser traîner de feuilles volantes sur leur bureau – au moins de les empiler pour les dissimuler – et de prendre leurs repas dans la pièce prévue à cet effet plutôt que dans leur bureau.

Ils nous ont reproché d'être trop tatillons et de pinailler. Si je n'avais pas pensé que c'était quelque chose de très important, je n'aurais bien sûr pas autant insisté là-dessus. Je suis intimement persuadé que le rendement d'un bureau est proportionnel à son aspect fonctionnel.

Il m'est arrivé d'entrer dans des locaux qui donnaient l'impression d'avoir été installés par les Keystone Kops[41] – avec les photocopieurs installés plusieurs étages en dessous des services qui en avaient le plus besoin ; un service de secrétariat disséminé, installé en général, au même étage que le département en charge de la facturation et de la comptabilité et d'autres départements indirects ; des documents archivés loin des bureaux desquels ils émanaient.

Ce sont en général des choses relativement faciles à corriger. Je suis persuadé que beaucoup d'entreprises fonctionneraient mieux si les experts en efficacité passaient un peu plus de temps à déplacer le mobilier et moins à analyser les systèmes.

---

41. Policiers incompétents que l'on retrouve dans de nombreux films burlesques de la Keystone Film Company tournés entre 1912 et 1917 (NDT).

14

RÉSERVÉ AUX ENTREPRENEURS

Une des plus importantes mutations culturelles survenues au cours de ces trente dernières années a été la redéfinition du Grand Rêve Américain. Nos concitoyens ne se contentent plus de travailler pour s'acheter deux voitures et une maison dans le quartier où se trouvent les meilleures écoles. Aujourd'hui, le plaisir qu'on éprouve au travail compte plus que celui que l'on tire de sa rétribution tangible.

Beaucoup d'individus sont persuadés qu'ils ne seront jamais complètement satisfaits sur le plan professionnel en travaillant pour un tiers. Si vous leur donnez le choix entre devenir président de l'entreprise qui les emploie et monter leur propre boîte, ils choisiront de devenir entrepreneur. Monter son entreprise est devenu le nouveau Grand Rêve Américain.

J'ai monté mon entreprise et je peux témoigner que tout est exactement tel que je l'avais imaginé. Mais comme me l'a dit un jour John Mack Carter, rédacteur en chef du magazine *Good Housekeeping :* « 99 % de la population mondiale devraient travailler pour quelqu'un d'autre. » Je suis plutôt d'accord avec lui, raison pour laquelle ce chapitre se trouve à la fin et non au début de ce livre.

Si tous ceux qui ont un jour émis le souhait de monter une entreprise avaient franchi le pas, il ne resterait plus un seul salarié dans ce pays. Mais pour la plupart des gens, cette envie ne dépasse jamais le stade du fantasme et ils ne font pas tous les efforts pour réaliser leurs rêves.

Vous devez commencer par analyser vos motivations, et ce faisant, décider si vous n'êtes qu'un doux rêveur ou si vous faites partie du 1 %.

Si vous voulez monter votre propre entreprise parce que « vous en avez marre qu'on vous donne des ordres », parce que vous voulez davantage de « liberté » ou parce que vous ne vous sentez pas apprécié à votre juste valeur, oubliez. Ce ne sont pas des raisons pour monter une entreprise ; ce sont des raisons pour quitter votre emploi actuel. Si vous voulez « gagner beaucoup d'argent », ce n'est probablement pas non plus une bonne raison. C'est une ambition tout à fait légitime mais si c'est votre motivation principale, vous ne pourrez jamais tenir pendant les inévitables années de vaches maigres.

Avant de fonder notre entreprise, j'étais avocat dans un prestigieux cabinet de Cleveland mais je savais que je ne voulais pas passer le reste de ma vie à pratiquer le droit des affaires. J'adorais négocier les contrats mais pas les rédiger et la sécurité de l'emploi ne suffirait pas à me convaincre de rester dans ce cabinet. J'étais prudent et j'avais même quelques appréhensions mais j'avais encore plus peur de perdre mon temps et mon énergie dans une carrière qui ne me plaisait pas. Je ne pouvais pas me permettre de ne pas tenter l'aventure.

Je suis persuadé qu'il s'agit d'une des motivations que l'on retrouve chez la majorité des entrepreneurs qui ont réussi : le sentiment que s'ils ne tentaient pas l'aventure, ils le regretteraient toute leur vie. C'est ce qui vous donne l'élan nécessaire pour quitter votre emploi, pour couper le cordon ombilical avec l'entreprise qui vous emploie et ce qui vous donne la force de continuer même lorsque le monde entier semble se liguer contre vous. Monter une entreprise est un engagement financier et professionnel. Mais c'est aussi un engagement émotionnel.

Il y a cinq ans, un de mes amis a monté une entreprise de confection aujourd'hui très prospère. Il m'a avoué récemment que s'il avait pu prévoir comment se passeraient les deux premières années, il n'aurait jamais tenté l'aventure.

Nous n'avons pas connu autant de difficultés mais je peux comprendre ce qu'il voulait dire. Il y a tellement de moments lorsque vous montez une entreprise où le négatif l'emporte sur le positif que tous les sentiments de satisfaction qu'on éprouve sont une très petite compensation. Il y a des périodes où seul l'engagement émotionnel nous permet de tenir.

SE POSER LES QUESTIONS DIFFICILES

Lorsqu'on monte une entreprise, ce n'est pas le moment de se mentir à soi-même et, pourtant, il est assez tentant de se laisser séduire par ses données, ses business plans et ses prospectus, de succomber au charme de ses propres mots et de ses estimations.

Vous devez être capable de « décrire votre entreprise » de façon claire et succincte. S'agit-il d'une idée « tangible » (un nouveau produit ou un service qui vient combler un vide bien identifié) ou une idée « intangible » (un cabinet de consulting, un secteur déjà encombré, ou une idée qui n'est pas aussi nouvelle que cela ?) Au début, le danger est que tout est encore fictif et que cette fiction peut vous empêcher de poser les bonnes questions et d'y répondre avec l'honnêteté requise :

Le bon alignement des planètes

Est-ce qu'il y a un marché pour votre idée ? Est-elle dans l'air du temps ? Y a-t-il une demande ? Quel avantage possède-t-elle sur les concurrents déjà en place ?

J'ai vu beaucoup de nouvelles entreprises de consulting mettre la clef sous la porte parce que l'idée était tout simplement mauvaise. Je suis même surpris du nombre de personnes qui pensent que quelqu'un sera prêt à payer pour leur expertise alors que cette dernière n'a rien d'essentiel et qui, en plus, n'ont aucune grosse réussite personnelle à mettre en avant pour convaincre des clients potentiels.

Si je fondais IMG aujourd'hui, exactement comme je l'ai fait il y a vingt ans, je ne suis pas du tout convaincu que cela fonctionnerait et je suis presque certain que cela n'aurait pas aussi bien marché. Arnold Palmer était le sportif dont il fallait être l'agent commercial à une époque où le golf prenait chaque jour plus d'importance. Dix ans après, en représentant Laver puis Newcombe et enfin Borg, nous avons pu rencontrer le même succès dans le tennis et, aujourd'hui, dix ans plus tard, nous sommes en position de récidiver avec la course à pied, même si aucune superstar n'a encore émergé dans cette discipline.

Mais, pour les deux premiers – le golf et le tennis – même s'ils restent des marchés importants, on constate un aplanissement de la courbe de croissance.

Si j'étais obligé de reproduire aujourd'hui le succès initial d'IMG, je devrais attendre que la même combinaison de facteurs – le bon alignement des planètes – se présente : une discipline sportive en plein essor, avec un potentiel de croissance éclair, et une superstar qui incarne l'essence de ce sport.

Pourquoi est-ce que cela ne fonctionnera pas ?

Quels problèmes immédiats suis-je susceptible de rencontrer ? Sont-ils insurmontables et, s'ils ne le sont pas, comment vais-je les résoudre ?

Qu'est-ce qui me fait penser que je peux y arriver ?

Les nouvelles entreprises dans lesquelles vous avez le plus de chances de succès sont celles qui sont un prolongement de ce que vous faisiez déjà pour quelqu'un d'autre. Dans mon cas, IMG était moins une nouvelle entreprise que le prolongement de ce que je faisais déjà au sein d'un cabinet d'avocats.

Il y a plusieurs années, un de mes amis a monté une entreprise très rentable de reproduction de photo qui est par la suite devenu une franchise. Un de ses franchisés, qui avait une formation en lithographie et en design, rencontrait des difficultés. Après l'avoir rencontré pour essayer de l'aider à redresser la barre, mon ami m'a dit : « Il pensait que parce que notre produit était deux fois meilleurs que les concurrents et deux fois moins cher, il n'avait pas besoin d'aller le *vendre*. Lorsque je le lui ai fait remarquer, il m'a rétorqué : “Oh, mais je ne suis pas un *vendeur*.” »

Le rêve d'ouvrir un restaurant, le rêve à la mode chez les néo-entrepreneurs, un projet avec un des taux de mortalité les plus élevés, est le cas classique de l'entreprise qui échoue à cause du manque d'aptitude de ses créateurs.

La restauration est un secteur où la marge commerciale est l'indicateur le plus important ; en d'autres termes, une activité qui exige d'acheter au meilleur prix et de savoir jongler avec les chiffres. Il faut également avoir un naturel grégaire, aimer le contact et ne pas compter ses heures.

Et, pourtant, j'ai entendu beaucoup d'individus parler d'ouvrir un restaurant parce qu'ils voulaient « faire quelque chose de différent » avec pour seule qualification d'être de bons cuisiniers ou d'aimer manger.

Quel est le coefficient de « faisabilité ? »

On nous a un jour présenté un projet de course aérienne autour du monde qui devait se dérouler à la même date que les Jeux olympiques de 1984. L'investissement initial était d'environ 3 millions de dollars et le projet était déjà en partie financé. Le concept était bien défini et bien présenté. Il n'y avait, somme toute, qu'un seul problème. Sa réalisation exigeait la coopération de la moitié des armées de l'air du monde et tout autant d'autorisations de traverser des espaces aériens.

Inutile de dire que son coefficient de « faisabilité » était ridiculement faible. Une bonne idée exigeant une mise de fonds raisonnable peut quand même se révéler, au final, un échec parce qu'il est presque impossible de la réaliser ou, même s'il était possible de la réaliser, le temps requis pour la réaliser serait trop important. Bref, le genre de projet pour lequel vous travaillez pour cinquante centimes de l'heure.

COMMENCER PETIT ET RESTER MODESTE

Beaucoup de nouveaux entrepreneurs qui tentent l'aventure pensent à tout l'argent qu'ils vont amasser au lieu de réfléchir comment ils vont le gagner. Fixez-vous des buts réalistes en vous fixant des étapes intermédiaires réalistes – des actions « faisables » dont chacune est reliée à la suivante au sein d'une progression logique.

À un certain moment, vous devrez franchir un palier pour progresser. Mais jamais avant d'avoir une idée claire de l'étape suivante. Si vous n'êtes pas capable de passer d'« ici » à « là » en un certain nombre d'étapes bien précises, votre entreprise n'est pas encore prête.

Je suis convaincu que plus une nouvelle entreprise exige de fonds pour débuter moins elle a de chances de prendre son essor.

C'est un préjugé, j'en suis conscient. Ayant monté ma propre entreprise avec un capital de moins de 500 dollars. Je sais aussi qu'il y a un secteur, baptisé capital-risque, dont la seule activité consiste à financer de nouvelles entreprises. Mais l'existence même de ce secteur a créé une sorte de mythe de l'entrepreneur – qu'il y a des personnes qui font la queue pour avoir l'opportunité de vous donner de l'argent et que vous n'avez simplement pas encore eu la chance de les rencontrer.

Si et lorsque ce sera le cas, vous constaterez probablement qu'ils ne sont pas aussi pressés que vous le croyez de se séparer de leur capital ou, s'ils le sont, ils voudront vous arracher un gros morceau de votre entreprise en contrepartie de leur confiance.

Beaucoup de nouvelles entreprises ne décolleront jamais, non parce que l'idée est mauvaise, non parce que les gens ont fait une erreur mais parce que la recherche de fonds a échoué. Pourtant, je suis convaincu que beaucoup de ces nouvelles entreprises n'avaient pas vraiment besoin d'autant de capitaux que leurs participants le croyaient. S'ils avaient voulu commencer petit, su rebrousser chemin et repartir d'un peu plus loin, ils auraient pu se donner une chance de réussir.

Je ne saurais trop insister sur l'importance de commencer petit et de rester modeste. Lorsque j'ai créé IMG, j'aurais pu très facilement me laisser convaincre que je ne pourrais pas réussir sans, au moins, un million de dollars. Comment pouvais-je représenter les trois superstars d'un sport en plein essor sans un staff de sept ou huit personnes et, au moins, une présence symbolique en Angleterre et au Japon ? Un million de dollars m'aurait été utile et cela m'aurait certainement facilité la vie. Mais je n'en avais pas besoin.

Beaucoup de grandes *success stories* américaines ont connu des débuts modestes. Si vous vendez un service, une compétence, un talent, avez-vous vraiment besoin d'autre chose que d'un bureau et d'un téléphone ?

CAPACITÉ D'ADAPTATION

Tout comme il est essentiel de savoir précisément quel type de prestation vous offrez vraiment, il est tout aussi important de savoir quel nouveau type de prestation vous *pourriez* offrir, d'être ouvert aux nouvelles voies et aux autres opportunités professionnelles qui se présentent.

Si vous êtes attentif et suffisamment adaptable, vous vous apercevrez peut-être que votre activité initiale est la queue et que la nouvelle activité qu'elle suggère est le chien. Une de mes connaissances donne des conférences dans les entreprises sur les techniques d'expression écrite. Il a constaté que beaucoup d'entreprises étaient tellement impressionnées par ses cours qu'elles étaient prêtes à lui payer ce qu'il voudrait pour qu'il se charge de la rédaction de leurs brochures professionnelles à leur place. Une activité qui s'est révélée beaucoup plus lucrative que les conférences.

Comme je l'ai déjà mentionné, nos nouveaux départements sont le fruit de notre capacité d'adaptation – le meilleur exemple étant notre département de consulting en marketing. Nous avons constaté, en vendant les services de nos clients à différentes entreprises, que nos idées sur la façon de les utiliser (comment positionner tel sportif, quelle sorte de campagne organiser et j'en passe) avaient autant de valeur que les services individuels eux-mêmes.

PARTAGEZ VOS SUCCÈS

Dans toutes les entreprises, nouvelles ou déjà bien implantées, l'idée est de gagner plus que vous dépensez mais c'est plus douloureusement évident lorsqu'on est à la tête d'une petite nouvelle entreprise.

Payez vos employés le minimum et faites-leur partager votre projet, votre vision, vos idées et votre croyance qu'à l'avenir, lorsque votre affaire fera des bénéfices, ils gagneront bien plus qu'ils ne pourront le faire ailleurs. Je ne pense pas qu'il y ait là quelque chose de répréhensible du moment que vous respectez votre part du marché.

Si un de vos employés contribue largement à la réussite de votre entreprise, il mérite bien plus que la satisfaction du travail bien fait. En affaires, les revenus tiennent le rôle de la feuille de marque. Et même si vous devez prendre en considération la rentabilité globale de l'entreprise, cette dernière sera beaucoup moins importante aux yeux de ce cadre qu'aux vôtres. Cette preuve financière tangible peut prendre la forme d'une augmentation, d'un bonus ou de petits avantages en nature supplémentaires mais il est important que les employés sentent que, par leur contribution, ils prennent directement et concrètement part à la vie de l'entreprise.

MULTIPLIEZ VOS FRAIS GÉNÉRAUX PAR DEUX

Il y a plusieurs années, j'ai demandé à un ami qui montait son entreprise à combien il estimait ses frais généraux pour la première année. Il commençait petit et avait prévu de s'autofinancer. Il m'a répondu qu'ils avoisineraient les 75 000 dollars. Je lui ai conseillé de multiplier ce chiffre par deux.

Les entrepreneurs ont tendance à oublier d'inclure les coûts cachés lorsqu'ils montent leur entreprise. Cela vient probablement d'un excès de zèle subconscient de voir les montants validés (ou au moins, de les rendre acceptables). Quoi qu'il en soit, il est très facile d'oublier les retenues à la source et les cotisations de sécurité sociale lorsqu'on a pris l'habitude de les voir automatiquement déduites de son salaire brut. Les crayons et les stylos ne coûtent pas très cher mais le budget annuel en fournitures de bureau – même pour un bureau modeste – est élevé. La plupart des activités exigent des déplacements et des frais de représentation et c'est très cher. Et on sous-estime facilement les dépenses de chauffage, d'eau, d'électricité et de téléphone. L'année dernière, notre facture de téléphone a dépassé le million de dollars. Au fil des ans j'ai constaté qu'en doublant le montant budgété des frais d'exploitation, vous ne tombez jamais bien loin du bon montant prévisionnel.

J'ai croisé récemment par hasard l'ami auquel j'avais donné ce conseil. Il m'a dit qu'à l'époque, vu que je ne savais pas grand choses de sa structure de départ – le montant de son loyer, les salaires de son personnel et j'en passe – il avait trouvé très arrogant que je me permette de prévoir le montant de ses charges. « Mais, lorsque j'ai clôturé les comptes, à la fin du premier exercice, le total faisait exactement 149 000 dollars. »

Multipliez-les par deux mais pas par trois

Beaucoup de ceux qui veulent monter une entreprise ne sautent pas le pas parce qu'ils se sont persuadés qu'ils doivent attendre d'avoir mis suffisamment d'argent de côté. Ils ne se lanceront jamais dans l'aventure même s'ils disposaient d'un capital de 10 millions de dollars.

Aucun montant déposé à la banque ne saurait compenser la perte de sécurité liée à la perte d'un salaire.

En préparant votre business plan, si vous vous surprenez en train d'inscrire le montant maximum dans toutes les colonnes dépenses, je crains que votre plan ne dépasse pas le stade de l'exercice intellectuel.

LES REVENUS D'ABORD, L'ORGANISATION APRÈS

Une bonne organisation est essentielle pour une entreprise. Mais il y a quelque chose d'absurde à voir une entreprise naissante exhiber un plan quinquennal impressionnant avant d'avoir gagné son premier dollar. C'est une chose de savoir où vous allez (et où vous aimeriez aller). C'en est une autre de mettre « la charrue avant les bœufs ».

PRÉVISIONNEL CONTRE RÉEL

Je serais vraiment heureux de ne plus jamais voir un prospectus de ma vie. Personne ne les croient hormis sont ceux qui les établissent.

La grande majorité des prospectus qu'on m'a soumis ou demandé de financer m'ont surtout appris que leurs auteurs avaient une perception erronée du temps. Le nombre de personnes qui oublient de tenir compte de l'importance du flux de trésorerie dans leurs prévisions pour leur première année d'activité est stupéfiant. Si vous effectuez votre première vente pendant votre première semaine d'activité, vous devrez attendre quatre-vingt-dix jours avant que le produit de cette vente atterrisse sur votre compte en banque. Même chose pour la deuxième et la troisième vente et, bien sûr, la véritable avance initiale nécessaire pour l'entreprise est un multiple du montant prévisionnel couché sur le papier.

La façon dont certains gonflent leurs chiffres de façon aussi manifeste est, elle aussi stupéfiante. Prévoir une marge d'erreur raisonnable dans ses calculs, c'est une chose ; supposer que la personne qui les lira est stupide, c'en est une autre. J'ai vu des projets de nouvelle entreprise que je trouvais intéressants mais dont les montants prévisionnels pour les bénéfices et les charges m'ont tellement rebuté que cela m'a fait perdre toute confiance dans ceux qui me les présentaient. Je les soupçonnais de ne pas croire dans l'idée et d'essayer d'escroquer quelqu'un en lui demandant de financer un gros budget dépenses.

J'ai également vu des prospectus dans lesquels je savais que le dirigeant s'était alloué une rémunération plus élevée que celle qu'il percevait, actuellement, en tant que salarié. Je ne pense pas que demander à quelqu'un de financer un projet de 2 millions de dollars soit un moyen très efficace d'obtenir une augmentation de 50 000 dollars. Je sais, en tout cas, que je ne veux pas être celui qui la lui donnera.

EFFORT CONTRE RÉSULTAT

Travailler à son compte est la forme la plus pure du capitalisme et le meilleur moyen que je connaisse d'être rémunéré à sa juste valeur. Cela exige aussi une mentalité différente, par exemple comprendre que le nombre d'heures passées à travailler n'a de sens que par rapport à ce que vous en faites.

Les entrepreneurs les plus prospères travaillent pour, ou pensent à, leur entreprise 24 heures sur 24. Mais c'est comment ils remplissent ces heures qui fait toute la différence entre la réussite et l'échec. Le cliché prétend que « l'important n'est pas de travailler beaucoup mais de travailler intelligemment ». Mais en vérité vous devrez « travailler beaucoup, travailler longtemps et… travailler intelligemment ».

Point positif, au début, lorsque vous n'avez pas à vous préoccupez des réunions, des notes de service et autres tâches chronophages de l'entreprise, vous pouvez travailler quatre ou cinq heures de plus chaque jour. Mais si vous ne les utilisez pas de façon productive, la différence sera « déduite de votre paie ». Vous pourrez aussi bien les passer à rédiger des notes de service à votre attention.

NE PRENEZ PAS D'ASSOCIÉ

Trop peu de personnes réfléchissent avec suffisamment de soin aux motifs pour lesquels ils prennent un associé. Prendre un associé, c'est souvent une manière de se rassurer. Il est certes réconfortant de savoir que la responsabilité ne repose pas sur ses seules épaules. Mais au final, l'association apportera des problèmes probablement plus importants que le degré de sécurité que cette association est censée vous apporter.

Il y a des entreprises où les points forts et les points faibles de chacun des partenaires s'équilibrent bien et c'est un plus pour l'entreprise. Mais il y a beaucoup plus de chances pour que l'association elle-même devienne le pire ennemi de l'entreprise, rien qu'en réduisant sa capacité d'adaptation. Ce n'est probablement pas un hasard si les plus grandes entreprises ont été des aventures en solitaire.

NE PRENEZ PAS D'ACTIONS

Détenir une part minoritaire du capital d'une entreprise qui n'est pas cotée en bourse ne présente, à mon avis, aucun intérêt. Posséder un « morceau » de la nouvelle entreprise d'un tiers permet à certains de flatter leur ego pendant 24 heures mais j'ai toujours voulu savoir ce que ces actionnaires croient vraiment détenir. Avec une participation minoritaire dans une entreprise individuelle, vous ne pouvez pas ouvrir le *Wall Street Journal* pour voir combien vous pesez ; vous ne pouvez pas aller voir votre banquier et vous en servir de garantie pour obtenir un prêt immobilier. Vous ne pouvez même pas vendre facilement vos parts parce que vous avez besoin de l'aval de l'actionnaire principal ou parce que vous vous apercevez que personne n'est prêt à payer la valeur à laquelle *vous* estimez ces parts.

Nous avons très souvent exploité les idées fausses sur les participations minoritaires. Chaque fois qu'on a proposé à nos clients une part du capital d'une nouvelle entreprise, j'ai toujours insisté pour qu'on ajoute aussi des dividendes ou au moins une clause garantissant que notre client pourrait obtenir le rachat de ses actions quand il le souhaiterait.

LA PEUR DE L'ÉCHEC

La peur de l'échec est au moins aussi répandue que l'envie de réussir. Bien contrôlée, elle peut devenir l'énergie qui fait tourner la machine. Mais pour beaucoup d'individus, elle devient débilitante.

Tout le monde, pas uniquement les entrepreneurs, doit apprendre à utiliser sa peur et ne pas se laisser paralyser par elle. Cela me semble par conséquent la conclusion idéale pour ce livre.

Au début de l'été 1976, Guy Drut, le champion olympique français du 110 mètres haies, s'est retrouvé dans une position peu enviable. Il était le seul espoir de médaille en athlétisme pour la France et devoir porter sur ses épaules les espoirs de toute une nation le déprimait. Drut m'a avoué par la suite qu'il avait discuté plusieurs fois avant les Jeux avec Jean-Claude Killy, notre client de longue date, et que c'était grâce à lui qu'il était devenu champion olympique. Je le cite :

« Jean-Claude m'a dit que j'étais le seul à savoir comment me préparer physiquement et mentalement pour être à mon pic de forme aux Jeux olympiques. Et qu'après, je devais constamment me tenir ce discours : "J'ai fait le maximum pour me préparer pour cette course et si je gagne, ce sera merveilleux mais si je perds, mes amis seront toujours mes amis, mes ennemis seront toujours mes ennemis et le monde sera toujours le même." Je me suis répété cette phrase avant les séries de qualification et pendant la pause entre les demi-finales et la finale. Je me la suis répétée encore et encore et cela a fait disparaître la pression. Je me la répétais encore lorsque je suis monté sur le podium pour recevoir ma médaille d'or. »

ÉPILOGUE

LE MENTAL POUR RÉUSSIR EN AFFAIRE

Après avoir terminé la rédaction de ce livre, j'ai demandé à un certain nombre de collègues de lire le manuscrit. La réaction de certains d'entre eux a fait naître en moi un sentiment d'inquiétude.

Plusieurs m'ont dit, et ils ne plaisantaient qu'à moitié, qu'ils avaient aimé le livre parce que « J'applique déjà la plupart de tes recommandations ». Ils voulaient certainement me flatter en disant cela mais je suis persuadé qu'ils avaient un peu trop vite survolé les chapitres qui évoquaient leurs pratiques commerciales qui avaient le plus besoin d'être améliorées.

Le pire effet que pourrait avoir ce livre serait de faire naître un sentiment d'autosatisfaction et de suffisance chez ses lecteurs, les deux forces les plus néfastes dans les affaires et capables à elles seules de plomber une promotion ou une carrière.

Les affaires sont une compétition et les compétitions difficiles, de haut niveau, sont presque exclusivement des joutes mentales. En affaires, le mental consiste à comprendre le Paradoxe des Affaires : plus vous êtes satisfait de vos performances, plus vous devriez vous inquiéter ; plus vous êtes satisfait de vos résultats, passés et présents et de vos « jolis coups », moins vous devriez l'être.

Je me suis longtemps demandé – cela m'intriguait professionnellement et psychologiquement – comment on devenait un champion. Je fais référence ici aux vrais champions, les légendes de leur sport, le 1 % des sportifs qui domine régulièrement ses adversaires, joue à son meilleur niveau dans les moments décisifs et figure à jamais au panthéon de sa discipline.

Il est certain que son talent et une confiance suprême en son talent jouent un rôle important mais ce ne sont pas les éléments déterminants. La plupart des sportifs, lorsqu'ils passent professionnels, possèdent déjà beaucoup de talent et de confiance.

C'est au niveau du mental que se fait la différence. Au fil des ans, j'ai constaté que toutes les superstars que j'aie connues possédaient toutes, sans exception, trois qualités mentales. Des qualités que vous pouvez aussi utiliser dans le monde des affaires. Je les ai d'ailleurs adaptées à ma propre carrière professionnelle et elles sont la source dans laquelle je puise ma motivation et ma détermination.

Primo, l'insatisfaction profonde que les champions ressentent vis-à-vis de leurs succès. Ils se servent de tous leurs succès, de toutes leurs victoires pour alimenter leurs ambitions. Le moindre objectif atteint devient aussitôt un tremplin vers un nouvel objectif encore plus « inaccessible ».

Secundo, leur capacité à atteindre leur pic de performance, de se présenter au meilleur de leur forme pendant les compétitions importantes. Personne ne peut performer tout le temps à son meilleur niveau et, pourtant, les légendes de tous les sports semblent toujours être à leur meilleur niveau lorsque les enjeux sont les plus élevés. C'est particulièrement vrai en tennis et en golf, peut-être les sports majeurs les plus exigeants mentalement et c'est certainement pour cela que les tournois majeurs, dans ces deux disciplines, sont trustés par une poignée de joueurs.

Tertio, leur capacité à battre leurs concurrents. Vous entendrez parfois dire qu'ils ont l'« instinct du tueur » mais cette expression vous en dit plus sur les résultats que sur ce qui se passe dans leur tête.

Dans son esprit, le champion ne se voit jamais en tête. Il déforme la réalité pour la mettre au service de son objectif dans la compétition. Il se voit toujours à la traîne même lorsque le score indique qu'il est en train de laminer ses concurrents. Il ne se voit jamais aussi fort qu'il l'est.

C'est quelque chose que J'ai compris il y a déjà un bout de temps. C'était au Japon, à Osaka, en regardant Arnold Palmer et Gary Player disputer un tournoi exhibition. J'étais sorti du club house pour les rejoindre sur le green du 9. Arnold se préparait à tenter un putt de quatre mètres pour faire un birdie. Gary, qui avait fini le trou, m'avait rejoint. À côté de votre serviteur, les bras croisés, il regardait Arnold qui s'apprêtait à putter. Même s'il s'agissait d'une exhibition, ces deux champions étaient à couteaux tirés, la tension était palpable.

Arnold a réussi son putt. Gary s'est tourné vers votre serviteur et m'a dit en secouant la tête : « Il a fait ça toute la journée. Je n'arrive pas à rentrer un putt et lui, il n'en a pas raté un. »

J'avais trouvé cette remarque plutôt bizarre vu que grâce à son dernier coup, Arnold revenait à égalité.

Lorsque Arnold s'approcha de moi en se dirigeant vers le tee du dixième trou, j'ai vu que lui aussi était contrarié. « Pas trop tôt, hein ? J'ai enfin réussi un putt. » Avant d'ajouter avec un mouvement de tête en direction de Gary « ... et *cet* enfant de putain n'en a pas raté un seul. »

Conclusion, si en lisant ce livre, vous vous êtes dit que vous aviez un sens aigu des affaires… vous avez peut-être besoin d'une sérieuse remise à niveau.

REMERCIEMENTS

J'aimerais remercier John Boswell qui était persuadé que mon expérience pourrait être utile à d'autres. Sans ses conseils, son soutien, son aide – et de très longues heures de travail – ce livre n'aurait jamais vu le jour.

Les relectrices de Bantam Books, Linda Grey et Jeanne Bernkopf, méritent elles-aussi des remerciements. Tout comme Judy Stott, Patty Brown et Jane Williams qui ont mis en place la logistique qui m'a permis d'écrire ce livre dans sept villes distantes de plusieurs milliers de kilomètres.

Bestseller business et leadership

Impression & brochage sepec - France
Numéro d'impression : 19387201210 - Dépôt légal : janvier 2021

IMPRIM'VERT®

PEFC 10-31-1470 / Certifié PEFC / Ce produit est issu de forêts gérées durablement et de sources contrôlées. / pefc-france.org

Talent Éditions est engagé dans le développement durable afin de limiter l'empreinte carbone de la fabrication de ses livres. Soucieux de l'impact environnemental de notre métier, nos ouvrages sont imprimés en France sur du papier certifié issu de plantations gérées de manière éco-responsable. Les livres non-commercialisables sont recyclés et réutilisés pour la fabrication d'autres produits cartonnés.